依据教师资格考试大纲编写

幼儿园教师资格考试
保教知识与能力一本通

YOU'ERYUAN JIAOSHI ZIGE KAOSHI

BAOJIAO ZHISHI YU NENGLI YIBENTONG

第2版

主　编　邓晓玲　朱智红　曹素琴
副主编　张　燕　卢春燕　刘　娟　赵一品

苏州大学出版社
Soochow University Press

图书在版编目(CIP)数据

幼儿园教师资格考试保教知识与能力一本通 / 邓晓玲，朱智红，曹素琴主编. --2 版. --苏州：苏州大学出版社，2023.3
ISBN 978-7-5672-3802-2

Ⅰ.①幼… Ⅱ.①邓…②朱…③曹… Ⅲ.①学前教育-幼教人员-资格考试-自学参考资料 Ⅳ.①G615

中国国家版本馆 CIP 数据核字(2023)第 003891 号

幼儿园教师资格考试

保教知识与能力一本通(第 2 版)

邓晓玲　朱智红　曹素琴　主编

责任编辑　张晓明

苏 州 大 学 出 版 社 出 版 发 行

(地址:苏州市十梓街 1 号　邮编:215006)

镇江文苑制版印刷有限责任公司印装

(地址:镇江市黄山南路 18 号润州花园 6－1 号　邮编:212000)

开本 787 mm×1 092 mm　1/16　印张 18　字数 416 千

2023 年 3 月第 2 版　2023 年 3 月第 1 次印刷

ISBN 978-7-5672-3802-2　定价：50.00 元

若有印装错误，本社负责调换

苏州大学出版社营销部　电话:0512-67481020

苏州大学出版社网址　http://www.sudapress.com

苏州大学出版社邮箱　sdcbs@suda.edu.cn

幼儿园教师资格考试指导用书

编 委 会

前 言

PREFACE

为了适应我国当前师范教育改革与发展的要求，以新的教育理念和方法培养合格的幼儿园教师，编者根据《幼儿园教师专业标准(试行)》等相关文件精神，认真分析《幼儿园教师资格考试大纲(试行)》以及历年真题，充分考虑到幼儿园教师资格考试题型多样、内容宽泛的特点，围绕考纲要求的考点，结合日常教学实践中遇到的各类问题，有针对性地进行了归纳和整理，给出了全面、科学的应考建议、策略和方法。在此基础上，我们组织师范院校学前教育专业一线教师编写了这套幼儿园教师资格考试指导用书，由“综合素质一本通”“保教知识与能力一本通”“面试一本通”三个分册组成。

本书主要具有以下特色：

一、依据最新大纲，体现命题趋势

本书在编写过程中紧扣幼儿园教师资格考试大纲，深入、细致地研究了考试目标、考试内容模块与要求、试卷结构和题型示例，凝聚了教学一线教师的经验和智慧，旨在帮助考生切中考试重点，少走弯路，缩短备考时间，提高备考效率。

二、结构合理，讲练兼顾

为了更好地帮助考生掌握重要知识，我们调整了本书章节的编排顺序，真正做到了易混淆的知识内容有对比，难掌握的知识内容有提炼。让考生既能够节省更多的时间，又可以巩固不熟悉的知识。

每节后的“真题展示”栏目为考生提供了一些近年来的经典真题，让考生可以更明确地了解幼儿园教师资格考试的出题方式；“模拟试题”栏目则是考查考生对所复习内容的掌握情况，使考生迅速了解自己的不足，并及时做出调整。

三、应试指南，权威讲解

本书总结了多年来幼儿园教师资格考试对各章节知识的主要考查内容，通过系统的分析，在每个模块开始部分，为考生列出该模块的知识结构和思维导图，便于考生更快地了解本模块命题时侧重考查的知识点。

本书在教学中得到了相应的检验,既可作为考生在幼儿园教师资格考试前的备考强化培训用书,也可作为师范生日常自主学习的材料。

衷心希望本套指导用书能为广大考生的复习备考带来实质性的帮助。书中难免存在不足之处,敬请各位专家、同仁及读者不吝指正。

最后预祝广大考生在教师资格考试中取得好成绩!

编者

目录

CONTENTS

模块一　学前儿童发展

第一节　婴幼儿发展概述

思维导图

- 婴幼儿发展概述
  - 含义
  - 过程
    - 生理发展
    - 认知发展
    - 社会性、个性发展
  - 影响因素
    - 客观因素
    - 主观因素

一、婴幼儿发展的含义

婴幼儿是婴儿和幼儿的统称。一般将0—1岁称为婴儿期(有的研究者将婴儿期拓展到3岁),1—3岁称为幼儿前期,3—6岁称为幼儿期。从广义上说,学前儿童主要指从出生到上小学之前(0—6岁)或从受精卵开始算起到上小学之前的儿童。

人的发展是个体从受孕到死亡之间所发生的系统变化。婴幼儿发展是指婴幼儿在成长的过程中,身体和心理方面有规律地进行量变与质变的过程。其中,身体的发展是指婴幼儿机体的正常生长和发育,包括形态的增长和功能的成熟。心理的发展是指婴幼儿的认识过程,以及情感、意志、个性和社会性的发展。对学前儿童来说,其身体的发展与心理的发展是密切相关的。

二、婴幼儿发展的过程

婴幼儿发展主要包括三个重要主题:生理发展、认知发展、社会性及个性发展,其特点见

表1-1。

表1-1　婴幼儿发展阶段及主要发展特点

发展主题	出生至3岁	3—6岁
生理发展	· 身高和体重迅速增加 · 神经细胞开始生长,并在大脑中建立起连接,对于某些功能的正常发展来说,存在“关键期” · 婴儿摆动四肢、支撑起头部、坐起来、爬行,最终开始行走 · 婴儿伸手去够、抓并捡起小的物体 · 6个月大婴儿的视力是20/20,发展深度知觉,以及对模式、面孔、形状和颜色的识别能力 · 婴儿能够听到的声音的频率范围很广,他们能定位声音,并区分出不同声音,这是语言发展的基础	· 身高和体重继续快速增长 · 身体不再是圆圆的,更强健有力 · 大脑的体积越来越大,神经连接继续发展,出现了功能侧化 · 粗大和精细运动技能快速提高,能够投球、接球和跑步,能够使用叉子和勺子,并能够系鞋带 · 开始发展出利手
认知发展	· 婴儿开始理解客体永存,并开始对物理世界进行“实验” · 开始使用表征和符号 · 信息加工速度变快 · 通过前语言交流(咿呀学语)、使用单个词语代表全部意思(整字句)以及电报语,语言快速发展	· 儿童表现出自我中心思维(从自己的角度看待世界)并表现出中心化,即只关注刺激的某一方面 · 记忆、注意广度和符号思维有所提高,直觉思维开始出现 · 语言能力(句子长度、词汇量、句法和语法)飞速提高
社会性、个性发展	· 婴儿表现出不同的气质和活动水平 · 面部表情似乎反映了情绪,能够理解他人的面部表情 · 学步期儿童开始体验共情 · 对他人的依恋风格开始形成	· 儿童发展出自我概念,这种自我概念可能有点夸张 · 性别和种族的认同感开始出现 · 开始把同伴当作独立的个体,并在信任和共同兴趣的基础上建立友谊 · 道德是以规则为基础的,其重点在于奖励和惩罚 · 游戏变得更加有建设性和合作性,社会技能变得重要起来

三、婴幼儿发展的影响因素

影响个体身心发展的因素复杂多样,概括起来,主要有遗传、生理成熟、环境、教育和主体性五个因素。遗传、生理成熟、环境和教育对个体身心发展的影响要通过主体性这个内因起作用。五个因素在个体发展过程中扮演着不同角色。

（一）遗传因素和生理成熟

1. 遗传因素

遗传是一种生物现象，是指祖先的生物特性传递给后代的现象。人类祖先的生物特性主要是指那些与生俱来的解剖生理特点，包括人体的形态、构造、血型、神经系统等。遗传特性也叫遗传素质，是婴幼儿从亲生父母那儿继承过来的与生俱来的特质。

遗传对婴幼儿心理发展的作用主要表现在如下两个方面：

（1）遗传素质是婴幼儿心理发展必要的物质前提。

（2）遗传差异为婴幼儿发展的个别差异提供最初的可能性。人与人之间的遗传素质存在个别差异，婴幼儿出生时其心理发展已经存在不同的可能性，如某些听觉好的儿童易发展成为有音乐才能的人。遗传素质对婴幼儿心理发展不同方面的影响也不同。一般认为特殊能力的发展受遗传影响大些，比如音乐家、运动员、画家等所取得的成就，与其遗传素质是分不开的。

2. 生理成熟

生理成熟是指身体在结构和机能上的生长发育的程度或水平，也称生理发展。

（1）生理成熟为婴幼儿心理发展提供新的可能性。它使新的心理活动的出现处于准备状态。当某种器官尤其是脑达到一定的成熟水平时，只要适当地给予训练或刺激，就会使婴幼儿相应的新行为模式有效地产生。提前学习对婴幼儿并没有多大作用，“双生子爬梯实验”说明了这一点。

（2）生理成熟的程度制约婴幼儿心理发展的顺序性。生理成熟的顺序性为儿童心理活动的出现与发展的顺序性提供了基本的前提。婴幼儿心理活动的产生与发展是在一定生理成熟的基础上实现的。婴幼儿身体发育的方向服从首尾的规律和近远规律。其顺序是从头到脚，从中轴到边缘。婴幼儿头部发育最早，其次是躯干，再次是上肢，最后是下肢。动作发展的方向是先回转头、抬头，然后是翻身，再是手拿东西，最后是爬、站和走。婴幼儿生长发育的速度也服从一定的规律。

（3）生理成熟的个体差异是婴幼儿心理发展个别差异的生理基础。婴幼儿生理成熟的时间、速度等方面存在个体差异，这些差异影响并制约着婴幼儿心理发展的个体差异。比如，女孩的言语发展较早与女孩相应部分的生理成熟较早有关。

（4）生理成熟的影响力因心理机能和心理发展阶段的不同而不同。

（二）环境与教育

环境因素主要包括自然环境和社会环境。环境对婴幼儿发展的作用从受精卵就开始了。环境和教育对婴幼儿心理发展的作用主要体现在以下三个方面：

（1）环境和教育使遗传所提供的心理发展的可能性变为现实。早期隔离或剥夺实验表明，人类的社会生活环境对学前儿童心理发展有重要作用。

（2）环境影响遗传素质的变化和生理成熟的进程。婴幼儿的生活环境不仅影响其体态的生长发育，而且对其脑的生理发展也有重大影响。

（3）环境和教育是制约婴幼儿心理发展水平与方向的重要因素。婴幼儿是自然实体，也是社会实体，其发展靠的是学习和经验。因此，社会生活条件和教育对其发展最重要。婴幼儿的发展离不开社会环境。宏观的社会环境主要是指婴幼儿生活的社会大环境、生产力发展水平、生产关系、社会风气等根本社会生活条件。微观的社会环境主要指婴幼儿所生活的具体的生活环境，如家庭生活环境，教育、托儿所和幼儿园的生活环境，教育、电视等各种媒体营造的环境等。微观的社会环境是影响婴幼儿心理个别差异最重要的条件。其中，在一定的社会环境中，教育对学前儿童的心理发展起主导作用。

（三）婴幼儿自身的心理及其活动

影响婴幼儿心理发展的因素不仅有遗传、生理成熟、环境及教育等客观因素，而且有自身的积极性和主动性等主观因素。

1. 婴幼儿心理

在受遗传和环境影响的过程中，婴幼儿本身也积极地参与并影响其自身的心理发展。儿童年龄越大，其主观因素对其心理发展产生的影响也越大。婴幼儿对外界的影响是有自己选择意向的，随着其主动性的发展，婴幼儿对其所处的环境会给予一定的评价并主动加以选择。婴幼儿新的发展需要推动心理的发展。

2. 婴幼儿的活动

婴幼儿的心理在一定的活动中形成、发展，并通过活动表现出来，其活动主要包括对物的操作活动和与人的交往活动。重视婴幼儿的活动，尤其是游戏活动，对其心理发展具有极其重要的作用。

【真题展示】

单项选择题

生活在不同环境中的同卵双胞胎的智商测试分数很接近，这说明（　　）。（扫二维码领取参考答案）

A. 遗传和后天环境对儿童的影响是平行的

B. 后天环境对智商的影响较大

C. 遗传对智商的影响较大

D. 遗传和后天环境对智商的影响相当

【模拟试题】

一、单项选择题

“孟母三迁”的故事说明，影响人的成长的重要因素是（　　）。（扫二维码领取参考答案）

A. 环境　　B. 邻居

C. 母亲　　D. 成熟

二、简答题

简述教育对婴幼儿心理发展的主导作用。（扫二维码领取参考答案）

三、材料分析题

基尼是美国加利福尼亚州的一个小女孩。她的母亲双目失明，丧失了哺育孩子的基本能力。她的父亲讨厌她，虐待她。基尼从婴儿期起就几乎没听到过别人说话，更不用说有人教她说话了。除了哥哥匆匆地、沉默地给她送些食物外，可以说，基尼生活在一间被完全隔绝的小房子里。她严重营养不良，手臂和腿都不能伸直，不知道如何咀嚼，没有明显的喜怒表情，安静得令人害怕。基尼在 3 岁时得以被发现并送到了医院，最初几个月，基尼的智商得分只相当于 1 岁的正常婴儿。多方面的重视使她受到了特殊的精心照顾。尽管如此，直到 13 岁时，她都没有学会人类语言的语法规则，不能进行最基本的语言交流。据调查分析，基尼的缺陷不是天生的。

根据上述事例，运用学前儿童发展心理学知识回答下列问题：

（1）基尼的缺陷说明了什么？

（2）基尼在特殊的精心照顾下，仍然没有学会人类语言的语法规则，这是为什么？（扫二维码领取参考答案）

第二节　儿童发展理论

思维导图

- 儿童发展理论
  - 其他理论
  - 社会文化历史学派
  - 皮亚杰认知发展理论
  - 成熟势力说
  - 行为主义
    - 华生的行为主义
    - 斯金纳强化学说
    - 班杜拉社会学习理论
  - 精神分析理论
    - 弗洛伊德心理发展观
    - 埃里克森自我发展理论

一、成熟势力说

（一）影响发展的因素

成熟势力说简称为成熟论，其代表人物为美国心理学家格赛尔（A. Gesell）。格赛尔认为，个体的生理和心理发展都是按照基因规定的顺序有规则、有次序地进行的，发展是由机体成熟预先决定与表现的。格赛尔把通过基因来指导发展过程的机制定义为成熟。出生以后，成熟继续指导个体的发展。因此，成熟是推动个体发展的主要动力。当然，除了成熟以外，支配心理发展的因素还有学习。但二者所起的作用不同，成熟是内部因素，决定心理发展的方向和模式；而学习是外部因素，对个体的发展不起决定作用。没有足够的成熟，就没有真正的发展与变化；脱离了成熟的条件，学习本身并不推动发展。格赛尔设计的"双生子爬梯实验"验证了他的观点。

（二）发展规律

在成熟论看来，个体心理发展具有方向性，如动作的发展就遵循由上而下、由中心向边缘、由粗到细这样的发展规律。发展取决于成熟，而成熟的顺序取决于基因决定的时间表，因此年龄成为心理发展的主要参照物。格赛尔收集整理了数以万计儿童的发展行为模式，于 1925 年推出了格赛尔行为发育诊断量表（即年龄常模），后经多次修订，并被翻译成多种文字。

（三）育儿观点

个体的发展取决于成熟，儿童在成熟之前，处于学习的准备状态。所谓准备，是指由不成熟到成熟的生理机制的变化过程，只要准备好了，学习就会发生。在发展的进程中，个体还表现出极强的自我调节能力。格赛尔学派对父母提出教育忠告：① 不要认为你的孩子成为怎样的人完全是你的责任，你不要抓紧每一分钟去"教育"他。② 学会欣赏孩子的成长，观察并享受每一周、每一月出现的发展新事实。③ 尊重孩子的实际水平，在尚未成熟之前，耐心等待。④ 不要老想"下一步应该发展什么了"，应该让你的孩子体验每一个发展阶段的快乐。

二、行为主义

行为主义是美国现代心理学的主要流派之一，主要观点是心理学不应该研究意识，只应该研究行为。行为主义的发展可以被区分为早期行为主义、新行为主义和新的新行为主义。早期行为主义的代表人物以华生为首，新行为主义的主要代表人物则为斯金纳等，新的新行为主义则以班杜拉为代表。

（一）早期行为主义

华生（John B. Watson），美国心理学家，行为主义心理学的创始人，教育万能论、环境决定论的倡导者。著名论断：给我一打健全的婴儿，一个由我支配的特殊环境，我可以保证，在其中随机选出一个，训练成为我所选定的任何类型的人物——医生、律师、艺术家、大商人或者乞丐、窃贼，不用考虑他的天赋、倾向、能力、祖先的职业与种族。我承认这超出了事实，但是持相反主张的人已经夸张了数千年。

华生认为，行为是人和动物用来适应环境的反应系统。这个反应系统由刺激与反应的联结构成。刺激与反应的联结就是反射，它是构成刺激反应系统的基本单位。反射用符号表示为 S-R。

华生应用条件反射法研究了儿童情绪的发生和发展，以刚刚 11 个月的小艾尔伯特作为实验对象，结果证明小艾尔伯特的恐惧情绪出现了泛化现象。华生的研究主要建立在经典条件反射学说的基础上，可从巴甫洛夫和他的狗的实验中了解经典条件反射的内涵。

华生认为，儿童心理的发展是儿童行为模式和习惯逐渐建立和复杂化的过程，是从无到有逐渐建立起"刺激—反应"联结的过程。华生认为，很好地发展儿童的行为，控制儿童的行为，培养儿童的各种习惯，是教育的重要内容之一。华生反对体罚，他认为无论是家庭还是学校，都不应该有体罚现象。

（二）斯金纳的激进行为主义

斯金纳(B. F. Skinner)对儿童心理的贡献，更多体现在行为习得、管理和程序教学这两个方面。

1. 行为习得、管理

斯金纳用操作化条件反射及其强化原理来解释人类行为的习得，并且提出行为管理的建议。他认为，人类的行为有两种：一是应答性行为，二是操作性行为(表 1-2)。斯金纳认为，刺激—反应是一种应答行为，它更多是发生在不能自由活动的动物身上。对于通常情况下的动物和人来说，最常见的是操作性行为，行为的习得与及时强化有关。

表 1-2　两种行为的比较

应答性行为	操作性行为
1. 由特定的、可观察的先行刺激所引起的行为 2. 应答性行为比较被动，由刺激控制 3. S-R	1. 在没有任何能观察的外部刺激的情境下，机体自发的行为 2. 操作性行为代表着有机体对环境的主动适应，由行为的结果所控制。人类的大多数行为都是操作性行为 3. R-S

操作性条件反射关注的是某种类型的后果对行为出现频率的作用效果。有些后果会使行为出现的频率增加，这些后果叫作强化；有些后果会使行为频率减少，这些后果叫作惩罚。后果是强化还是惩罚取决于人和情境。如果你饿了，给你冰激凌吃就是强化；但是你不喜欢冰激凌或者如果觉得特别冷，那么吃冰激凌就是惩罚。操作性条件反射程序如表 1-3 所示。斯金纳给强化下了个操作性定义：在条件作用下，凡是使个体操作性反应的频率增加或维持的一切刺激，都是强化。强化分为正强化和负强化。产生强化作用的刺激，叫作强化物。

表 1-3　操作性条件反射程序

程序	目的	应用
正强化（积极强化）	增加行为	行为之后给予奖励
负强化（消极强化）	增加行为	行为之后撤销厌恶刺激（或免除杂役）
无强化	减少行为	无刺激
惩罚	减少行为	行为之后给予厌恶刺激或撤销正面刺激

斯金纳强调操作性或工具性条件反射在儿童心理发展中的作用，可以通过强化来塑造儿童的行为。个体的偶发行为若得到了强化，该行为再次出现的概率就会大于其他行为，得不到强化的行为就会消退。行为是一点一滴地塑造出来的，每一个塑造的行为可以组合成统一的反应链，从而使个体朝人们预期的方向靠近。

2. 程序教学

斯金纳根据其强化控制理论，发明了教学机器并设计了程序教学方案。程序教学由小步子前进、及时反馈、主动参与、学生自定步调、低错误率这些基本要素构成。其中，小步子前进、及时反馈、主动参与是三个原则。

（三）班杜拉的社会学习理论

阿尔伯特·班杜拉（Albert Bandura）突破了华生、斯金纳等人的偏执，走出了一条试图在行为主义、人本主义和认知心理学之间折中的道路。班杜拉的社会学习理论不回避人的行为的内部原因，相反，它重视符号、替代、自我调节所起的作用。因此，其理论被称为认知行为主义。班杜拉的社会学习理论包含观察学习、自我效能、行为适应与治疗等内容。

1. 相互决定论（三元论）

班杜拉认为，行为由内部力量和外部力量共同决定。奖励、惩罚之类的外因和信念、思维及期望之类的内因都是相互作用的影响系统中的一部分，这一影响系统不仅影响行为，也影响系统的其他部分。简单地说，系统中的每一部分——行为、外因和内因——彼此相互影响。（图 1-1）

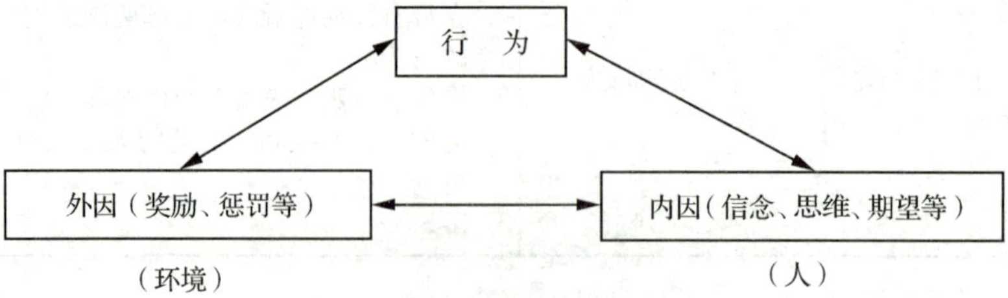

图 1-1　班杜拉的相互决定论模型

2. 观察学习的内涵

班杜拉认为，人类的学习有两种形式，一种是直接经验的学习（或亲历学习），另一种是间接经验的学习。间接经验的学习，也称为观察学习。观察学习（又称替代学习、间接学习、无偿学习），是学习者通过观察他人（榜样）所表现出来的行为及其后果而进行的学习。他认为，存在一种观察模仿的学习——来源于直接经验的一切学习现象，实际上都可以依赖观察学习而发生，其中替代性强化是影响学习的一个重要因素。班杜拉认为儿童通过观察他们生活中重要人物的行为而学得社会行为，这些观察以心理表象或其他符号表征的形式储存在大脑中，来帮助他们模仿行为。模仿学习的方式有直接模仿、综合模仿、象征模仿、抽象模仿。班杜拉和沃尔特茨认为，模仿效应有三种：榜样效应、抑制或去抑制效应、诱发效应。

3. 观察学习的心理过程

（1）注意阶段：注意和知觉榜样情景的各个方面。

（2）保持阶段：记住他们从榜样情景中了解的行为，所观察的行为在记忆中以符号的形式表征，个体使用两种表征系统——表象和言语。个体贮存他们所看到的感觉表象，并且使用言语编码记住这些信息。

（3）动作复现（再生）阶段：个体将符号表征转换成适当的行为的过程。自我效能感是影响再生过程的一个重要因素。所谓自我效能感，指个体对自己能否成功地完成某项任务的主观判断、评价和信念。如果学习者不相信自己能掌握一个任务，他们就不能继续完成一个任务。

（4）动机阶段：社会认知论区分了学习（行为的习得）与行为表现，认为人们并不把自己学到的行为全部表现出来。个体是否愿意将学习的行为表现出来，取决于强化引起的动机作用。如一个幼儿见到同伴的分享行为，并不意味着就将自己的玩具与其他人分享；幼儿听到别人骂人，也未必学着去做，关键在于榜样行为有没有得到强化，如果同伴曾因分享得到赞扬，他就会学习同伴的分享行为；如果同伴因骂人而受到惩罚，他就不会去学同伴骂人。

4. 强化的分类

除了直接强化外，班杜拉还提出了另外两种强化：替代强化和自我强化。

（1）替代强化（间接强化）：观察者通过看到他人受强化而间接地受到相应的强化，不是他自己直接受到强化。

（2）自我强化：自己给予自己的强化，不是由他人给予的。这依赖于社会传递的结果，社会向个体传递某一行为标准，当个体的行为表现符合甚至超过这一标准时，他就对自己的行为进行自我奖励。此外，班杜拉还提出了自我调节的概念。班杜拉假设，人们能观察他们自己的行为，并根据自己的标准进行判断，并由此强化或惩罚自己。

5. 儿童社会化

观察学习在儿童社会化过程中具有四个方面的作用。一是获得攻击性行为。儿童通过观察学习，会模仿那些被强化的攻击模式。班杜拉和罗斯在1965年曾进行过一个波比娃娃实验，让幼儿观察成年榜样的攻击行为。二是性别角色得以发展。儿童性别特征大多是通过社会化过程，特别是模仿而获得的。儿童在很小的时候就开始从成人那里模仿有关性别角色的行为，成人则通常按照儿童的性别对其中某些行为加以赞扬，而对另一些行为加以制止。儿童观察到异性同伴的行为方式及所接受的强化情况，慢慢地就发展出符合社会标准的性别角色。三是学会自我强化。四是获得亲社会行为，特别是为儿童提供分享、合作等积极榜样时，会提高儿童的亲社会行为。

（四）行为主义在学前教育中运用的主要表现

行为主义在当前教育中主要表现为：教师在学前教育的课堂中占据主导地位；注意环境的影响；以表扬和鼓励作为教育幼儿的主要手段，教师应善用强化物（表1-4）；学习目标的制定十分具体；教学过程采用“小步子原则”进行；运用行为塑造和行为矫正的原理，培养幼儿良好的行为习惯，纠正幼儿的问题行为及不良行为；等等。

表1-4 儿童教育中常用的强化物

强化物	实例
吃的东西	糖果、饮料、巧克力、水果
玩的东西	玩具、游戏、智力拼图
视听刺激	铃、蜂鸣器、微笑的木偶、绿色的灯光
社会性的刺激物	表扬、轻拍后背、微笑、鼓掌
纪念性的强化物	硬币、小筹码或其他能够被用来与其他强化物进行交换的纪念品
相互促进的原理	经常发生的活动——令人愉快的活动（阅读、看电视）——能够被用来强化的其他的、较少发生的活动（学习）

三、精神分析理论

（一）精神分析学说

弗洛伊德（Sigmund Freud）认为潜意识中的性本能是心理发展的基本动力，心理的发展就是性的发展（表1-5）。

表1-5　弗洛伊德的性心理发展阶段

阶段	大约年龄	特征
口唇期	出生—18个月	快乐的来源包括吸吮、咬、吞咽、使用嘴唇，注意力集中在冲动的立即满足之上。本我占据支配地位
肛门期	18个月—2岁（或3岁）	性满足的来源包括排粪便与排尿，以及憋尿。本我与自我
性器期	2（或3）—6岁	关注生殖器。性愉悦的来源涉及对生殖器的控制。俄狄浦斯情结或者恋父情结。本我、自我、超我
性潜伏期	6—11岁	在性满足兴趣上的丧失。认同同性别父母。本我、自我和超我
生殖期	11、12岁开始	关心性愉悦的成人模式，产生“固着”或者“倒退”的障碍

1. 心理结构理论

心理结构理论将心理层次分为意识、前意识和潜意识。潜意识中的本能冲动未完全压制，仍在不自觉地积极活动、追求满足，于是构成了人类行为的内驱力(冰山理论)。

2. 人格的结构层次理论

弗洛伊德从意识层次理论出发，将人格结构分为本我、自我和超我三个基本成分。本我遵循快乐原则，自我遵循现实原则，超我遵循道德原则。本我、自我和超我若调节失衡就会导致心理异常。

3. 心理发展理论

早期的经历和冲突会影响到其成人后的兴趣、行为和人格，因此，在心理发展的每一个阶段，父母都要与孩子和谐相处。孩子可能会产生对于相应行为的固着，并在以后的生活中保持这种行为或与之相关的行为。比如，如果一个婴儿曾经因为吸吮手指而受到了严厉的惩罚，那么他很可能会在长大后出现吸烟等替代行为。

4. 释梦理论

释梦理论将梦分为显梦和隐梦。梦是对清醒时被压抑到潜意识中的欲望的表达。

5. 心理防御理论

个体为了缓解或减少因潜意识中的欲望和冲突而产生的焦虑和痛苦，运用的不同的心理防御机制，如潜抑、合理化等。

(二) 自我发展理论(心理社会同一性理论)

埃里克森(E. H. Erikson)接受了弗洛伊德的很多观点，但他的理论与弗洛伊德在两个重要方面有着明显的差别。人格发展学说既考虑到生物学的影响，也考虑到文化和社会的因素。他将孩子看作自发地去适应环境的积极的探索者，而不是生物冲动的奴隶。他认为，在人生的每一个阶段，人们都必须要去面对一些社会任务，这样才能不断发展。他强调自我的作用，认为形成自我的过程在个人与周围环境的相互作用中起着主导和整合的作用。他将个体自我意识的形成分为八个相互联系的阶段，每个阶段都有其特殊待解决的矛盾和冲突，而这些矛盾与冲突的解决过程，也是人本身心理发展、塑造人格的过程。具体见表1-6。

表1-6　埃里克森的人格发展八阶段

年龄	主要矛盾	中心环境	形成品质
婴儿期 0—1.5 岁	信任—不信任	母亲	希望
儿童早期 1.5—3 岁	自主—羞愧、怀疑	双亲	意志力
学前期 3—6 岁	主动—内疚	家庭	进取(价值感)
学龄期 6—12 岁	勤奋—自卑	邻居、学校	能力
青年期 12—18 岁	同一性—同一性混乱	同伴、社会	忠诚、自信
成年早期 18—25 岁	亲密—孤独	爱、婚姻	爱和友谊
成年中期 25—65 岁	繁衍—停滞	家教、传统	关怀和创新
成年晚期 65 岁以上	自我整合—绝望	人类、亲友	智慧

以下就前三个阶段进行叙述。

1. 信任—不信任

在生命的第一年，儿童必须发展与信赖别人相关的能力。信任是健康人格的基本组成部分。在生命的第一年，婴儿存在一种强烈的不信任这个世界的倾向，因为他们对这个世界了解得如此之少，这个阶段的标志是信任—不信任。

这个阶段中，婴儿生活中最重要的人是主要的保育者，通常是母亲。信任与不信任的冲突的解决方法主要依赖于婴儿与保育者之间的关系，也依赖于这种逐渐得到的认识——这个世界是可以预测的、安全的，并且充满爱意的认知。如果这个世界是不可预测的，并且受到保育者的抵制，婴儿就会变得不信任这个世界，并且充满焦虑和防卫。

2. 自主—羞愧、怀疑

在第二个阶段，他们认识到自己已能按照某些意图来开展行动，例如，“有意地”吸吮奶嘴。伴随着这种认识，他们开始形成一种自主性的感觉。然而，这种自主性受到了儿童不想要为他们自己的行动负责任的倾向的威胁，取而代之的是返回到舒适与安全中。因此，自主性和羞愧与怀疑的冲突就出现了。

埃里克森认为，如果儿童要去解决这种冲突，并且发展出自主性的感觉，有一点十分重要，那就是父母要鼓励儿童尝试着对环境进行探究，并为他们提供独立自主的机会。过分的保护可能导致他们在今后面对世界的过程中出现怀疑与不确定。儿童此时真正需要的是父母在坚定性与灵活性之间做出平衡。

3. 主动—内疚

根据埃里克森的看法，到4—5岁的时候，儿童会发现他们是自治的、独立的，他们就是某一个人。他们将会花费他们剩下的童年时期的大部分时光，来努力地发现他们到底是谁。埃里克森设想，儿童最初试图通过认同父母来发现自己是谁。

在这个阶段，他们获得更多的移动自由，建立了更宽的物理环境。他们的语言发展已经达到足够高的水平，能够提出问题、理解答案，也能够想象各种可能性。儿童现在能够想象使他们感到恐惧的事情。伴随着对环境越来越多的探索活动，儿童形成了“进取”的感觉。他们不仅是自主的，而且对他们的行为负责任。

（三）精神分析理论对儿童教育的启示

依据弗洛伊德的理论，幼儿正处于性器期，是性别角色发展的重要时期。教师要帮助幼儿有意识地把精力放在一些积极的社会活动中，这有助于他们的学习和社会发展；应有意识地对幼儿多给予一些表扬，促进他们社会情感的发展；注意引导幼儿移情能力的发展，帮助他们去尝试体验别人的情绪及情感，从而学会助人与分享；注意在游戏中引导幼儿释放情绪、实现愿望；重视关于纪律、规则等方面的教育，使这些逐渐内化到幼儿的超我中，以此指导他们一生的行为。

埃里克森的人格发展理论指出，人格的发展过程是将个人的内心生活与社会任务结合起来的心理社会发展过程。他非常重视家庭、社会、学校在人格发展中的作用，并提醒人们重视人生每个阶段的人格教育，以促使个体形成良好的品质，避免消极的品质。这对如何培养儿童的健康人格具有十分重要的意义。他认为应抓住人格发展的关键期，营造良好的成长环境；注重建立和谐的早期亲子关系；给予孩子自主活动的空间、时间；培养儿童自信、独立的心理品质；成人要学会尊重孩子，为孩子提供独立做事和解决问题的机会，积极鼓励孩子与他人交往，让孩子体验成功；鼓励儿童的创造活动，满足其积极探索的欲望。

四、认知发展理论

皮亚杰的认知发展理论，是以发生学的观点和方法来研究人类认知的发展顺序和阶段，探讨认知形成和发展的动因、过程、内在结构和机制等的系统理论。

（一）儿童心理发展的实质

皮亚杰认为，儿童心理（智力、思维）既不是起源于先天的成熟，也不是起源于后天的经验，而是起源于个体的动作。这些动作的本质是个体对外部环境的适应，适应的目的是取得个体与环境的平衡。个体通过动作对外部环境的适应便是儿童心理发展的真正原因。

皮亚杰认为，人在认识周围世界的过程中形成自己独特的认知结构，即一系列整合的知觉、观念和动作的结构或组织在心理上的表征，也叫作图式。适应便是通过同化、顺应和平衡这三个过程，不断更新和改变认知结构的过程，其中，同化和顺应是互补的两个不同过程。同化是指将新信息纳入已有的认知结构中，顺应是指改变已有的认知结构以适应新的环境和信息。儿童心理发展的实质，就是个体在和环境不断的交互作用中对环境的适应过程，也就是通过同化和顺应不断打破旧的平衡、建立新平衡的过程。

（二）儿童心理发展的影响因素

1. 成熟

成熟主要指生理发育，特别是大脑和神经系统的成熟。

2. 物理环境

物理环境主要是给儿童提供自然经验，儿童通过与物理环境的互动，可以获得两类经验。一是物理经验，指个体作用于物体时，认识物体的大小、轻重、凉热、软硬、形状等特征。二是数理逻辑经验，这类经验本质上是源于主体的，指个体作用于物体时，从自己的动作中概括出的经验。

3. 社会环境

社会环境主要给儿童提供社会交往和学校教育方面的经验。皮亚杰认为，即便是在社会交往和学校教育当中，儿童主动的同化作用依然是社会化的前提。

4. 平衡

平衡是心理发展中最重要的决定因素。平衡是一种内部机制，是个体复杂的自我调节。它主要包括两个方面，一是通过同化和顺应，使得个体适应外部的环境；二是自动整合认知结构的各个组成部分使之协调优化。所有新认知结构的建构都要通过同化、顺应和平衡这三个不同的心理过程。认知发展便是个体在和环境的交互作用中，认知结构不断形成和更新的结果。

(三) 认知发展的阶段

1. 感知运动阶段(0—2岁)

此期儿童靠身体动作和感官了解周围的世界,开始区分自己和物体,逐渐了解动作与效果之间的关系,获得初步的时空观念。认知发展两大成就:主客体的分化,尤其是"客体永久性的获得";因果联系的初步建立。

2. 前运算阶段(2—7岁)

这一阶段儿童最明显的变化是表征或符号活动急剧增加。儿童已经能够初步使用符号,语言的运用日趋成熟,记忆和想象发展迅速,主要通过直观动作和表象进行思维,思维方式具有直觉性和自我中心的特点。三山实验程序:让儿童坐在三座山丘模型前,说出对面的儿童看到的三山是什么样子的。结果:处于前运算阶段的儿童不能完成任务。结论:儿童采取一种自我中心的我向思维。自我中心是指这时候的儿童很难站在他人的角度看问题,这是自然、正常的心理特点,并不具有道德研判的含义。该阶段儿童能进行"延期模仿"和"象征性游戏",思维具有单一维度、不守恒、不可逆等局限性。

3. 具体运算阶段(7—11岁)

这一阶段儿童开始根据具体事例进行初步的逻辑推理,能够克服片面性,思维的自我中心的程度下降,已具有可逆性和守恒性。此期的儿童已经具有真正运算的性质,他们具有运算的知识,这种知识涉及在一定程度上做出推论,但是这种思维运算还不能够完全离开具体事物的支持。

4. 形式运算阶段(11—15岁)

这一阶段儿童能够借助概念、数字等抽象符号进行逻辑思维。形式运算是皮亚杰认为的最高级的思维形式。这一时期儿童的思维具有更大的弹性和复杂性,已经可以脱离具体的事物,已有能力将形式与内容分开,能对抽象的和表征性的材料进行逻辑运算。思维特点:能进行假设—演绎思维;能进行命题运算思维;能进行系统思维。

皮亚杰认为,这些阶段出现的时间可因个人或社会变化而有所不同,但是基本顺序是固定的,各阶段都具有独特的认知结构,标志着一定阶段的年龄特征。

皮亚杰的自我中心主义、道德判断、泛灵论、梦、模仿和游戏等理论对心理理论研究产生了影响;皮亚杰关于儿童自我中心化与去自我中心化的研究为后人有关观点采择的研究提供了基础和借鉴。

五、社会文化历史学派的心理发展观

(一) 儿童心理发展及其原因

维果斯基认为,心理发展是指个人的心理在环境与教育的影响下,在低级心理机能的基础上逐渐向高级心理机能转化的过程。低级心理机能是个体早期以直接的方式与外界相互作用时表现出来的特征,包括基本的感知觉和情绪等,这是进化的结果。高级心理机能是指以符号系统为中介的心理机能，如抽象思维、有意注意、高级社会情感等，这是历史发展的结果，是人类心理与动物心理的本质区别。

心理发展具体表现为四个方面：① 有意机能的发展，如有意注意、有意记忆、有意想象的发展等。② 抽象概括机能的提高，如获得概念，能够用概念、数字等抽象逻辑符号进行思维等。③ 新的心理结构的形成。④ 心理活动的个性化。其中，个性的形成是高级心理机能形成的标志。

儿童心理的发展有三个方面的原因：一是起源于社会文化历史的发展，受社会规律制约；二是在与成人交往过程中，儿童通过掌握最高级心理机能的工具——语言、符号这一中介，以形成新的心理机能；三是高级心理机能是不断内化的结果。

（二）教学与儿童发展的关系

维果斯基有三个方面的贡献。① 提出最近发展区的观点。维果斯基认为，儿童有两种发展水平：一是儿童的现有水平，二是即将达到的发展水平。二者之间的差异，就是最近发展区，即儿童在成人指导下所达到的水平与儿童独自完成所达到的水平之间的差距。② 提出教学应该走在发展之前。教学应首先建立在开始形成的心理机能的基础上，走在心理机能形成的前面。通俗而言，应该了解儿童的已有水平，教学应发生在儿童的最近发展区之中。教师要以符合每个儿童最近发展区的干预来指导儿童的学习。③ 关于学习最佳期限的观点。他认为学习进行得过早或过晚都不利于儿童的发展。

支架式教学的理念来源于维果斯基的最近发展区的观点。

六、其他常用理论

人本主义的代表人物有罗杰斯和马斯洛。罗杰斯认为：人性本善；自我存在与持续变化的经验中，儿童自己是最了解自己经验的人。马斯洛提出了需要层次理论。

信息加工理论的代表人物是米勒，他关注认知加工，包括注意和记忆等。

生态系统理论的代表人物是布朗芬布伦纳，他认为生物因素、儿童直接接触的家庭与社区，以及社会和文化因素之间存在交互作用。

【真题展示】

一、单项选择题

1. 照料者对婴儿的需求应给予及时回应是因为：根据埃里克森的观点，在生命中第一年的婴儿面临的基本冲突是（　　）。（扫二维码领取参考答案）

A. 主动性对内疚　　B. 信任对不信任

C. 自我统一性对角色混乱　　D. 自主性对害羞

2. 按照皮亚杰的观点,2—7 岁儿童的思维处于(　　)。(扫二维码领取参考答案)

A. 感知运动阶段　　B. 前运算阶段

C. 具体运算阶段　　D. 形式运算阶段

3. 班杜拉的社会认知理论认为(　　)。(扫二维码领取参考答案)

A. 儿童通过观察和模仿身边人的行为学会分享

B. 操作性条件反射是儿童学会分享的最重要的学习形式

C. 儿童能够学会分享是因为儿童天性本善

D. 儿童学会分享是因为成人采取了有效的奖惩措施

4. 教师拟定教育活动目标时,以幼儿现有发展水平与可以达到水平之间的距离为依据,这种做法体现的是(　　)。(扫二维码领取参考答案)

A. 维果斯基的最近发展区理论　　B. 班杜拉的观察学习理论

C. 皮亚杰的认知发展理论　　D. 布鲁纳的发现教学法

5. 根据埃里克森的心理社会发展理论,1—3 岁儿童形成的人格品质是(　　)。(扫二维码领取参考答案)

A. 信任感　　B. 主动性

C. 自主性　　D. 自我同一性

6. 皮亚杰的“三山实验”考察的是(　　)。(扫二维码领取参考答案)

A. 儿童的深度知觉　　B. 儿童的计数能力

C. 儿童的自我中心性　　D. 儿童的守恒能力

7. 儿童能以命题形式思维,则其认知发展已达到(　　)。(扫二维码领取参考答案)

A. 感知运动阶段　　B. 前运算阶段

C. 具体运算阶段　　D. 形式运算阶段

8. 根据皮亚杰的认知发展阶段论,3—6 岁幼儿属于(　　)阶段。(扫二维码领取参考答案)

A. 感知运动　　B. 前运算

C. 具体运算　　D. 形式运算

二、简答题

简述班杜拉社会学习理论的主要观点。(扫二维码领取参考答案)

【模拟试题】

一、单项选择题

某次小孩哭闹时，家长给予糖果小孩就停止哭闹，重复几次之后，一旦小孩哭闹，家长就给予糖果，家长给予糖果的行为得到了（　　）。（扫二维码领取参考答案）

A. 正强化　　B. 负强化

C. 惩罚　　D. 消退

二、材料分析题

1. 姗姗小时候，父母带她外出时，常常随便给她买吃的、玩的。特别是当姗姗哭闹的时候，父母往往会买一些零食、玩具哄她。结果姗姗养成了习惯，一到商店、公园等公共场所，她看见喜欢的东西就非买不可，否则就大吵大闹，弄得大人很尴尬，只好依从她。

思考：(1) 请分析父母对姗姗的教育行为；(2) 提出教育对策。（扫二维码领取参考答案）

2. 材料一：小皮（3岁）能够完成简单的三片式拼板，现在他一定要把一块块拼板颠倒着放到底板上。显然他在努力找到玩这幅拼板的新方法。

材料二：小茜（2岁）不能在没有帮助的情况下完成这幅拼板，她需要一个成人在身边帮助她。她拿起一块拼板随机地放到底板上，用力揿，想把它塞进去，但塞不进去。她很是沮丧，捏捏自己的脸颊，更用力地塞，然后看着老师，期待得到帮助。老师把手放在小茜的手上，指导她把拼板放到正确的位置，让小茜在最后完成时体验到满足。她坚持再玩一遍——每次都在老师耐心的帮助下获得成功。

思考：请结合材料谈一谈教师应发挥的作用。（扫二维码领取参考答案）

第三节　婴幼儿的心理发展

思维导图

- 婴幼儿的心理发展
  - 一般特点
    - 连续性与阶段性
    - 定向性与顺序性
    - 不平衡性
    - 个别差异性
  - 年龄特征
    - 婴儿期
    - 幼儿前期
    - 幼儿期
  - 基本趋势
    - 简单到复杂
    - 具体到抽象
    - 被动到主动
    - 零散到系统

一、婴幼儿心理发展的一般特点

（一）发展是连续性与阶段性的统一

发展是一个从量变到质变的过程。当某种新质要素还较微弱，其量的积累还没有达到一定程度时，发展表现为一种连续的变化；而当新质要素积累到一定程度并取代旧质要素而占据优势地位时，量变就引起质变，发展过程出现“飞跃”，显现出阶段性的特性。因此，心理发展的实际过程是：连续变化中呈现出阶段性；每一阶段既包含前一阶段的因素，又孕育着后一个阶段的新质，体现了发展的连续性。

（二）发展的定向性与顺序性

发展是一种定向运动。许多心理能力的发展都是由笼统到分化再到整合。正常的条件下，定向发展过程中，各个阶段之间的更替、衔接总是遵循着固定的顺序，不可逆，也不可逾越。这就是发展的顺序性。

（三）发展的不平衡性

婴幼儿的心理不是匀速、等量发展的，不平衡性通常表现在三个方面。其一，表现为婴幼儿不同心理活动的发生时间有早有晚，一般来说，婴幼儿的感知觉、记忆等认知活动发生最早，而思维发生较晚。其二，婴幼儿时期各阶段的心理发展速度各不相同，表现为年龄越小发展速度越快。其三，不同个体的心理发展速度也表现出不平衡性，每一个婴幼儿在认知、言语、动作等方面的发展速度都有所差异。

（四）发展的个别差异性

所有正常的心理能力发展都遵循着大体相同的发展模式，但对个人而言，具体发展速度、最终达到的水平及发展的优势领域往往千差万别。例如，有的儿童早熟、早慧，有的儿童有特殊才能；在性格方面有的好动，有的则喜欢安静。

知识补充：发展的关键期（敏感期）

20 世纪 30 年代，奥地利习性学家洛伦茨研究小鸭、小鹅的习性发现，它们通常将出生后第一眼看到的对象当作自己的母亲，并对其产生偏好和追随反应。洛伦茨称此现象为印刻（imprinting），印刻发生的时期称为关键期。关键期的最基本特征是，它只发生在生命中一个固定的短暂时期。如小鸭的追随行为只出现在出生后的 24 小时内，若超过这一时间，印刻现象就不再明显了。

近年来许多研究表明，在儿童心理发展过程中存在关键期。它是指在某一特定的年龄时期，儿童对某种知识或行为十分敏感，学习起来非常容易。若错过了这个时期，学习起来就会困难，甚至影响终身。不同心理能力的发展有不同的关键期。例如，口语学习的关键期是 1—3 岁，形象视觉发展的关键期是 0—4 岁，而 5 岁左右是掌握数的概念的关键期。从整个人生的心理发展来看，许多心理能力的关键期都在婴幼儿时期。

意大利教育家蒙台梭利认为，在敏感期内，儿童对一定的事物表现出高度的积极性和兴趣，并且学得很快，过了这个时期，这种情况就会消失。同时他还认为，出生到 5 岁是感觉的敏感期，出生到 6 岁是动作的敏感期。当然，某些心理能力的发展即使错过了敏感期，只要通过适当的教育也可以获得良好发展。

二、婴幼儿心理发展的年龄特征

在儿童心理发展的每一个年龄阶段，都具有一般的、典型的、本质的心理特征，称为年龄特征。

儿童的年龄特征具有稳定性。首先表现在心理发展具有固定的阶段顺序和变化的速度，每个阶段儿童表现出的典型特征是共同的、普遍的。其次，还表现在不同文化背景下儿童心理发展同样有诸多的共性。

年龄特征也具有可变性。主要表现在发展的速度上，可因社会、教育、生活条件等改变而有所变化。

（一）婴儿期（0—1 岁）

儿童出生的第一年，无论是生理发展还是心理发展都非常迅速。

1. 适应新生活,认识周围世界,开始与人交往

新生儿主要依靠无条件反射适应内外环境。大约 2 周,新生儿出现条件反射,使心理现象出现成为可能;能注视进入视野的物体,视觉、听觉集中;与成人交往开始发生。

2. 动作不断发展

(1) 从整体混乱的动作到局部的、准确的和专门化的动作。如婴儿最初是手脚乱动,全身参与,满手一把抓,不能用拇指和食指捏住东西。

(2) 从上部动作到下部动作。发展的顺序为:先会抬头,然后俯撑、翻身、坐、爬、站,最后学会走。

(3) 从粗大动作到精细动作。儿童的动作先出现的是大肌肉动作,如头部、躯体、双臂及腿部的动作等,最后是手的精细动作,如手指提东西、拿筷子。

(4) 从无意动作到有意动作。婴儿两三个月时会用手去抚摸和拍物体。三四个月时仍然是偶然和无意的动作,会被动地抓握到手的东西,手无意地挥动,带动手里的玩具,手眼还是不协调,大脑还不能支配手,不能用手去抓眼睛看到的东西。四五个月时出现了手眼协调的动作,动作有了一定的目的性,能够主动地用手准确有意地抓眼前的物体。手眼协调动作的发生是儿童有意动作发生的主要标志,是婴儿用手的动作有目的地认识世界和摆弄物体的萌芽,也是儿童的手成为认识器官和劳动器官的开端。

3. 婴儿期心理活动的发生和发展

(1) 最初的认知活动的出现。其突出表现为感知的发生和视觉、听觉的发展。婴儿的视线能追随移动的物体,稍大一些还能主动去寻找视听的目标;能分辨熟悉的人和陌生的人,5—6个月开始出现认生现象;对物体的大小、形状产生知觉,有了深度知觉。

(2) 掌握语言的准备。研究发现,婴儿对语言的刺激非常敏感,婴儿期是语言发展的重要准备期。

(3) 情感的发展和最初的社会性萌芽。最初的情绪与生理需要是否得到满足有关。2—3个月,情绪逐渐分化,具有社会性反应; 6 个月左右,产生对亲近之人的依恋;10 个月,识别他人情绪。微笑是儿童最初的社会性行为。对成人的依恋和对成人微笑均是婴儿社会性发展的萌芽。

(二) 幼儿前期(1—3 岁)

1—3 岁是儿童学走路、学说话的重要时期。

1. 动作逐渐发展完善

(1) 学会自由行走。1 岁左右,开始学步,走路还不稳。2 岁以后,行走自如,并开始学习跑、跳和攀登等动作,但不够灵活,容易摔跤。

(2) 开始使用工具。能准确拿住各种东西,并开始学习使用工具:用勺子、端碗等。特别爱做事,爱模仿大人使用工具。

2. 出现新的心理活动

(1) 会说话。词汇:最先理解的词是经常接触的物体的名称,如灯灯;其次是对成人的称呼,如爸爸、妈妈;再次是玩具和衣服的名称,如球球、帽帽。发音:不准确,喜欢用叠音。句子:处于单词句阶段,句子往往不完整、简单,常以词代替。语音:3 岁左右是儿童掌握最基本语音的阶段,大约能说出 1000 个词,能说出一些较完整的句子。

(2) 想象开始萌芽。2 岁左右,能进行简单的想象。如拿着娃娃,学成人拍娃娃睡觉。

(3) 思维的出现。儿童的思维具有直观行动性,即边行动边思考。能够根据已有的记忆表象对事物进行最初的概括和推理,如对不同年龄、性别的人分类;对简单的事物做判断,如成人说:"天黑了,宝宝要睡觉了。"孩子说:"为什么月亮不睡觉?"

3. 独立性开始出现

2 岁左右的孩子,能独立行走,变得不那么顺从。独立性的出现,是人生头两三年心理发展成就的集中表现,也标志孩子的自我意识开始出现。

(三) 幼儿期(3—6 岁)

1. 3—4 岁幼儿的心理发展特征(小班阶段)

随着活动范围的扩大,幼儿感知觉在进一步发展;认识活动依靠动作和行动;情绪不够稳定,模仿性强。教育对策:理解儿童、正面示范、指示具体明确易懂、不说反话。

2. 4—5 岁幼儿的心理发展特征(中班阶段)

精力充沛、活泼好动;思维以具体形象为主;开始遵守一定的行为规范和生活规则。4 岁左右是游戏蓬勃发展的时期,幼儿不但爱玩,而且会玩,自己确定游戏主题,根据游戏内容自己分工、安排角色。幼儿在参与游戏的过程中学习合作和交往。

3. 5—6 岁幼儿的心理发展特征(大班阶段)

好学好问,求知欲进一步发展,喜欢问各种各样的问题,喜欢问为什么,喜欢智力活动;开始进行初步的抽象判断和推理,能够掌握一些抽象的概念;开始掌握认知方法,表现出有意地自觉控制和调节心理活动的方法;个性初具雏形,对事物形成比较稳定的态度。

如需要了解学前儿童的发展标志,可参考"早期儿童养育与发展"项目资料"0—6 岁儿童发展的里程碑"。

三、婴幼儿心理发展的基本趋势

婴幼儿心理的发展同其他任何事物的发展一样,都遵循着一定的趋势和发展规律。

(一) 从简单到复杂

个体心理是一个复杂的系统,但在婴幼儿心理发生发展的最初阶段却并不复杂。婴幼儿的心理发展经过了一个从不齐全到齐全、从笼统到分化的过程。比如,婴儿出生时只会哭,到三四个月能发出类似说话的牙牙学语声,到周岁说出第一个词,再到逐渐说出两三个词组成的句子,最后能够说出简单句和复杂句,这就是婴幼儿言语发展的过程。

(二) 从具体到抽象

婴幼儿的心理活动最初都是具体的,然后逐渐变得抽象概括。例如,从对事物的感知发展到对抽象概念的理解,从具体的情绪表现发展到抽象的情感体验,等等。

（三）从被动到主动

由于婴幼儿时期的生理机能和心理机制并没有完全发育成熟，因此这个阶段他们通常是被动接受外界的刺激，进行着无意识的心理活动。随着生理和心理的不断成熟，特别是自我意识的发展，婴幼儿心理活动就由无意变为有意了。

（四）从零散到系统

心理具有自身复杂的系统，但这个系统并非与生俱来。最初婴幼儿的心理活动是零散而混乱的，各个心理成分之间缺乏有机联系。而随着心理活动逐渐组织起来，成为整体，有了系统性，出现稳定倾向，个体才具有了特有的个性。

【真题展示】

单项选择题

1. 适合幼儿发展的内涵是指（　　）。（扫二维码领取参考答案）

A. 追随幼儿的兴趣　　B. 适合幼儿发展的规律与特点

C. 任其自由发展　　D. 跟随幼儿的发展

2. 婴幼儿的“认生”通常出现在（　　）。（扫二维码领取参考答案）

A. 3—6 个月　　B. 6—12 个月

C. 1—2 岁　　D. 2—3 岁

3. 婴儿手眼协调动作发生的时间是（　　）。（扫二维码领取参考答案）

A. 2—3 个月　　B. 4—5 个月

C. 7—8 个月　　D. 9—10 个月

【模拟试题】

一、单项选择题

1. 根据皮亚杰的研究，幼儿对“生命”这一概念的掌握按照这样一个顺序发展：一切活动的东西都有生命—唯有行走的东西才有生命—唯有能自己行走的东西才有生命—唯有动物和植物才有生命。这体现了婴幼儿身心发展哪一个特点？（　　）（扫二维码领取参考答案）

A. 连续性与阶段性　　B. 定向性与顺序性

C. 不平衡性　　D. 差异性

2. 以下有关学前儿童动机发展的特点说法错误的是（　　）。（扫二维码领取参考答案）

A. 从动机互不相干到形成动机之间的主从关系

B. 从间接的近景动机占优势，发展到直接的远景动机占优势

C. 从外部动机占优势到内部动机占优势

D. 兴趣越来越成为儿童行动的主要动力

3. 有关学前儿童意志行动说法错误的是(　　)。(扫二维码领取参考答案)

A. 四五岁是儿童的坚持性发生质变的关键年龄

B. 三岁儿童坚持性发展很低,坚持时间很短,遇到困难或任务比较单调枯燥,一般会失去完成任务的愿望和行动

C. 幼儿中期在成人的具体示范和语言提示下,行动的目的逐渐形成,对自己不感兴趣的,甚至较困难的活动也能坚持

D. 五六岁的孩子能比较主动地控制自己的愿望和行动,努力使之符合集体的行为规则和成人的各项要求。但是,还做不到较好地控制自己的内部心理过程

4. 第一反抗期出现在哪个年龄段?(　　)(扫二维码领取参考答案)

A. 0—1 岁　　B. 1—1.5 个月

C. 1.5—3 岁　　D. 3—4 个月

二、简答题

1. 一个 8 个月大的婴儿不断重复扔掉勺子,然后再看着妈妈把勺子捡起来,这一系列动作是外在的、客观的。那么这些动作意味着什么?(扫二维码领取参考答案)

2. 请简述动作发展对于婴幼儿心理发展的作用。(扫二维码领取参考答案)

三、材料分析题

某教师用图片向 3 岁和 5 岁幼儿讲述整个故事:这是小红,这是小明。小红看到小明把球放到篮子里。等小明出去后,小红想和小明开个玩笑,就把球从篮子里拿出来放到盒子里。小明知不知道小红把球换位置了?对,他不知道。不一会儿,小红回家去了,小明回来找他的球。

提问:

（1）记忆控制问题：小明最开始把球放到哪里了？

（2）事实检测问题：球现在在哪里？（幼儿答对以上问题，老师才继续提问；否则老师需重新讲解故事）

（3）目标问题：小明回来会先去哪里找皮球？结果发现，绝大部分 3 岁幼儿未回答正确，而绝大部分 5 岁幼儿回答正确了。思考：该教师拟测试的是幼儿的哪类心理发展特点？你如何理解该结果？（扫二维码领取参考答案）

第四节　幼儿认知发展

思维导图

幼儿认知发展：
- 幼儿注意的发展
- 幼儿感知觉的发展
- 幼儿记忆的发展
- 幼儿想象的发展
- 幼儿思维的发展
- 幼儿言语的发展

认知包括社会认知和非社会认知。认知发展是指人类的各种认知能力随着年龄增长所发生的有序而相对持久的变化。儿童认知的发展是指儿童期获取知识的过程，包括感知觉、记忆、思维、言语等发展过程。其中，注意作为一种心理状态，贯穿于各种心理过程中。

一、幼儿注意的发展

（一）什么是注意

注意是心理活动对一定对象的指向和集中。注意的对象既可以是外部事物，也可以是人自身的内部状态。指向性和集中性是注意的两个基本特征。指向性是指心理活动有选择地反映一定的对象，而离开其余的对象。集中性则是指心理活动停留在被选择的对象上的强度或紧张度，它使心理活动离开一切无关的事物，多余的活动被抑制。

（二）注意是心理状态

注意是伴随着感知觉、记忆、思维、想象等心理过程的一种共同的心理特征。注意并不是一种独立的心理过程，而是各种心理过程的共同特征。

（三）注意的种类

根据注意有无目的和意志努力程度的不同，可分为无意注意和有意注意。无意注意（不随意注意）是事先没有预定的目的，也不需要做意志努力的注意。有意注意指有预定目的，必要时还需做一定意志努力的注意。二者的关系见表1-7。

表1-7 无意注意和有意注意的比较

<table>
<tr><th colspan="2"></th><th>无意注意</th><th>有意注意</th></tr>
<tr><td colspan="2">目的</td><td>无</td><td>有</td></tr>
<tr><td colspan="2">意志努力</td><td>不需要</td><td>需要</td></tr>
<tr><td rowspan="2">影响因素</td><td>客观</td><td>刺激强度；对比关系
运动变化；新异性</td><td rowspan="2">明确活动的目的和任务
间接兴趣的培养
坚强的意志
合理地组织活动</td></tr>
<tr><td>主观</td><td>需要、兴趣、态度、情绪状态、经验、机体状态</td></tr>
<tr><td colspan="2">性质</td><td>被动、不自觉</td><td>主动、自觉</td></tr>
<tr><td colspan="2">局限性</td><td>保持时间短、定向新异刺激时干扰当前活动</td><td>枯燥、单调、易疲劳</td></tr>
<tr><td colspan="2">有效运用</td><td colspan="2">交替运用、相互转换</td></tr>
</table>

（四）注意品质

1. 注意的广度（注意的范围）

注意的广度指注意的范围，是人在单位时间内能清楚地觉察到的对象的数量。比如，一目十行。影响因素：① 生理制约性。在1/20秒的时间内，成人一般能注意到4—6个相互之间没有联系的对象，幼儿则只能把握2—4个。② 注意对象的特点及主体的知识经验。③ 任务要求。

2. 注意的稳定性（持久性）

注意的稳定性是指注意保持在某种刺激或某种活动上的时间长短。影响因素：注意的稳定性与注意对象的特点和主体的主观状态都有关系。注意对象是活动的、丰富多彩的、能满足主体需要的、令人感兴趣的，注意就容易稳定。

当人专注某一对象时，视、听感觉器官会产生周期性的加强和减弱的变化，这种现象称为注意的起伏。注意起伏是正常的注意现象，是意识很难控制的。它具有防止疲劳、提高注意稳定性的作用。

3. 注意的分配

注意的分配是指同一时间内把注意指向于不同的对象。如做早操时，幼儿一边听音乐，一边做动作，这也是注意的分配。影响因素：① 注意能否分配，首先取决于技巧的熟练程度，即在同时进行的几种活动中，只有一种是不熟悉的，其余的活动技巧已经非常熟练，甚至达到自动化的程度。② 有赖于同时进行的几种活动之间的关系，如果它们有内在联系，注意的分配就要容易些;反之,则比较困难。比如边唱歌边跳舞时,如果跳的动作与唱的词意吻合,注意分配就能顺利进行。

4. 注意的转移

注意的转移是指人有意地把注意从一个对象转移到另一个对象上,或从一种活动转移到另一种活动上。如组织一日活动时,幼儿的注意指向集中于早操后,之后幼儿的注意则可以转移到玩游戏、阅读等其他活动上。影响因素为注意转移的快慢、难易,取决于以下几点:① 原来注意的强度和新注意对象的性质。如果原来注意的紧张度高或新注意的对象不符合主体的需要和兴趣,注意的转移就困难而缓慢;反之,就容易且迅速。② 注意的转移与神经过程的灵活性有关。神经过程灵活的人,其注意容易转移。注意的转移与注意的分散是不同的。

注意的转移是根据任务的需要,主动地转换注意的对象。注意的分散则是被无关的刺激所干扰和吸引,注意不能保持在应该注意的对象或活动上。因此,注意的转移是主动的,是注意灵活性的表现。注意的分散则是被动的,是注意不稳定的表现。

(五) 幼儿注意发展的特点

1. 幼儿的无意注意占优势

3—6 岁儿童的注意是无意注意占优势,有意注意逐渐发展,有意注意处于发展的初级阶段,稳定性差,且依赖成人的组织和引导。

2. 幼儿注意的品质水平不高

其主要表现为注意的广度比较窄、注意的稳定性比较差、注意的分配能力和转移能力较差。但在教育影响下,婴幼儿注意的品质会随着年龄的增长而不断发展,表现为注意稳定性的提高、注意范围的扩大、注意转移和分配能力的增强(表 1-8)。

表 1-8　幼儿注意的品质的发展特点及保教要点

	发展特点	幼儿园保教要点
注意的范围	幼儿视觉注意的范围比较小。不过,随着年龄的增长,注意的范围逐渐扩大	教师呈现的图片,内容应该简单、突出中心(特别是小班),不能同时出现数目较多的刺激物(如挂图或教具),排列不可杂乱无章,应有规律
注意的稳定性	在良好的教育影响下,3—4 岁儿童能集中注意 3—5 分钟,4—5 岁儿童可达 10 分钟左右,5—6 岁儿童可延长到 15 分钟左右	教师在教学活动中,教学内容应避免过难或过浅,教学方法要多样化,不同年龄段儿童活动的时间应当长短有别。小、中、大的课程时间一般分别是 10 分钟、20 分钟、30 分钟
注意的分配	幼儿掌握的熟练动作较少,注意在进行分配的时候常常顾此失彼,比较困难。	让幼儿在各种活动中掌握更多的熟练动作与技能;幼儿熟悉一种活动后,再加入另一种活动
注意的转移	幼儿的注意转移不够灵活。年龄小的儿童在应注意另一对象时,一般还会沉浸在原来的对象中难以离开。5—6 岁的儿童则逐渐学会根据活动任务的需要调动自己的注意	教师组织活动时应注意在活动之初,尽量用有趣的方式,将幼儿的注意转移到当前的活动中来;活动中,用语言帮助他们明确活动的目的或任务;幼儿注意转移不够灵活时,应给予过渡时间或活动,如手指游戏

（六）幼儿注意的分散与防止

由于生理发展的限制及经验不足，幼儿还不善于控制自己的注意，倘若再加上教育上的疏忽失当，就很容易出现注意分散即分心现象。为了防止幼儿注意分散，应该了解引起分心的原因，对症下药，采取相应的措施加以预防。

1. 幼儿注意分散的原因

（1）无关刺激的干扰。

（2）疲劳。幼儿神经系统的耐受力比较差，长时间处于紧张状态或从事单调的活动，便会引起大脑疲劳，降低觉醒水平，从而使注意涣散。

（3）缺乏严格的生活作息制度，导致幼儿休息时间不足。

（4）缺乏兴趣和必要的情感支持。兴趣、成功感及他人的关注等因素可以构成活动的动机。

（5）注意不善于转移。幼儿注意的转移能力比较差、不够灵活。他们还不能根据活动的需要及时将注意转移到当前应该注意的事物或活动上。

（6）无意注意和有意注意没有灵活并用。

2. 幼儿注意分散的防止

（1）排除无关刺激的干扰。

（2）制定并严格遵守合理的作息制度。

（3）根据幼儿的兴趣和需要组织教育活动。幼儿园的教育活动应符合幼儿的兴趣和发展需要。要注意动静搭配，防止疲劳和注意涣散。

（4）培养幼儿良好的注意习惯，不要反复地向幼儿提要求。教师要善于组织幼儿活动，合理安排活动的各个环节，有效地引导幼儿的注意始终保持在当前的活动上。

（5）灵活地交替运用无意注意和有意注意。

（6）通过日常生活的各个环节有意识地针对幼儿注意发展的不同水平给予培养和指导。

（七）幼儿注意的培养

（1）培养幼儿广泛的兴趣，充实幼儿的生活经验。

（2）针对个别差异，进行个别教育。幼儿注意的发展有明显的个别差异。

（3）让幼儿明确活动目的。

（4）在游戏中训练幼儿的注意力。

二、幼儿感知觉的发展

（一）感知觉概述

1. 感觉

（1）定义。感觉是人脑对直接作用于感觉器官的客观事物的个别属性的反映，如形状、颜色、声音、味道、温度、软硬等。感觉是人们反映客观现实世界最基础、最简单的心理过程。

（2）分类。根据感觉刺激是来自有机体外部还是内部，可把各种感觉分为两大类：外部感觉和内部感觉。外部感觉接收机体外的刺激，反映外界事物的个别属性，属于外部感觉的有视觉、听觉、嗅觉、味觉、肤觉，其中肤觉还包括温度觉、挤压觉、痛觉、触摸觉等。内部感觉包括运动觉（身体运动状态）、平衡觉（身体位置变化）、机体觉（身体疲劳、饥渴、内脏活动）。

（3）感受性及其测定。感受性是指对刺激的感觉能力。它存在着一定的个体差异，感受性的高低用感觉阈限来加以衡量。每种感觉都有两种感受性和感觉阈限：绝对感受性与绝对阈限、差别感受性与差别阈限。

（4）感觉的特性及保教要点详见表1-9。

表1-9 感觉的特性及保教要点

规律	内涵	现象	保教要点
感觉的适应	感觉器官接受持续而稳定的刺激后使感受性发生变化的现象	嗅、味、肤觉适应，视觉适应（明适应、暗适应）	室内保持通风；带领幼儿戏水时让幼儿先适应水温；带领幼儿由亮处进入较暗的场地或由暗处进入亮处时，稍停留再行动，使幼儿的眼睛先能适应
感觉的相互作用	各种感觉之间相互联系、相互影响，不同感觉间的相互作用可使感受性发生变化	唱高音时配合向上的手势，会觉得高音更高	环境布置中的色彩和质地影响对幼儿空间的感知。注意用多通道的方式让幼儿感知事物
感觉的代行	因某种原因造成丧失某一种感觉能力的人，其他感觉能力会由于代偿而得到特殊发展	盲人的触觉和听觉较好	重视对幼儿各种感觉的训练，通过练习提高其感觉统合能力。对于特殊儿童（如低视力儿）应注重在活动中发展其他感觉
感觉对比	同一感觉接受不同的刺激而使感受性发生变化的现象	同时对比和继时对比	幼儿园老师掌握对比规律用于制作和使用直观教具。膳食配置注意味觉的对比现象

2. **知觉**

（1）定义。知觉是人脑对直接作用于感觉器官的客观事物整体的反映。客观事物的个别属性、各个部分和它的整体是不可分割的。感觉是构成知觉的基础，知觉还包含其他一些心理成分。例如，过去的经验及人的倾向性常常参与在知觉过程中。

（2）分类。根据知觉过程中起主导作用的感觉器官活动，可以把知觉分为视知觉、听知觉、味知觉、嗅知觉和触知觉等。根据知觉的对象性质，知觉又分为物体知觉和社会知觉。物体知觉分为空间知觉、时间知觉和运动知觉；社会知觉主要包括对他人的知觉、人际关系的知觉和自我知觉。

（3）知觉的特性。

① 知觉的选择性。它是指把知觉对象优先地从背景中区分出来的特性。对象、背景，二者可互换。影响因素：对象与背景的差别，活动的对象，对象本身的特征，爱好、情绪状态、个人的知识经验等。

② 知觉的整体性。当客观事物的个别属性作用于人的感官时，人能够根据知识经验把它综合为一个整体。

③ 知觉的理解性。人在知觉一些事物或现象时,总是利用已有的知识经验去认识它,并用语词把它标示出来。知觉对象理解的过程经验是最重要的。知觉的理解性还受人的情绪、动机、态度及实践活动任务等因素的影响。

④ 知觉的恒常性。知觉条件在一定范围内变化时,人对客观事物的知觉映象保持相对不变的特性。种类有大小恒常性、形状恒常性、亮度恒常性、颜色恒常性、方向恒常性。

教育启示:教师板书和制作教具时应凸显出重要内容,方便幼儿知觉。运用活动的物体或动作突出重点,使得幼儿能清晰感知。编制挂图或布置环境时应有序组织,并标注若干标识,利用知觉的理解性和整体性帮助幼儿知觉。教师讲课时应抑扬顿挫,突出要重点理解的内容。讲课的内容适宜幼儿的知识经验水平,注重丰富幼儿经验。让幼儿多角度观察物体,提高其知觉的准确性。

(二) 幼儿感知觉发展

在幼儿的认识活动中,感知觉占据重要地位。以感知和思维相比,可以说,3—6 岁的幼儿是借助于形状、颜色、大小、声音等来认识世界的,而不是依靠语言交往所获得的知识来认识世界的。幼儿的思维,此时虽有发展,但仍然紧紧依靠感知的形象。幼儿的记忆也直接依赖于感知的具体材料。幼儿的情绪和意志行为,也常受直接感知的影响而变化。幼儿在视觉、听觉、触觉等几种主要感觉,以及空间知觉、时间知觉和观察等知觉方面都有发展。

1. 视觉

表 1-10 为幼儿视觉的发展特点及保教要点。

表 1-10　幼儿视觉的发展特点及保教要点

发展特点	保教要点
(1) 视敏度:精确地辨别细致物体或远距离物体的能力,也称视力	
幼儿前期到幼儿晚期,儿童的视觉敏锐度由低到高发展着。6 岁时已经接近成人水平	制作教具和图片时文字图片要画得大些。教室的采光要充足,儿童与黑板和屏幕之间的距离要合适。培养幼儿养成良好的看东西姿势
(2) 颜色视觉:区别颜色细微差异的能力,也称辨色力	
幼儿初期儿童能够初步辨认红、黄、绿、蓝等基本色。但在辨认混合色与近似色(如橙与紫、橙与黄、蓝与天蓝等)时,往往出现困难;同时,也难以完全正确地说出颜色的名称 幼儿中期的大多数儿童已能区分基本色与近似的一些颜色,如黄与淡棕。能够经常地说出基本色的名称 幼儿晚期儿童不仅能认识颜色,画图时还能运用各色颜料调出需要的颜色,并且能正确地说出黑、白、红、蓝、绿、黄、棕、灰、粉红、紫、橙等颜色名称	在教育中要注意指导幼儿掌握颜色名称;通过近似色的对比指导幼儿辨认;让幼儿多接触各种颜色,并经常教育幼儿作精确的辨认。幼儿园应为幼儿提供色彩丰富的环境。在教学和游戏中,指导幼儿认识和辨别各种色彩并调配各种颜色

2. 听觉

幼儿通过听觉，辨别周围事物发出的各种声音，从而认识周围环境，确定行为方向，同时，辨认周围人们所发出的语音，进而了解意义，促进言语发展。

（1）纯音听觉：研究表明，幼儿纯音听觉的感受性在6—8岁间提高了一倍，而且在12岁之前听觉感受性一直在增长。幼儿期儿童通过音乐教学及音乐游戏都能促进听觉感受性的发展。

（2）语音知觉：幼儿辨别语音是在言语交际的过程中发展和完善起来的，3个月时就能觉察出快乐与悲伤的声音。幼儿比较偏爱语速慢、声调高、音调夸张的语言，也就是"妈妈语"。幼儿中期儿童可以辨别语言的微小差别，到幼儿晚期几乎可以毫无困难地辨明本族语言包含的各种语音。

教师要注意幼儿听觉方面的缺陷，例如"重听"现象。"重听"现象是有些幼儿对别人的话听得不清楚、不完全，但他们常常能根据说话者的面部表情、嘴唇动作及当时说话的情境，猜到说话的内容。

3. 触觉

触觉是父母和婴儿之间相互影响的一条基本的途径。触觉的敏感性保证了儿童对环境做出回应。婴幼儿触觉的发展主要表现为触觉探索活动的形成及活动过程中与其他感觉的结合。婴幼儿的触觉主要有两种形式：口腔探索和手的探索。真正的手的探索活动出现在儿童出生后5个月左右。而手眼协调动作的出现，使婴儿手的探索活动更加准确。积极主动的触觉探索是在7个月左右发生。触摸觉和视觉的结合对儿童认识物体具有特殊意义，但在学前期的不同年龄阶段又有不同特点：年龄较小者只是对物体匆匆看一眼就力图尽快用手抓住并开始摆弄起来；年龄较大者，则通常在实际动作之前，要用眼睛相当仔细地观察物体。皮亚杰认为这种将触觉和视觉联合起来的并用手完成对物体的操控是早期认知发展的基本要素。

4. 运动觉

幼儿期儿童运动觉的感受性不断提高。运动觉和皮肤觉的结合，可以使人在触摸中感知物体的大小、形状、轻重、软硬、弹性、光滑和粗糙等属性。这种感觉在儿童很小的时候就发展起来，在幼儿期，这种感觉的感受性逐渐提高。

5. 两种重要的知觉

表 1-11 是幼儿两种知觉的发展特点及保教要点。

表 1-11　幼儿两种知觉的发展特点及保教要点

<table>
<tr><th>发展特点</th><th>保教要点</th></tr>
<tr><td colspan="2">（1）空间知觉是视觉、听觉和运动觉联合活动的结果。要有丰富的表象和掌握空间表示的词汇</td></tr>
<tr><td>① 方位知觉：是指对物体所处的空间位置的知觉
幼儿辨别方位空间大致从以自身为中心，向以客体为中心过渡。研究结果表明，3 岁幼儿仅能辨别上下方位，4 岁幼儿能辨别前后方位，5 岁幼儿能以自身为中心辨别左右方位，6 岁幼儿虽能完全正确地辨别上、下、前、后四个方位，但以自身为中心来判断左、右时仍有困难</td><td rowspan="3">① 教师要求幼儿使用左右手或左右脚、腿做动作时，或者要求幼儿向左右转时，要考虑发展特点，正确示范。可用在手上系丝带的方法。教师在舞蹈、体育等活动中要做镜面示范
② 教师应该教幼儿一些判断远近的线索
③ 教师应根据幼儿掌握形状的特点提出不同的教学目标，由易到难；在教幼儿辨认形状时要教名字
④ 通过计算、绘画、泥工等教学活动及拼板、拼图等游戏，为幼儿提供认识空间特性的机会，教会幼儿关于空间特性的词</td></tr>
<tr><td>② 距离知觉：距离知觉是对物体距离远近的知觉
吉布森和沃克通过“视崖”实验发现，刚会爬的婴儿已经具备相当好的深度知觉。幼儿对他们熟悉的物体或场地可以区分出远近。对于比较遥远的空间距离则不能正确认识。幼儿对于透视原理还不能很好掌握，不熟悉“近物大，远物小”“近物清晰，远物模糊”等感知距离的视觉信号</td></tr>
<tr><td>③ 形状知觉：形状知觉是对物体几何形体的辨别
一般地说，小班幼儿已能正确地辨别圆形、三角形、长方形和正方形。中班和大班幼儿除以上四种图形外，可以进一步掌握梯形、半圆形、菱形、椭圆形等其他平面图形和球体、正方体、长方体等立体图形</td></tr>
<tr><td colspan="2">（2）时间知觉是对客观现象的延续性、顺序性和速度的反映。要借助于中介物，如天体的运行，人体某些器官的节律或专门的计时工具</td></tr>
<tr><td>幼儿时间知觉的发展水平比较低，主要以人体内部的生理状态——生物钟来反映时间
幼儿初期儿童已有一些初步的时间概念，但往往和他们具体的生活活动相联系。幼儿初期已有早晨、下午、晚上的概念，但会错用今天、明天、昨天。幼儿中期有今天、明天、昨天的概念，但会错用前天、后天。幼儿晚期能分清以上概念，知道星期几和四季，但对更短和更远的概念分不清
幼儿对时间单位不能正确理解。6 岁儿童还不能真正了解“一分钟”、“一小时”或“一个月”的意义</td><td>① 有规律的幼儿园生活能帮助儿童建立时间观念
② 通过图片和故事、观察四季中自然界的变化、动植物的生长、穿衣的变化，帮助儿童掌握时间概念
③ 通过音乐和体育活动掌握节奏和有节奏的动作；有意识地教会儿童有关时间的词汇</td></tr>
</table>

（三）幼儿观察力的发展与培养

1. 观察与观察力

观察是有目的、有计划、比较持久的知觉，是知觉的高级形式。人在观察过程中表现出的稳定的品质和能力就是我们通常说的观察力。它是在综合了视觉、听觉、触觉和嗅觉、方位和距离知觉能力、图形辨别能力、认识时间能力、思维能力等多种能力基础之上发展起来的。

进入幼儿期后，儿童的观察力开始发展，在正确的教育下，逐渐由缺乏目的性转变为相对独立的、有目的、有组织的过程，形成初步的有目的、有方向、自觉的观察能力。但就整个发展来说，幼儿观察力的发展还是不够的，他们观察的目的性、持续性、细致性、理解性、组织性等都还不强。

2. 幼儿观察力的培养

（1）培养幼儿观察的兴趣，使其养成爱观察的习惯。

（2）帮助幼儿明确观察的目的和任务。

（3）要善于启发幼儿运用多种感觉器官参与活动。

（4）发挥教师语言的指导作用。

（5）教给幼儿具体的观察方法，如顺序观察法、典型特征观察法、分解观察法、比较观察法以及追踪观察法等。

三、幼儿记忆的发展

（一）记忆概述

1. 含义

记忆是人脑对过去经验的反映。根据现代信息学理念，记忆是人脑输入信息、保持信息和提取信息的心理过程。

2. 记忆的分类

记忆按内容可分为形象记忆、运动记忆、情绪记忆、逻辑记忆。记忆按信息储存时间的长短可分为感觉记忆、短时记忆和长时记忆。感觉记忆：保持时间很短，一般不超过 2 秒。又称瞬时记忆。短时记忆：保持时间约 20 秒，一般不超过 1 分钟。又称工作记忆。长时记忆：保持时间极长，从 1 分钟以上直至终生。根据信息加工和存储内容的不同，记忆可分为陈述性记忆和程序性记忆。根据记忆过程中意识的参与程度，记忆可分为内隐记忆和外显记忆。

3. 记忆的基本过程

识记、保持、回忆见图 1-2。

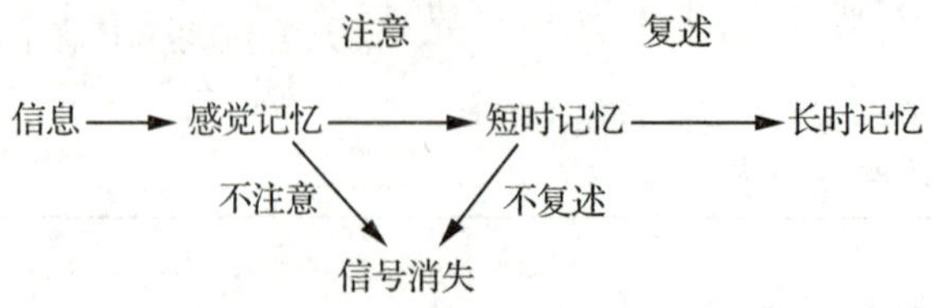

图 1-2　记忆的基本过程

表 1-12 为三种记忆的比较。

表 1-12 三种记忆的比较

记忆阶段	编码	保存	提取
感觉记忆	纯感觉记忆,具有形象性	容量较大,保存时间短	自动提取或消退
短时记忆	以听觉编码为主,视觉编码和语义编码为辅	容量一般为 7 ±2 组块,需复述才能保存	系列搜索
长时记忆	语义编码为主,视觉为辅	理论上说容量是永久和无限的	再认和再现

(1) 识记就是信息的编码与输入过程。识记根据目的性与自觉性分为无意记忆和有意识记。识记根据是否建立在对识记内容的理解的基础上分为机械识记和意义识记。机械识记指对识记内容没有理解,只是根据前后顺序等外部联系去识记。意义识记是建立在理解的基础上的识记。

(2) 保持是大脑贮存信息的过程。保持过程中会发生质、量的变化。德国心理学家艾宾浩斯最早对遗忘进行研究,提出了艾宾浩斯遗忘曲线和规律。他发现遗忘在学习之后立即开始,而且遗忘的进程并不均衡,即先快后慢。解释遗忘的原因主要有三种假设:衰退说、干扰说和提取失败说。干扰说发现倒摄抑制和前摄抑制现象。倒摄抑制是后学习的材料对保持或回忆先学习材料的干扰。而前摄抑制是指先学习的材料对识记和回忆后学习材料的干扰。

(3) 回忆是大脑提取并输出信息的过程。回忆是记忆效果的最终表现,也是加强识记效果的重要环节。回忆有两种水平:再认和再现。

记忆对人的发展具有重要作用:记忆是整个心理活动的必要条件,记忆是积累知识、丰富经验的基本手段。儿童的记忆发展水平将直接影响教育的成果。

(二) 幼儿记忆

学前儿童记忆发展的趋势为运动性记忆—情绪记忆—形象记忆—语词记忆。

1. 幼儿记忆的特点

(1) 无意识记占优势,有意识记逐渐发展。

(2) 幼儿更多采用机械识记,意义识记效果好,机械识记和意义识记均有所发展。记忆的理解和组织程度逐渐提高。

(3) 记忆保持时间的延长,回忆水平不断发展。幼儿记忆保持时间的发展中,存在两种独特现象:幼年健忘和记忆恢复现象。记忆的恢复现象指在识记后的某一段时间,对材料的回忆量比刚学习时的回忆量有所提高。英国心理学家巴拉德在儿童身上发现了这一现象,即儿童最完美的回忆成绩表现于识记后的 1—2 天。

(4) 形象记忆占优势,语词记忆逐渐发展。形象记忆效果高于语词记忆效果。

(5) 幼儿记忆的有意性和记忆策略逐渐发展。

记忆策略是指人在有意控制之下的,可以用来提高记忆操作效果的认知活动和行为活动。据研究,儿童真正的记忆策略的发生首先与记忆的有意性的发展密切相关。而记忆的有意性是元记忆的首要标志。记忆策略是元记忆的重要组成部分。记忆策略的产生和发展又与幼儿的知识经验和思维水平，以及工作记忆的发展紧密联系。威尔曼等人的研究认为：3岁儿童已有了简单的记忆策略，但更多的研究表明儿童明显的记忆策略发生的年龄段在4—5岁。

（6）儿童最初的长时记忆系统的表现形式为自传体记忆。

（7）总体上幼儿记忆的精确性较差。

2. 幼儿记忆中的常见问题

（1）偶发记忆。当要求幼儿记住某样东西时，往往幼儿记住的是和这样东西一同出现的其他东西。

（2）“说谎”问题。幼儿记忆存在着准确性差的特点，容易受暗示，容易把现实与想象混淆，用自己虚构的内容来补充记忆中残缺的部分。

3. 影响幼儿记忆的因素

（1）年龄。

（2）知识经验。

（3）情绪状态。

（4）外加动机。

4. 培养幼儿记忆能力的策略和方法

（1）重视大脑的状态，提高记忆的效率。

（2）恰当运用直观形象材料，激发记忆的兴趣。

（3）明确识记的目的和任务，增强记忆主动性。

（4）帮助理解识记材料，提高识记水平。

（5）丰富生活经验，教授记忆策略。如复述策略、组织性策略、选择性注意策略。

（6）合理组织复习，巩固强化记忆。

四、幼儿想象的发展

（一）想象概述

1. 含义

想象是对头脑中已有的表象进行加工改造，重新组合成为新形象的过程。

（1）表象是想象的基础。表象是通过感知觉获得，并保存在大脑中的事物的形象。表象的特性为形象性、概括性和可操作性。表象可分为记忆表象、想象表象。

（2）新形象：主体从未接触过的事物形象。

2. 想象的构成

想象的分析、综合活动主要有四种形式：黏合、夸张与强调、拟人化和典型化。

3. 想象的种类

（1）根据想象的目的性，在过程中是否需要意志努力，想象可分为无意想象、有意想象。无意想象是没有预定目的的，在一定刺激作用下无须意志努力产生的想象。有意想象是根据一定的目的,需要意志努力,自觉进行的想象。如幼儿根据老师的要求创编故事。

(2) 根据想象的新颖性、独立性和创造性程度,想象可分为再造想象和创造想象。再造想象是根据语言(文字)的描述和非语言的描绘(图形、图解、符号),在头脑中产生有关事物新形象的心理过程。如幼儿听故事时,头脑中浮现故事主人公的形象。创造想象是以新方式独立创造出新形象的过程。幻想是创造想象的一种特殊形式。

4. 想象发生的条件和表现

(1) 想象发生的条件。头脑中要有一定数量的、具有稳定性的表象储存作为想象的对象;具有一定的思维能力,以便运用内部的智力动作对已有表象进行加工改造。

(2) 想象发生的表现。1.5—2 岁,儿童基本具备了想象的基础。这个时期的儿童具有一定稳定的记忆表象,而且儿童手的灵活动作逐渐发展和出现语言的萌芽。儿童最初的想象,基本是记忆表象的简单迁移,加工改造的成分很少,主要是通过动作和语言表现出来的。例如,一个 2 岁左右的孩子正在吃饼干,忽然,他停止咀嚼,对着手中残缺的饼干看了片刻,高兴地喊着:妈妈,看,月亮,月亮。

5. 想象在儿童发展中的作用

(1) 想象的产生是儿童认知发展的标志之一。

(2) 想象是幼儿理解的基础。

(3) 想象在幼儿游戏中起着关键作用。

(4) 想象的发展是幼儿创造思维的核心。

(5) 想象是维持儿童心理健康的重要手段。

(二) 幼儿想象的发展特点

幼儿期是想象最为活跃的时期,幼儿想象发展的一般趋势是从简单的自由联想向创造想象发展。

1. 无意想象占主导地位,有意想象逐渐发展

(1) 学前儿童无意想象的特点:想象无预定目的,由外界刺激直接引起;想象的主题不稳定;想象的内容零散;以想象的过程为满足;想象受情绪和兴趣的影响。

(2) 有意想象在幼儿期开始萌芽,幼儿晚期有了比较明显的表现。这种表现是:① 在活动中出现了有目的、有主题的想象;② 想象的主题逐渐稳定;③ 为了实现一定的主题,能够克服一定的困难。具体而言,学前初期时,想象事先常常没有目的,由外界刺激直接引起;中班时,想象有初步的目的性;大班时,想象的目的性更强,想象活动之前,基本能有一个明确的预定主题,并能根据预定主题,有意地进行想象。

2. 再造想象占主导地位,创造想象开始发展

(1) 学前儿童再造想象的特点:① 学前儿童的想象常常依赖于成人的语言描述;② 学前儿童的想象常常根据外界情景的变化而变化;③ 实际行动是幼儿期进行想象的必要条件,在幼儿期尤为突出。再造想象的五个类型:经验性想象、情境性想象、愿望性想象、拟人性想象、夸张性想象。经验性想象在整个幼儿期占优势,其他四种在中班才开始相继出现。

(2) 学前儿童创造想象的发展(创造想象的标志是独立性、新颖性):① 最初的创造想象是无意的自由联想,可以称为表露式创造。严格地说还不是创造。② 学前儿童创造想象的形象和原型(范例)只是略有不同,或者在常见模式的基础上有一点改造。

具体而言,学前初期时,想象是老师所教内容的再现,创造成分极少;中班时,想象有一些创造性,通过自己的构思来做些补充;大班时,表现出显著的创造性,独立地把过去经验中的各种表象加以综合、改造,创造出一定新颖性的形象。

3. 想象的内容由贫乏、零碎逐渐向丰满、完整发展

学前初期时,用以想象的形象,基本就是日常生活中和幼儿最接近的事物,数目很少,而且形象比较零碎、不完整,彼此缺乏联系。大班时,想象内容逐渐丰富、完整和系统;不仅能细致、具体地反映最接近的事物,而且能展开幻想的翅膀;游戏、画画时,能逐渐考虑各角色、形象的完整性及其相互关系,能把各有关形象及形象的各主要特征联系起来。

4. 容易把现实与想象混淆,有夸大与虚构的现象

表现:夸大事物某个部分或某种特征;混淆假想与真实。

原因:由于幼儿的记忆力不准确,常将想象表象与记忆表象相混淆,即将未曾出现和发生的当作已经出现或发生的,因而导致幼儿将假想与真实混淆的现象。小班幼儿把想象当作现实的情况较多;中班幼儿想象与现实混淆的情况已减少;大班幼儿积累了一定的经验,认识能力也逐渐提高,能分清真的和假的、向往的和真实的。

对策:一方面,要理解幼儿,不可批评指责,需深入了解情况后帮助幼儿将事实弄清楚,区分假想与真实,促进儿童想象的正常发展;另一方面,幼儿的很多大胆甚至荒诞的想象恰恰是幼儿创造的来源,成人须在一定程度上保护幼儿的想象。

(三) 幼儿想象的培养

(1) 丰富幼儿的感性知识,积累想象的素材。

(2) 保护幼儿的好奇心,培养想象的主动性。

(3) 开展各种游戏,创设想象的情境。

(4) 充分利用文学、艺术等形式激发幼儿的想象力。

(5) 鼓励大胆想象,给予幼儿自由想象的空间和时间,营造宽松的心理氛围。

(6) 教给幼儿表达想象形象的技能技巧。

(7) 创设问题情境,训练发散思维,想象具体的事情,自主解决问题。

(8) 抓住日常契机,引导幼儿想象。

(9) 投放丰富材料,活动中适当训练,成人适时语言提示,引导幼儿有意想象。

五、幼儿思维的发展

(一) 思维概述

1. 含义

思维是人脑借助动作、表象或语言实现的,对客观事物概括性和间接性的认识,是认识的高级形式。

2. 思维与语言的关系

思维与语言联系在一起，不可分割。雅各布森在 1939 年曾做过实验，将电极置于被试口中，将其舌根和喉部肌肉的收缩和扩张在仪器上显示出来。结果是被试者一开始思考，仪表指针就摆动量增大。持否定意见者认为，聋哑人虽然不会语言，但有正常人的思维；动物无语言，但高级动物有低级的思维。儿童没有掌握语言之前，也有初级的思维。

3. 思维的特征

（1）概括性。在大量感性材料的基础上，把一类事物共同的特征和规律抽取出来，加以概括。透过铅笔、圆珠笔、蜡笔、毛笔……许多种具体的笔，抽取共同本质特征——能书写的专门工具，形成概括认识。水平：低水平的概括是在动作水平或形象水平上的概括。例如：有轮子的东西可以拉着走；兔子都有一对长长的耳朵；会喵喵叫的是猫。高水平的概括必须借助语词概念做本质抽象的概括，例如：能绘画和书写的工具是笔。

（2）间接性。以自己已有的知识经验为基础，对客观事物进行间接地反映。由太阳的东升西落及昼夜、四季更替，揭示地球自转、公转的规律。

（3）对经验的重组。思维是探索和发现新事物的过程。它需要人们对头脑中已有的知识经验不断进行更新和改组。

4. 思维的一般过程

思维的一般过程包括分析与综合、比较与分类、抽象与概括、系统化与具体化。其中分析和综合是思维的基本过程，其他过程都是由此派生出来的。

5. 思维的分类

表 1-13 为思维的种类及特点。

表 1 13　思维的种类及特点

分类标准	思维种类	特点
从个体发展来看	直觉动作思维	思维与动作密不可分
	形象思维	运用已有的直观形象（表象）解决问题
	逻辑思维	运用言语符号形成的概念来判断、推理
探索答案的方向	发散思维	从不同角度、不同方向思考，寻求多样答案
	集中思维	把各种有关信息集中起来，得出一个正确结论或最佳解决方案
反应的形式	直觉思维	人们面对新问题、新事物、新现象时，能迅速理解并做出反应的思维活动。具有快速性、跳跃性特点
	分析思维	逻辑思维

续表

分类标准	思维种类	特点
主动性和创造性程度	常规思维	运用已有的知识经验,按既定的(现成的)方案和程序解决问题
	创造性思维	重新组织已有的知识经验,提出新的方案或程序,并创造出新的思维成果的思维活动

(二)婴幼儿思维发展的趋势

学前儿童思维发生的标志和表现:解决问题的智慧性动作的出现。通常的研究认为,1.5—2岁是儿童思维发生的时期。思维发展的总趋势是直观行动思维在先,具体形象思维随后,抽象逻辑思维最后。思维工具是从借助动作到借助表象,再过渡到借助概念。

(1) 直观行动思维。0—2 岁幼儿的思维主要是直观行动思维。直观行动思维是指主要利用直观的行动和动作解决问题的思维。直观行动思维是在儿童感知觉和有意动作,特别是一些概括化的动作的基础上产生的。儿童摆弄一种东西的同一动作会产生同一结果,这样在头脑中便形成了固定的联系,以后遇到类似的情境,就会自然而然地使用这种动作,而这种动作已经可以说是具有概括化的有意动作了。

直观行动思维的特点:直观性和行动性;出现了初步的间接性和概括性;缺乏行动的计划性和对行动结果的预见性;思维的狭隘性。

幼儿的直观行动思维离不开幼儿对实际物体的感知和动作,因而缺乏行动的计划性和对行为结果的预见性,思维具有明显的狭隘性。

(2) 具体形象思维。三至六七岁幼儿思维的主要形式是具体形象思维。具体形象思维是利用事物的形象及事物形象之间关系解决问题的思维,是介于直观行动思维和抽象逻辑思维之间的一种过渡性的思维方式。具体形象思维是幼儿期典型的思维方式。如计算 $3+4=7$,不会对抽象数字进行加减,而是在头脑中用 3 个手指加上 4 个手指,或 3 个苹果加上 4 个苹果等具体形象计算;不能理解"黑暗的旧社会";等等。

随着动作的熟练,一些动作(试误性的无效动作)逐渐被压缩和省略,而由经验来代替。这样一些表象就可以代替一些实际动作,遇到问题时就可以不再试误,而是先在头脑中搜索表象,以便采取相应有效的动作,这时,儿童不再依靠动作而是依靠表象来思考。儿童思考和解决问题的动作开始分离,其内部表象已经可以支配外部行动。

具体形象思维具有思维动作的内隐性、具体形象性、自我中心性的特点。

(3) 抽象逻辑思维。抽象思维是指利用抽象的概念或词,根据事物本身的逻辑关系解决问题的思维。在幼儿末期即 6—8 岁这一时期,幼儿开始出现抽象思维的萌芽。幼儿开始获得可逆性思维,能够去自我中心化,同时将注意集中于某一物体的几个属性并开始认识到这些属性之间的关系,开始使用逻辑原则。

(三)幼儿思维发展的特点

幼儿思维发展的一般特点:以表象思维为主,抽象思维开始萌芽;幼儿的表象思维具有象征性、经验性、拟人性、表面性和刻板性等特点。

（1）象征性。“以物代物”“以人代人”。

（2）具体性。运算 2+3 时幼儿依靠头脑中再现的事物表象，如 2 颗糖加 3 颗糖，再数出 5 颗糖得出结果。

（3）形象性。幼儿依靠事物的形象来解决问题。如齐耳白头发的是老奶奶。

（4）经验性。幼儿的思维常根据自己的生活经验来进行。

（5）拟人性。幼儿往往将动物或一些物体当作人来对待（泛灵论）。

（6）表面性。根据具体接触到的表面现象来思考，往往只是反映事物的表面现象，而不是事物的本质联系。思维具有片面性，例如，问幼儿灯管和蜡烛的关系，大多数幼儿会回答：“都是白的、长的。”

（7）固定性（或刻板性）。幼儿思维的具体性使幼儿的思维缺乏灵活性。

（四）幼儿比较分类的发展

（1）比较是分类的前提，通过比较才能进行分类概括。学前儿童对物体进行比较时，有以下趋势和特点：① 逐渐学会找出事物的相应部分。② 先学会找物体的不同之处，后学会找物体的相同处，最后学会找物体的相似处。

（2）幼儿常用的分类形式有按物体的名称分类、按物体的外部特征分类、按物体量的差异分类、按物体的用途分类、按物体的材料分类、按物体之间的关系分类，等等。实物分类主要包括五个发展水平：不能分类、依据物体的感知特点分类、依据生活情境分类、依据物体的功用分类、依据概念分类。儿童所依据的物体感知特征随年龄的增长而变化，存在着由按大小和颜色分类向按形状分类转变的趋势。杨宗义、刘中华、黄希庭的研究认为：3 岁儿童还不能在一次分类中坚持用同一标准分类，5 岁及 5 岁以前是按色分类占优势，随着年龄的增长，按色分类的人次数逐渐减少；6 岁及 6 岁以后是按形分类占优势，随着年龄的增长，按形分类的人次数逐渐增加。总之，从 5 岁到 6 岁，按色分类显著减少，按形分类显著增加。

（五）概念、判断、推理是人类思维活动的基本形式

这种基本形式在幼儿思维发展过程中表现出具体形象性。

1. 幼儿对概念的掌握受其概括水平的制约

（1）定义。概念是指人脑对客观事物的本质特征的反映。概念是用词来标示的，词是概念的物质外衣，也就是概念的名称。

（2）影响因素。幼儿对概念的掌握受其概括能力发展水平的制约。一般来说，幼儿掌握概括能力的发展可分为三种水平：动作概括水平、形象概括水平、抽象概括水平。它们分别与三种思维方式相对应。

影响幼儿分类和概念形成的因素有以下几种：① 知觉特征，外部形象尤其是强烈的知觉刺激，会影响儿童的分类和概念的形成。知觉特征的相似点，是儿童概念的起点。② 范畴类型，是通过分类获得概念的重要因素。③ 朴素理论，即儿童对各种现象的认识。

（3）幼儿掌握概念的方式有两种，大多通过实例获得，受知觉特征影响；通过语言理解

获得。

(4) 幼儿掌握概念的特点:① 儿童最初掌握的是日常生活中经常接触的各种事物的名称,如人称、玩具、动物等。② 儿童最先掌握基本概念,依次出发,上行或下行掌握上级概念或下级概念。③ 儿童对抽象概念的掌握离不开具体形象和活动的支持。④ 成人的"典型实例"有时产生消极的定式作用。

(5) 如何促进幼儿概念的发展? ① 提供实例,比较异同,把握基本概念。② 抽象概括,把握上位概念。③ 简单到复杂,具体到抽象。先掌握实物概念(如灯、花),再掌握抽象概念(如勇敢、正义)。④ 教师帮助孩子语言理解,概念科学化。对于不理解的抽象概念,可联系具体生活实际帮助幼儿理解。

(6) 幼儿数概念的发展。幼儿数概念的形成和发展包括计数能力的发展、对数序的认识、数的守恒、对数的组成的掌握。幼儿数概念发展的阶段性问题有以下几种:① 对数量的感知阶段(2—3 岁)。对大小、多少的笼统感知;会唱数,但范围不超过 1—5;逐步学会手口协调的小范围点数(5 以内)。② 数词和物体数量间的联系建立阶段(3—5 岁)。点数后能说出物体的总数,末期出现数的守恒现象;能分辨大小、多少、一样多,并能认识第几、前后顺序;能按数取物;逐步认识数与数之间的关系(如有了数序观念,比较数目大小);末期开始能做简单的实物运算。③ 数的运算初期阶段(5—7 岁)。对 10 以内的数能保持守恒;从表象运算向抽象运算过渡;序数概念、基数概念和运算能力的各方面都有不同程度的扩大和加深。

2. 幼儿的判断能力随年龄的增长而发展

(1) 定义。判断是概念和概念之间的联系,用语句表述,对事物之间的联系进行肯定或否定。

(2) 判断的特点:以直接判断为主,间接判断能力开始形成并有所发展,由直接判断(长得漂亮是好人)向间接判断(做好事的是好人)发展;判断内容深化,从表面联系到本质联系;判断依据逐渐客观化,从生活逻辑到客观逻辑;判断的论据逐渐明确化。

3. 幼儿的推理能力随年龄的增长而发展

(1) 定义。推理是判断和判断之间的联系,是人脑根据已有判断推导出新判断。

(2) 按照逻辑学推理可分为以下几种:① 演绎推理,根据一些假设为真的前提得出结论。② 归纳推理,从许多特殊信息中得出一个一般性的结论。③ 类比推理,根据两个事物之间的关系,推断出其他两个类似事物之间也有相关的关系。类比推理的测验材料可以是几何图形、实物照片、语词,也可以是数字。如 A: B: C: ?。类比推理的六种基本关系:工具和其功用关系(笔/写字,? /切菜);部分与整体关系(苹果/苹果树,手指/?);对立关系(高/矮,粗/?);并列关系(白菜/萝卜,猴子/?);从属关系(白菜/蔬菜,? /动物);因果关系(下雨/地湿,? /打针)。

(3) 年龄特点。年龄小的儿童往往不会推理。幼儿推理以直接感知或经验为前提。出现"特殊"到"特殊"的转导推理。这是幼儿最初的推理,它是指从个别到个别的推理。这种无逻辑的推理是儿童尚没有形成类概念,即不能把同类与非同类事物相区别的结果。例如:

种豆得豆,种瓜得瓜。3 岁幼儿可能会推导出:种糖得糖。

4. 幼儿的理解力逐渐增强

(1) 孤立地理解具体事物,不能从事物直接的关系和联系出发。

(2) 对事物的理解主要依靠具体事物的形象。

(3) 对事物的理解表面化、简单化,不能理解事物的深刻的内在含义。

(六) 幼儿思维的培养

(1) 为幼儿创造直接感知和动手操作的机会。

(2) 教学活动中突出具体性、形象性。

(3) 创设问题情景,促进幼儿思维的发展。

(4) 发展幼儿的抽象逻辑思维。

(5) 重视培养幼儿的创造性思维。

(6) 引导幼儿形成问题解决的策略。

六、幼儿言语的发展

(一) 语言与言语概述

1. 定义

语言是人类在社会实践中逐渐形成和发展起来的交际工具,是一种社会约定俗成的符号系统。言语是运用语言进行实际交流的过程。

2. 言语与语言的关系

二者是相互独立而有密切联系的关系。语言是交际、思维的工具,是社会现象,具有较大的稳定性。言语是对这种工具的运用,是心理现象,具有个体性和多变性。

3. 言语的作用

① 交流作用;② 调节作用;③ 使儿童的认识过程发生质的变化;④ 儿童掌握言语的过程,是儿童社会化和个性发展的过程。

4. 言语的种类

(1) 外部言语。外部言语分为以下两种。① 口头言语。其中口头言语又分为:对话言语,如聊天、座谈、辩论,其最大的特点是情境性;独白言语,如报告、讲座、讲课、演讲等多种形式,独白言语没有交谈者的言语支持,具有展开性。② 书面言语,包括三种形式,即写作、朗读、默读。

(2) 内部言语。它是一种只为言语使用者意识到的内隐的言语活动,也叫不出声的自言自语。其特点在于它的隐蔽性。

(二) 幼儿言语的发展

幼儿时期是言语发展的关键期。儿童在 3 岁时已掌握本民族的基本语音,到幼儿末期则基本掌握本民族的口头语言。幼儿言语的发展主要表现在语音、词汇、语法、口语表达能力及言语技能的发展等方面。

1. 婴幼儿语音的发展

（1）婴幼儿的语音发展普遍经历了相同的五个阶段。反射性发生期(0—4 个月)、牙牙语期(5—9 个月)、词和句子模式的萌芽期(10—12 个月)、学说话期(1—1.5 岁)及积极的语音发展阶段(1.5—6 岁)。

（2）婴幼儿发音过程以发出“音节”为主,逐渐发出“清晰的单音”。

（3）4 岁前婴幼儿语音发展有扩展趋势,此后有收缩的趋势。4 岁左右,儿童基本上能掌握本民族全部语音。

（4）2 岁左右婴幼儿建立了词的语音表象,辨音能力先于发音能力。语言意识发生,不仅能够正确评价别人的发音,还能有意识地控制和调节自身发音器官的活动。在 4 岁左右,幼儿的语言意识明显地发展起来。

2. 词汇的发展

（1）词汇数量增加。幼儿期是人一生中词汇增加最快的时期,3 岁儿童的词汇为 1000—1100 个,4 岁儿童为 1600—2000 个,5 岁为 2200—3000 个,6 岁则达到 3000—4000 个。

（2）词类范围逐渐加深扩大。① 幼儿对各词类的掌握。幼儿一般先掌握实词,然后掌握虚词。实词中最先掌握的是名词,其次是动词、形容词、副词,最后是数量词。幼儿也能掌握一些虚词,如介词和连词。幼儿词类的扩大还表现在词汇内容的变化上。掌握与生活活动相关的词汇到与生活关系较远的词汇再到开始掌握与社会现象有关的词汇。词汇的性质也有所变化。掌握具体的词汇发展到掌握一些抽象和概括性比较高的词汇。② 幼儿使用各类词汇的频率特点有以下几点:词频最高的是代词;幼儿使用名词的频率较高;使用动词的频率又多于名词,常将动词当名词用。

（3）词义逐渐丰富和加深。由于知识经验和思维水平的限制,幼儿对词的理解具体化时,往往对词义理解过宽或过窄,会出现“造词现象”,常把不同词义混淆。随着幼儿年龄的增长,幼儿不仅能够掌握词的一种意义,而且能掌握词的多种意义;不仅能掌握词的表面意义,而且能理解转义;消极词汇逐渐转为积极词汇。

3. 语法的发展

（1）从不完整句发展到完整句。单词句阶段(1—1.5 岁)。此阶段幼儿对词义的理解笼统,不精确。词义指固定物体,出现重叠词,如“饼饼”。双词句阶段(1.5—2 岁)。此阶段幼儿常用双词或三词组合成句子,如“妈妈抱抱”,称为“电报句”。完整句阶段(2—3 岁)。幼儿开始学习运用合乎语法的完整句子。

（2）从简单句发展到复合句。

（3）从陈述句发展到多种形式的句子。

（4）从无修饰句发展到修饰句。

4. 幼儿言语表达能力的发展

（1）从对话言语逐渐过渡到独白言语。

（2）从情境性言语逐渐过渡到连贯性言语。

（3）口语表达形式与内容逐渐一致。

(4) 出现内部言语的过渡形式——出声的自言自语。这种自言自语有两种形式,一种是游戏言语,另一种是问题言语。幼儿中期以后,内部言语逐渐在自言自语的基础上形成。原来由自言自语所负担的自我调节功能也随年龄的增长逐渐由内部言语来实现。

5. 书面言语掌握的可能性

(1) 幼儿口头言语已有一定的水平,掌握了一些基本的语法规则。

(2) 言语的自我调节机能开始形成和发展。

(3) 学前晚期,幼儿的形象知觉、图像识别能力较强,为学习拼音、辨别汉字提供了可能性。

(4) 视觉记忆、手眼协调为握笔写字创造条件。

但幼儿的生活经验与理解能力有限,特别是小肌肉尚不成熟,识大量的字,或识较抽象的词,或学习书写,负担较重,意义不大。可让幼儿了解一些有关书面语言的信息,增长学习书面语言的兴趣,懂得书面语言的重要性,建立良好的阅读习惯。

(三) 幼儿言语的培养

(1) 有目的、有计划地对幼儿进行言语教育。

① 训练幼儿正确的听音和发音。

② 丰富幼儿词汇。

③ 教幼儿完整、连贯地表达。

④ 讲究教法,合理强化。

⑤ 鼓励言语创造性。

(2) 把言语活动贯穿于幼儿的一日生活中。

(3) 创设良好环境,提供幼儿交往的机会。

(4) 充分发挥成人的榜样作用。

(5) 培养"前读写"兴趣。

(6) 注重个别教育。

【真题展示】

一、单项选择题

1. 小班集体教学活动一般都安排15分钟左右,是因为幼儿有意注意时间一般是(　　)。(扫二维码领取参考答案)

A. 20—25分钟　　B. 3—5分钟

C. 15—18分钟　　D. 10—11分钟

2. 由于幼儿是以自我为中心辨别左右方向的,因而幼儿教师在动作示范时应该(　　)。(扫二维码领取参考答案)

A. 背对幼儿,采用镜面示范　　B. 面对幼儿,采用镜面示范

C. 面对幼儿,采用正常示范　　D. 背对幼儿,采用正常示范

3. 青青的妈妈说:“那小孩嘴真甜!”青青问:“妈妈,您舔过她的嘴吗?”这主要是反映青青(　　)。(扫二维码领取参考答案)

A. 思维片面性　　B. 思维的拟人性

C. 思维的生动性　　D. 思维的表面性

4. 2—6 岁儿童掌握的词汇数量迅速增加,词类范围不断扩大,该时期儿童掌握词汇的先后顺序是(　　)。(扫二维码领取参考答案)

A. 动词、名词、形容词　　B. 动词、形容词、名词

C. 名词、动词、形容词　　D. 形容词、动词、名词

二、材料分析题

1. 离园时,3 岁的小凯对妈妈兴奋地说:“妈妈,今天我得了一个‘小笑脸’,老师还贴在我脑门儿上了。”妈妈听了很高兴。连续两天小凯都这样告诉妈妈。后来妈妈和老师沟通后才得知,小凯并没有得到“小笑脸”。妈妈生气地责怪小凯:“你这么小怎么就学会说谎了呢?”

问题:小凯妈妈的说法是否正确?试结合幼儿想象的特点,分析上述现象。(扫二维码领取参考答案)

2. 情境一:

一天晚上,莉莉和妈妈散步时,有下列对话:

妈妈:“月亮在动还是不动?”莉莉:“我们动它就动。”妈妈:“是什么使它动起来的呢?”莉莉:“是我们。”妈妈:“我们怎么使它动起来的呢?”莉莉:“我们走路的时候它自己就走了。”

情境二:

在幼儿园教学区活动中,老师给莉莉出示两排一样多的纽扣,莉莉认为一一对应排列的两排一样多。当老师把下面一排聚拢时,她就认为两排不一样多了……

(1) 莉莉的行为表明她处于思维发展的什么阶段?举例说明这个阶段思维的主要特征及表现。

(2) 幼儿这种思维特征对幼儿园教师的保教活动有什么启示?(扫二维码领取参考答案)

【模拟试题】

一、单项选择题

1. 艾宾浩斯遗忘曲线告诉我们要及时复习,适当地过度学习,(　　)效果最佳。(扫二维码领取参考答案)

A. 50%　　B. 100%

C. 150%　　D. 200%

2. 幼儿园各班活动室应有通风换气设施和制度,以保证空气清新,这遵循了感知觉(　　)规律。(扫二维码领取参考答案)

A. 感觉的对比　　B. 感觉的适应

C. 感觉的相互作用　　D. 感觉的补偿

3. 教师在制作和使用直观教具时,强调色彩反差,这体现(　　)规律。(扫二维码领取参考答案)

A. 感觉的对比　　B. 感觉的适应

C. 感觉的相互作用　　D. 感觉的补偿

4. 5—6 岁幼儿在关注手、脚动作的同时,还能注意保持体操队形的整齐,这反映了幼儿注意的哪种品质?(　　)(扫二维码领取参考答案)

A. 注意的稳定性　　B. 注意的广度

C. 注意的分配　　D. 注意的转移

5. 学前儿童掌握的概念主要是(　　)。(扫二维码领取参考答案)

A. 科学概念　　B. 抽象概念

C. 日常生活概念　　D. 辩证概念

6. 关于幼儿记忆的特点,下列说法不正确的是(　　)。(扫二维码领取参考答案)

A. 无意识记占优势

B. 幼儿期以意义识记为主

C. 让幼儿看过一个玩具,他可能记不住玩具的样子,但能再认出来

D. 整个幼儿期,较多采用机械识记

二、材料分析题

1. 情境一:某实习教师组织小班幼儿学习诗歌《秋天》时,总是一遍又一遍地教幼儿朗诵。许多孩子很快坐不住了,有的与身边的幼儿打闹,有的和身边的小朋友讲话。

情境二:某年轻教师为更好地激发幼儿兴趣,准备了很多教具,上课时杂乱地放在了孩子的眼前,有的小朋友不停地看教具,有的小朋友不时地问有关教具的事情,教师难以组织教学活动。

情境三:某教师在教大班幼儿测量时,制作了精美的课件,用"一寸虫"的故事贯穿其中,同时让幼儿比一比一寸的大小,让幼儿摸一摸一寸虫的教具的长短,量一量三种鸟儿的身体

部位,量一量自己的眼睛、鼻子、嘴巴,并在此过程中及时回应幼儿的想法和表现。小朋友充满了探究,始终保持了良好的注意力。

(1) 结合材料,分析幼儿注意的特点。(2) 如何在教育教学中应用注意的规律,保持幼儿注意稳定性?(扫二维码领取参考答案)

2. 情境一:

观察活动中,老师通过呈现图片问小班幼儿:"小蝌蚪有嘴巴吗?它会吃东西吗?是什么颜色的?小蝌蚪会变成什么?小蝌蚪的尾巴会变没吗?"

情境二:

老师通过呈现图片问中班幼儿:"你知道小蝌蚪喜欢吃什么吗?蝌蚪是怎样变成小青蛙的?小蝌蚪是先长前腿还是先长后腿?"

情境三:

教师问大班幼儿:青蛙卵是怎样变成小蝌蚪的?小蝌蚪需要多少天才能变成小青蛙?小青蛙喜欢什么样的家?为什么呢?(因为青蛙是用肺呼吸,所以要生活在陆地上。)分析青蛙是一种什么样的动物(两栖动物),并能将整个变化过程用图画表现出来。

思考:(1)教师为什么给不同年龄段的幼儿制定不同的观察内容?(2)教师应如何培养幼儿的观察力?(扫二维码领取参考答案)

第五节　学前儿童情绪、情感的发展

思维导图

- 学前儿童情绪、情感的发展
  - 情绪和情感概述
    - 情绪、情感的含义
    - 情绪、情感的关系
    - 情绪、情感对学前儿童的作用
  - 学前儿童情绪、情感的发展
    - 学前儿童情绪的特点
    - 学前儿童情绪、情感发展的趋势
    - 学前儿童基本情绪的发展
    - 学前儿童高级情感的发展
  - 学前儿童情绪、情感的培养
    - 缓解学前儿童消极情绪的方法
    - 培养学前儿童积极情绪的方法

一、情绪和情感概述

（一）情绪、情感的含义

情绪和情感是人对客观事物的态度体验及相应的行为反应，它反映的不是客观事物本身，而是客观事物与人的需要之间的关系。

（二）情绪、情感的关系

情绪和情感是两种既有区别又有联系的主观体验。通常把生理需要（如睡眠、饮食、安全等）相联系的内心体验称为情绪，如惬意、开心等。它具有较大的情境性、激动性和暂时性，往往随着情景的改变和需要的满足而减弱或消失。与社会需要（如交往、文娱、教育、道德等）相联系的内心体验称为情感，如爱情、责任感等。它具有较大的稳定性、深刻性和持久性。

（三）情绪、情感对学前儿童的作用

学前儿童的情绪、情感对其心理发展具有非常重要的意义，其影响涉及儿童心理诸多方面的发展。

1. 情绪的动机作用

情绪是儿童认知和行为的唤起者与组织者，对儿童活动和行为具有非常明显的激发作用。情绪直接指导、调控着儿童的行为，促使儿童去做出这样或那样的行为，或不去做某种

行为。

2. 情绪对认知发展的作用

情绪与认知之间关系密切:①情绪随着认知的发展而分化、发展;②情绪对儿童的认知活动及其发展起着激发、促进或抑制、延缓的作用。

3. 情绪是人际交往的重要手段

每一种情绪都有其外部表现——表情。表情是人与人之间进行信息交流的重要工具之一,在婴幼儿与人的交往中占有重要的地位。

新生儿几乎完全借助于他的面部表情、动作、身体及不同的声音等,与成人进行着信息交流;成人也正是通过婴儿的情绪反应,及时为婴儿提供各种生活条件。

4. 情绪对儿童性格形成的作用

儿童在与不同的人、事物的接触中,逐渐形成了对不同人、不同事物的不同的情绪、态度。儿童经常、反复受到特定环境的影响,反复体验同一情绪状态,这种状态就会逐渐稳固下来,形成稳定的情绪特征,而情绪特征正是性格结构的重要组成部分。

5. 情绪对身心健康影响

情绪与人的身心健康互相制约、互相影响。身体健康主要指机体无疾病,而心理健康主要指人的情绪健康。很多儿童不同程度地存在焦虑情绪,长期的焦虑状态会直接影响到儿童的健康成长。

二、学前儿童情绪、情感的发展

(一)学前儿童情绪的特点

学前儿童的情绪具有外露性、冲动性、易变性等特点。

1. 情绪的外露性

幼儿的情绪完全表露在外,几乎不加控制或掩盖。到了2岁左右,孩子从日常生活中逐渐了解了一些初步的行为规范,知道有些行为是要加以克制的。中、大班儿童调节自己情绪的能力已有一定的发展。

2. 情绪的冲动性

儿童常常处于激动状态,情绪强烈,很难自制。年龄越小,这种冲动越明显。例如,想要一个玩具而得不到,就会大哭大闹,短时间内不能平静下来。随着年龄的增长和语言的发展,儿童逐渐学会接受成人的语言指导,调节控制自己的情绪。5—6岁儿童情绪的冲动性逐渐降低,调节控制情绪的能力逐渐加强。

3. 情绪的不稳定性

儿童的情绪非常不稳定,容易变化,表现为两种对立的情绪在短时间内互相转换,这与他们易受情境的影响有关。儿童的情绪常常受外界情境所支配,某种情绪往往随着某种情境的出现而产生,又随着情境的变化而消失。此外,儿童情绪的易变与其情绪易受感染和暗示也有关。

随着年龄的增长，儿童情感的稳定性会逐渐增强，但仍容易受家长和教师的感染，所以家长和教师在儿童面前必须控制自己的不良情绪。

（二）学前儿童情绪、情感发展的趋势

学前儿童情绪的发展趋势主要有三个方面：社会化、丰富和深刻化、自我调节化。

1. 情绪的社会化

幼儿最初出现的情绪是与生理需要相联系的，随着年龄的增长，幼儿情绪逐渐与社会性需要和社会性适应相联系。社会化成为幼儿情绪、情感发展的一个主要趋势。

（1）情绪中社会性交往的成分不断增加。学前儿童的情绪中，与社会性交往相关的成分随着年龄的增长而不断增加。研究发现，学前儿童交往中的微笑可以分为三类：第一类，儿童自己玩得高兴时的微笑；第二类，儿童对教师的微笑；第三类，儿童对同伴的微笑。这三类微笑中，第一类不是社会性情感的表现，后两类则是社会性的。学前儿童年龄增长后，在幼儿园中与教师和其他小朋友的社会性交往增加，因此，社会性情绪逐渐增加。

（2）引起情绪反应的社会性动因不断增加。引起儿童情绪反应的原因称为情绪动因。婴儿的情绪反应，主要与其基本生活需要是否得到满足相关。1—3 岁儿童的情绪动因，除生理需要外，还有大量的社会需要。3 岁以上的儿童，情绪动因从主要为满足生理需要向主要满足社会性需要过渡。

（3）情绪表达的社会化。表情是情绪的外部表现，儿童在成长过程中，表情由生物学上的本能表现逐渐向社会化发展。儿童表情社会化的发展主要包括两个方面：一是理解（辨识）面部表情的能力；二是运用社会化表情手段的能力。

儿童表情的社会化很早就得到了发展，近 1 岁的婴儿已经能够笼统地辨别成人的表情，如果对他微笑，他也会跟着笑；如果接着立即对他拉长脸，做出严厉的表情，婴儿会马上哭起来。随着年龄的增长，儿童解释面部表情和运用表情手段的能力也会有所增长。一般而言，儿童辨别表情的能力一般高于制造表情的能力。

2. 情绪、情感的丰富和深刻化

从情绪所指向的事物来看，其发展趋势是越来越丰富和深刻的。幼儿情绪、情感的日益丰富包含两种含义：其一，情绪过程越来越分化；其二，情绪所指向的事物不断增加。有些先前不引起儿童体验的事物，随着年龄的增长，引起了情感体验。例如，2—3 岁的儿童不太在意小朋友是否和他一起玩，而对于中班儿童，小朋友不和他玩，以及成人的不理睬，特别是误会、不公正对待、批评等，会使他非常伤心。情绪发展的深刻化是指情绪所指向的事物的性质的变化，从指向事物的表面到指向事物更内在的特点。根据与认知过程的联系，情绪、情感的发展可分为以下几种水平：

（1）与感知觉相联系的情绪、情感。与生理性刺激相联系的情绪多属此类，婴儿听到刺耳的声音后产生痛苦和恐惧的情绪、情感。

（2）与记忆相联系的情绪、情感。陌生人表示友好的面孔，可以引起 3—4 个月婴儿的微笑，却可能引起 7—8 个月婴儿的惊奇或恐惧。这是因为前者的情绪尚未和记忆相联系，

而后者则已有记忆的作用。

（3）与想象相联系的情绪、情感。两三岁以后的儿童，常常由于被告知蛇会咬人、黑夜有鬼等，而产生怕蛇、怕黑等情绪。这些都是和想象相联系的情绪体验。

（4）与思维相联系的情绪、情感。5—6岁的幼儿如果理解了病菌能使人生病，就会害怕病菌；理解了苍蝇能携带病菌，就会讨厌苍蝇。这些惧怕、厌恶的情绪与思维紧密相关。幽默感也是一种与思维发展相联系的情绪体验。3岁儿童看到鼻子很长的人、眼睛在头后面的娃娃都报之以微笑。幼儿会开玩笑，出现幽默感的萌芽，这是和他开始能够分辨真假相联系的。

（5）与自我意识相联系的情绪情感。受到别人嘲笑而感到不愉快，对活动的成败感到自豪、焦虑，对别人的怀疑和妒忌，等等，都属于与自我意识相联系的情感体验。这种情感的发生，主要取决于主观认知因素。

3. 情绪、情感的自我调节化

从情绪的进行过程看，其发展趋势是越来越受自我意识的支配。随着年龄的增长，婴幼儿情绪的冲动性逐渐减少，情绪的稳定性逐渐提高，情绪情感从外显到内隐。但总的来说，幼儿的情绪仍然是不稳定、易变化的。

4—5岁儿童的情绪较之3岁儿童更稳定，他们的行为受情绪支配的比例在逐渐下降，开始学着控制自己的情绪。在商场，当他们看到喜爱的玩具时，已不像2—3岁时那样吵着要买，而是能听从成人的要求，并用语言自我安慰："家里已有许多玩具了，我不买了。"在幼儿园里，同伴间发生争执时，有时也能控制自己的情绪和行为。当然，他们并非对所有的事都能调节好，对特别感兴趣的事和物仍然受情绪支配，甚至还会出现情绪"失控"现象，不顺心时仍会出现哭闹。总的来说，幼儿的情绪仍然是不稳定、易变化的。

（三）学前儿童基本情绪的发展

1. 哭

新生儿的哭主要是生理性的，而幼儿的哭主要表现为社会性情绪。

随着年龄的增长，儿童的啼哭会减少。一方面儿童对外界环境的适应能力逐渐增强，周围成人对儿童的适应性也逐渐改善，从而减少了儿童的不愉快情绪；另一方面，儿童逐渐学会了用动作和语言来表达自己的不愉快和需要，取代了啼哭。

2. 笑

笑是愉快情绪的表现，儿童的笑比哭发生得晚。主要有以下类型：

（1）自发性的笑。婴儿最初的笑是自发性的，或称内源性的笑。这是一种生理表现，不是交往的表情手段。

（2）诱发性的笑。第一种是反射性的诱发笑。新生儿在第三周时，开始出现清醒时间的诱发笑。例如轻轻触摸或吹其皮肤敏感区4—5秒，他就会微笑。这种诱发性的微笑是反射性的，而不是社会性微笑。

第二种是社会性的诱发笑。研究发现，从第五周开始，婴儿对社会性物体和非社会性物体的反应不同，人的出现，包括人脸、人声，最容易引起婴儿发笑，这表明婴儿开始出现社会性微笑。

3. 恐惧

（1）本能的恐惧。恐惧是婴儿出生就有的情绪反应，是本能的反应。最初的恐惧不是由视觉刺激引起的，而是由听觉、肤觉、机体觉刺激引起的，如刺耳的声音等。

（2）与知觉和经验相联系的恐惧。婴儿从4个月左右开始出现与知觉发展相联系的恐惧。引起过不愉快的经验会激起其恐惧情绪。也是从这个时候开始，视觉对恐惧的产生逐渐起主导作用。

（3）怕生。怕生是对陌生刺激的恐惧反应。怕生与依恋情绪同时产生，一般在6个月左右出现。伴随婴儿对母亲依恋的形成，怕生情绪也逐渐明显、强烈。研究表明，婴儿在母亲怀里时，怕生情绪较弱；离开母亲，怕生情绪较强烈。

（4）预测性的恐惧。随着想象的发展，2岁左右的儿童出现了预测性恐惧，如怕黑、怕坏人等。这些都是和想象相联系的恐惧情绪，往往由环境的不良影响形成。与此同时，语言在儿童心理发展中的作用增强，成人的肯定、鼓励可以帮助儿童克服这种恐惧。

（四）学前儿童高级情感的发展

1. 道德感

道德感是由自己或别人的举止行为是否符合社会道德标准而引起的情感。儿童形成道德感是比较复杂的过程。婴儿期的婴儿只有同情、怕羞等道德感的萌芽。到学前儿童中、晚期，学前儿童的道德感逐渐发展起来。

开始，学前儿童的道德感主要指向个别的外部的行为，并且往往由成人的评价直接引起。以后，学前儿童的道德感逐渐与一些概括化的道德标准相联系。从学前儿童中期开始，他们不仅能够对自己的行为产生道德感，而且开始对别人的行为是否符合道德标准产生明显的情绪体验。例如中班幼儿常常“告状”，就是由此激发起来的一种行为。大班幼儿的道德感进一步发展和复杂化，他们对好与坏、好人与坏人有鲜明的不同的情感。在这个年龄阶段，爱小朋友、爱集体等情感，已经有了一定的稳定性。

2. 美感

美感是人对事物审美的体验，它是根据一定的美的评价而产生的。儿童的美的体验是逐步发展的过程。婴儿喜好鲜艳悦目的东西，以及整齐清洁的环境。幼儿初期仍然喜欢颜色鲜艳的东西，他们自发地喜欢相貌漂亮的人或物，不喜欢外表丑恶的任何事物。在环境和教育的影响下，幼儿逐渐形成审美标准，还能够从音乐、舞蹈等艺术活动中体验到美，而且对美的评价也日渐提高。

3. 理智感

理智感，即根据是否满足认识的需要而产生的体验，是人类特有的高级情感。儿童理智感的发生，在很大程度上取决于环境的影响和成人的培养。儿童在5岁左右，理智感明显发展起来。求知欲的扩展和加深是学前儿童理智感发展的主要标志之一，突出的表现是这时期的学前儿童很喜欢提问。幼儿理智感的另一种表现形式是与动作相联系的“破坏”行为。学前晚期的儿童，对老师不再是绝对相信和崇拜，而是逐渐持有批判性的态度。如果老师常常回答不出学前儿童的提问，画画、跳舞都不太行，老师在学前儿童心目中的威信就会逐渐降低。这也是学前儿童的理智感发展的一种体现。

三、学前儿童情绪、情感的培养

（一）缓解学前儿童消极情绪的方法

1. 转移注意法

学前儿童的情绪不稳定，容易变化，教师可通过柔和的语言，用新颖有趣的玩具或故事来吸引幼儿的注意力，使其渐渐平静下来，将注意力转移到能使其产生愉快情绪的事情上来。

2. 冷处理法

教师可在幼儿情绪激动时，给予适当劝解，或暂时不予理睬，待幼儿冷静下来后，再跟他讲道理。

3. 代币奖励法

教师可用小红星、盖章的卡片等作为代币，让幼儿知道若情绪很快平稳下来，就会有相应的奖励，从而使幼儿的正面情绪、行为得到强化。

（二）培养学前儿童积极情绪的方法

幼儿的情绪具有冲动性、外露性和不稳定性，成人往往对处在消极情绪中的儿童束手无策，开始还能够耐心地劝导，没有取得效果后就会变得没有耐性。其实，通过耐心的引导和培养，儿童能够建立起积极的情绪，养成良好的自我调控习惯。

1. 创造良好的情绪环境

幼儿的情绪具有不稳定性，受自己所处环境的影响很大。家庭和幼儿园在儿童成长中要为儿童营造良好的生活环境，在儿童的教育中要营造和保持和谐、耐心的气氛，这有利于儿童放松情绪。

2. 家长和教师要树立良好的榜样

家长和教师对儿童的教育和心理发展十分重要。成人愉悦的情绪能够感染儿童，让儿童以快乐的心情成长，能培养儿童积极的情绪。家长和幼儿园教师应注意不要把自身工作生活中的负面情绪带入儿童的教育过程，避免儿童处在不稳定的情绪环境中。

3. 鼓励肯定和引导

对儿童情绪的积极肯定和鼓励，会增强儿童的自信心。受到鼓励后，他们会积极地完成任务，愿意做得更好。反之，家长和教师如果经常通过批评和惩罚来处理儿童的不当行为，儿童情绪就会变得消极，就会没有热情，甚至可能导致儿童出现心理健康问题。

此外，学前儿童身心处在迅速发展的阶段，他们对任何事情都充满了好奇，经常向成人提出一些天真的问题。而家长和老师有时能耐心地给孩子解答，有时因工作繁忙而不耐烦解答，甚至觉得儿童提出的问题很幼稚。这种消极的应对会极大地挫伤儿童的好奇心和积极性，继而使其产生消极低落的不满情绪。因此，在面对儿童的问题和诉说时，家长和教师要学会耐心倾听，并给予解答。

学前儿童积极情绪的培养和引导需要家长和幼儿园教师的共同努力，双方应该及时沟通、交流，共同为孩子营造良好的成长环境，培养孩子的积极情绪。

【真题展示】

一、简答题

婴幼儿调节负面情绪的主要策略有哪些？（扫二维码领取参考答案）

二、材料分析题

3 岁的阳阳，从小跟奶奶生活在一起。刚上幼儿园时，奶奶每次送他到幼儿园准备离开时，阳阳总是又哭又闹。但奶奶的身影消失后，阳阳很快就能平静下来，并能与小朋友们高兴地玩。然而，由于担心，奶奶每次走后又会折返回来，阳阳再次看到奶奶时，立刻抓住奶奶的手，哭泣起来……

问题：针对上述现象，请结合材料进行分析：

（1）阳阳的行为反映了幼儿情绪的哪些特点？

（2）阳阳奶奶的担心是否必要？教师该如何引导？（扫二维码领取参考答案）

第六节　学前儿童个性的发展

思维导图

- 学前儿童个性的发展
  - 个性概述
    - 个性的含义
    - 个性的基本特性
    - 个性的结构
    - 个性的形成
  - 学前儿童个性的发展情况
    - 学前儿童个性倾向性的发展
    - 学前儿童气质的发展
    - 学前儿童性格的发展
    - 学前儿童能力的发展
    - 学前儿童自我意识的发展

一、个性概述

（一）个性的含义

个性是指个体在物质活动和交往活动中形成的具有社会意义的稳定的心理特征系统。个性是一个人全部心理活动的总和，是比较稳定的、具有一定倾向性的各种心理特点、品质的独特结合。

（二）个性的基本特征

1. 个性的稳定性

个性是在心理发展到一定水平之后才形成的。心理的成熟水平，保证了个性的稳定性。个性系统，乃至整个系统中的各要素都具有稳定性，表现为一个人心理活动的一致性和行为的连贯性。个性的稳定性实质上反映了个性在发展过程中具有一定的自我调节能力，这种自我调节能力表现在对外和对内两个方面。

2. 个性的整体性

个性作为一种心理特征系统，包含着人的心理现象的整体特性，它是不可分割的。个性结构中的任何一个成分的变化，都会引起系统内的其他成分的变化。个体的心理发展到一定水平后，各种过程相互联系，形成一个心理活动的整体。这一整体的综合水平，决定着个性发展的高度。

3. 个性的社会性

个性所体现出的最本质的特点是社会的,而不是生物的。因为儿童的心理发展,主要是同社会环境相互作用的结果。人在活动时所使用的心理工具——语言也是社会的。

4. 个别性

个性的个别性反映一个人在个性方面与众不同的特性。在现实生活中,我们无法找到两个完全一样的人。孪生兄弟,即便在外貌上很难区分,但熟悉他们的亲人总能轻而易举地分清。个性的个别性突出地体现为人的气质、性格和能力的差异。

(三) 个性的结构

个性是一个复杂的、多侧面、多层次的系统,包含有三个彼此紧密相连的子系统,它们是个性倾向性系统、个性心理特征系统和自我意识系统。

1. 个性倾向性系统

个性倾向性系统是决定个体对待客观事物的态度与行为的内部动力系统,由需要、动机、兴趣、信念和世界观等多种心理成分组成,其特征是积极性和选择性。个性倾向性是个性中最活跃的成分,集中反映了个性的社会性。

2. 个性心理特征系统

个性心理特征是指个体身上经常表现出来的本质的、稳定的心理特征,主要包括能力、气质、性格等。个性心理特征是个性中的特征结构,是个性个体性的集中表现。

3. 自我意识系统

自我意识系统包括自我认识、自我体验和自我监控,是个性心理结构中的控制系统。只有当儿童有了初步的自我意识时,儿童的个性才会逐步发展起来。自我意识的成熟标志着儿童个性的成熟。

(四) 个性的形成

个性既不是天生的,也不是儿童一出生就立即形成的,而是在心理发展到一定水平后形成的。这个"一定水平"指的是个体的认知发展到形式运算水平并具有良好的自我认识,情感要达到稳定、可控并具有准确的自我体验和自我监控,要形成完整的自我。

2 岁前,幼儿的各种心理成分还没有完全发展起来。2 岁左右,个性逐步萌芽。3—6 岁幼儿的个性开始形成,主要表现在以下几个方面:

(1) 各种心理现象开始表现齐全。

(2) 心理活动独特性形成。儿童间的个别差异日益明显,并渐趋稳定。

(3) 心理活动的主观能动性开始形成。

需要强调的是,幼儿的个性初具雏形,但距离个性的定型还差得很远。直到成熟年龄(大约 18 岁),个性才基本定型。个性定型以后,还有可能发生变化。

二、学前儿童个性的发展情况

(一) 学前儿童个性倾向性的发展

1. 需要

当个体或群体缺乏某种刺激时会呈现一种不平衡状态,对这种不平衡状态,以及要求达到新的平衡的体验表现为需要。

需要可按不同的标准分为不同的种类。一种较有影响的分法,是美国心理学家马斯洛提出的需要层次说。他将需要分为五个层次,由低到高依次是:生理的需要、安全的需要、归属和爱的需要、尊重的需要、自我实现的需要。这五个层次的需要是逐级实现的,自我实现的需要是最高层次的需要。

幼儿需要的发展遵循着一个规律,即年龄越小,生理需要越占主导地位。幼儿期儿童的社会性需要逐渐增强。同时,需要的发展已经出现明显的个性特点,例如开始出现多层次、多维度的整体结构。

2. 动机

动机是由目标或对象引导、激发和维持个体活动的一种内在心理过程或内部动力,对行为具有激活功能、指向功能、维持和调节功能。

需要与动机既有区别又有联系。需要是动机产生的基础,而需要想要转化为动机,除了必须有一定的强度外,还需要适当的客观条件,即诱因。

进入幼儿期以后,随着儿童社会性需要及其目的性的发展,幼儿的活动动机有了较大发展,表现在以下三个方面:从动机互不相干到形成动机之间的主从关系;从直接、近景动机占优势发展到间接、远景动机占优势;从外部动机占优势发展到内部动机占优势。

(二) 学前儿童气质的发展

1. 气质概述

(1) 气质的概念。气质是人的心理活动中比较稳定的心理特征,是与生俱来的,主要表现为心理活动的速度(如言语速度、思维速度)、强度(如情绪体验强弱等)、稳定性(如注意集中的时间长短)和指向性(如内向或外向)等方面的特点和差异组合。气质使人的全部心理活动都染上独特的色彩,不同气质的人在行为特点、言语速度、情绪类型、思维习惯、交往风格、性格特征等方面都有各自明显的特色。这些特色反映在他的所有心理活动中,并直接影响性格的形成和个性的发展。

(2) 气质的类型。根据心理活动的强度、平衡性及灵活性的不同,一般将人的气质划分为:胆汁质、多血质、黏液质及抑郁质。每种类型的人都有其各自的典型特征。

胆汁质:精力旺盛、表里如一、刚强、易感情用事。

多血质:反应迅速、有朝气、活泼好动、动作敏捷、情绪不稳定、粗枝大叶。

黏液质:稳重有余而灵活性不足,踏实但有些死板,沉着冷静但缺乏生气。

抑郁质:敏锐、稳重、多愁善感、怯懦、孤独、行动缓慢。

巴甫洛夫研究发现神经系统具有强度、平衡性和灵活性三个基本特点,它们在条件反射形成或改变时得以表现。个体身上有各种不同组合,从而产生了各种神经活动类型,其中最典型的有四种:

兴奋型:强而不平衡型。兴奋占优势,条件反射形成比消退来得更快,易兴奋、易怒而难以抑制。

活泼型:强、平衡而灵活型。条件反射形成或改变均迅速,且动作灵敏。

安静型:强、平衡而不灵活型。条件反射容易形成而难以改变,庄重、迟缓,但有惰性。

弱型:兴奋与抑制过程都很弱。感受性高,难以承受强刺激,胆小而显神经质。

这四种高级神经活动类型,可与四种气质类型相对应(表1-14)。

表1-14 高级神经活动与气质类型对照表

高级神经活动				气质	
强度	平衡性	灵活性	组合类型	气质类型	主要心理特征
强	不平衡(兴奋占优势)		兴奋型	胆汁质	容易兴奋、难以抑制,不易约束
	平衡	灵活	活泼型	多血质	反应敏捷,活泼好动,情绪外显
	平衡	不灵活	安静型	黏液质	安静沉稳,反应迟缓,情感含蓄
弱	不平衡(抑制占优势)		弱型	抑郁质	对事敏感,体验深刻,孤僻畏缩

2. 学前儿童气质的特点

(1)具有相对稳定性。有人对198名儿童从出生直到小学的气质发展进行了长达10年的追踪研究。结果发现,在大多数儿童身上,早期的气质特征一直保持稳定不变。

(2)具有一定可变性。儿童气质发展中存在"掩蔽现象"。所谓"掩蔽现象"就是指一个人气质类型没有改变,但是形成了不同于原来气质的新的行为模式。如一个活泼型儿童长期处于十分压抑的生活条件下,也会出现萎顿、畏缩和缺乏生气等行为特点。由此可见,儿童的气质类型具有相对稳定的特点,但并不是一成不变的,其后天的生活环境与教育可以改变原来的气质类型。

(3)具有个体差异。婴儿出生后即表现出气质的个体差异。幼儿个性初步形成后,个性的个体差异在气质方面表现出来,比较明显地出现不同的气质类型。一个有经验的教师很容易发现幼儿的气质特征,从而找出具有各种气质特点的幼儿。

3. 学前儿童的气质和教育

针对学前儿童的气质特点,教师在进行教育时应注意以下几点:

(1)要了解学前儿童的气质特征。教师可以运用行为评定法,通过对学前儿童在游戏、学习、劳动等活动中的情感表现、行为态度等进行反复细致的观察,来了解其气质特点。

(2)不要轻易对学前儿童的气质类型下结论。学前儿童虽然表现出各种气质特征,但教师不应轻率地对学前儿童的气质类型做出判定。因为在实际生活中属于某种单一气质类型的人是极少的,某一种行为特点可能为几种气质类型所共有,而且学前儿童虽然表现出气质的个别差异,但他们的气质还在发展之中,尚未稳定,还可能发生变化。因此,教师必须经过长期的反复观察,比较、综合各种行为特点,再审慎地确定学前儿童的气质接近或属于哪种类型,以免引起教育上的失误。

(3) 针对学前儿童气质的特点,采取适宜的教育措施。对于容易兴奋的儿童,要教会他们自制;对于行动畏怯的儿童,要多肯定他们的成绩,培养他们的自信心,激发他们活动的积极性;对于热情活泼、难以安静下来的儿童,要着重培养他们专心工作、耐心做事的习惯;对于反应迟缓、沉默寡言的儿童,要鼓励他们多参加集体活动,引导他们多与同伴交往,教给他们各种活动技能和工作方法。

气质本身没有好坏之分,每一种气质既有优点又有缺点。教育的目的不是设法改变儿童原有的气质,而是要克服缺点,发展优点,使儿童在原有气质的基础上建立优良的个性特征。对于胆汁质的孩子,要培养勇于进取、豪放的品质,防止任性、粗暴;对于多血质的孩子,要培养热情开朗的性格及稳定的兴趣,防止粗枝大叶、虎头蛇尾;对于黏液质的孩子,要培养积极探索精神及踏实、认真的性格,防止墨守成规、谨小慎微;对于抑郁质的孩子,要培养机智、敏锐和自信心,防止疑虑、孤独。

(三) 学前儿童性格的发展

1. 性格概述

(1) 性格的概念。性格是人对现实的态度和与之相适应的习惯化的行为方式,是人格中最具核心意义的心理特征。

性格常常与人的道德品质相关,受到好坏的评价。人的个性的个别性首先是性格的差异。

(2) 性格与气质。性格与气质既有区别又有联系。

两者的区别主要表现为:第一,气质主要是先天获得的,较难改变,也无好坏之分;而性格则主要是后天养成的,有可塑性,可以按照一定社会评价标准分为好的或坏的。第二,气质与性格彼此具有相对独立性,同种气质类型的人可以拥有不同的性格特点;不同气质类型的人也可以有类似的性格特征。

两者又有密切联系:第一,不同气质可以使人的性格特征显示出各自独特的色彩。第二,某一气质会比另一气质更容易促使个体形成某种性格特征。第三,性格也可以在一定程度上掩盖和改造气质。

2. 学前儿童的性格特征

学前儿童的性格特征主要表现在以下几方面:

(1) 活泼好动。活泼好动是学前儿童的天性,也是幼儿期儿童性格的最明显特征之一,不论是何种类型的学前儿童都有此共性。

(2) 喜欢交往。儿童进入幼儿期后,在行为方面最明显的特征之一是喜欢和同龄或年龄相近的小伙伴交往。3 岁以后,儿童游戏中的社会性成分逐渐加强,个体游戏减少,联合性、合作性游戏增多。

(3) 好奇好问。学前儿童有着强烈的好奇心和求知欲,主要表现为探索行为和好奇好问。好问,是学前儿童好奇心的一种突出表现。

(4) 模仿性强。模仿性强是幼儿期的典型特点,小班学前儿童表现得尤为突出。学前儿童模仿的对象可以是成人,也可以是儿童。对成人模仿更多的是对教师或父母行为的模仿,这是由于这些人是学前儿童心目中的"偶像"。学前儿童的模仿方式有即时模仿(马上照着去做),也有延迟模仿(过一段时间后的模仿)。

(5) 好冲动。学前儿童性格在情绪方面的表现就是情绪不稳定,好冲动。

3. 影响学前儿童性格形成和发展的因素

影响学前儿童性格形成和发展的因素是多方面的,一般认为性格的形成和发展受到遗传、家庭、教育、环境等因素的影响。

(1) 遗传。神经系统的某些遗传特性可能影响到某些性格的形成,加速或延缓某些行为方式的产生和发展。例如,多血质的人善于与人交往,而黏液质的人较难与人相识。

(2) 家庭。作为制造人类性格的"工厂",家庭的教育态度和方式、生活氛围和父母的性格特征对儿童的性格有明显的影响。此外,家庭情况、父母的文化素养、为人处世的方式、儿童出生顺序等因素也潜移默化地影响着儿童性格特征的形成和发展。

(3) 幼儿园教育。幼儿园的教育和教学对儿童性格的形成起主导作用。首先,幼儿园教育的方针、内容、方法,以及幼儿园的传统、规章制度、师生关系、团队生活、游戏活动等,都影响着儿童性格的形成。其次,教师的示范行为对儿童性格的形成也有重要作用,学前儿童喜欢模仿,教师的言行举止无形中影响着儿童性格的形成。最后,幼儿园的集体组织及其活动会直接影响儿童性格的形成与发展。班级中的氛围,以及儿童在班级中的地位,对他们性格的形成具有较大的作用。教师要努力创造良好的环境、教育条件,以积极恰当的方式要求、对待儿童,以促使儿童积极性格特征的形成。

(4) 社会环境。社会环境的影响是复杂的,对儿童性格形成的影响主要是通过文化媒介传播进行的,如图书、报刊、影视制品、音像制品等。

(5) 社会实践活动。性格形成的过程,实际上就是主体把接收到的外部社会要求逐渐内化为自己内部要求的过程。在这个过程中,个人的理解、领悟、需要、动机和态度起着调节和控制作用。如果外部要求与自己的态度相吻合,就可能转化为内部要求,并见之于行动,形成自己的态度体系和稳定的行为方式。

此外,在儿童成长过程中,自我意识明显影响着性格的形成,二者是同步发展的。教育者要鼓励和指导孩子自我意识的发展,帮助他们在社会实践中正确地分析自己性格的优势和不足,加强自身的锻炼和修养,使学前儿童形成积极健康的性格。

(四) 学前儿童能力的发展

1. 能力概述

能力是直接影响活动的效率、保证活动顺利完成的个性心理特征。能力按照不同的标准可分为不同的类型:

（1）一般能力和特殊能力。一般能力是指进行各种活动所必须具备的能力，也就是通常所说的智力。观察力、记忆力、思维力、想象力和注意力都是一般能力。一般能力以抽象思维能力为核心。

特殊能力指完成某项专门活动所必须具备的能力，又称专门能力。特殊能力只在特殊领域内发挥作用，是完成某项专门活动所必须具备的能力，如数学能力、音乐能力、美术能力等。

（2）认识能力、操作能力和社交能力。认识能力就是学习、研究、理解、概括和分析的能力。操作能力就是操作、制作和运动的能力。社交能力即人们在社会交往活动中所表现出来的能力。

（3）模仿能力和创造能力。模仿能力是指仿效他人的行为举止、自己进行类似活动的能力。创造能力是指产生新思想、发现和创造新事物的能力。学前儿童在成长初期，能力方面展现最多的是模仿能力，随着模仿的积累，他们开始产生一些新的想法。这说明模仿和创造是存在紧密联系的，模仿是创造的基础，不断进行模仿，积累经验，才有可能在学习中产生创造性的想法。

2. 学前儿童能力的发展

（1）学前儿童能力的初步形成。学前儿童在接受教育和参加游戏、学习等活动中积累了知识，形成了一些技能，同时也发展了能力。有计划、有目的的学前教育活动，能够培养儿童的能力，并促使能力在幼儿期不断发展。

（2）学前儿童能力表现的个体差异。学前儿童的能力在形成过程中表现出了个体差异。幼儿园教师应注意分析不同幼儿的能力特点，发挥其主导能力的优势，加强对能力较弱的幼儿的培养。

（3）学前期儿童智力发展迅速。学前期是智力发展的关键时期。在儿童脑发展的两个高峰期中，第一个高峰期就是5—6岁。脑的发育是儿童智力发展的生理基础。

（4）学前儿童的特殊能力开始显现。在幼儿期，有些特殊才能已经开始有所表现，如音乐、绘画、体育、计算、语言等。其中，幼儿的能力主要表现在音乐与绘画领域。

3. 学前儿童能力的培养

学前儿童能力的形成与发展受多种因素的影响，既包括先天因素，也包括教育和实践活动等后天因素。教师在儿童能力培养中应注意以下几点：

（1）正确评定学前儿童能力发展水平。在日常生活中，教师可以通过日常观察粗略地评定该儿童能力发展的特点和水平。但这种评定不够精确，而且容易受评定者主观因素影响，不能客观反映学前儿童能力发展的实际水平。心理学专家编制的特殊能力测验和智力测验，可以比较客观地测定学前儿童能力的发展水平。教师可以用我国编制或修订的测验量表，并结合日常观察结果来判定学前儿童能力发展的特点和水平。

（2）组织幼儿参加各种活动。学前儿童的能力是在相应的实践活动中形成和发展的，实践活动是能力发展的基础。教师要根据学前儿童应具备的能力，为他们安排相应的活动，并引导他们积极参加。例如，为了发展儿童的走、跑、跳、平衡等运动能力，教师应多组织体育活动;为了发展儿童的创造力,可以指导其进行绘画、音乐、计算、主题游戏、戏剧表演、搭积木等活动,鼓励他们积极参加,独立思考,自由创作,使创造力得到锻炼和发展。

(3) 指导学前儿童掌握有关的知识和技能。能力与知识、技能有着密切的联系,掌握了与能力有关的知识与技能,有助于相应能力的发展。

(4) 培养学前儿童的兴趣和爱好。能力和兴趣有着密切联系,学前儿童如果对某项活动具有浓厚兴趣,就会积极持久地参加这一活动,逐渐获得相关的知识和技能,逐步改进活动的方法,进而提升自己这一方面的能力。

(5) 培养坚强意志,鼓励勤奋努力。勤奋与坚强意志是影响能力发展的重要性格因素。要使学前儿童的能力得到充分发展,教师应有意识地培养其勤奋、坚强的性格。

(6) 对能力异常的学前儿童采取特殊的教育方法。对于在音乐、绘画、体育、计算或语言等方面有特殊才能的学前儿童,应创造条件,使他们从小能接受到特殊的专业培养。

(7) 家长应积极参与学前儿童能力的培养。家庭环境、生活方式、家庭成员的职业、文化修养、兴趣、爱好,以及家长对孩子的教育方法与态度,对学前儿童能力的形成与发展有极大的影响。教师应与家长密切配合,共同培养,使学前儿童的能力得到更好的发展。

(五) 学前儿童自我意识的发展

1. 自我意识概述

自我意识是人对自己身心状态及自己与客观世界的关系的意识,是个性结构的重要组成部分。

自我意识包括三个层次:对自己及其状态的认识,对自己肢体活动状态的认识,对自己思维、情感、意志等心理活动的认识。由于受到人与人之间关系的制约和影响,所以自我意识也反映了人与周围现实之间的关系。

自我意识的结构是从自我意识的三层次,即知、情、意三方面分析的,包括自我认识、自我体验和自我调节。自我认识是自我意识的认知成分,包括自我感觉、自我概念、自我观察、自我分析和自我评价。自我体验是自我意识在情感方面的表现,自尊心和自信心是自我体验的具体内容。自我调节是自我意识的意志成分,主要表现为对自己行为、活动和态度的调控,包括自我检查、自我监督、自我控制等。

自我意识是个性系统中最重要的组成部分,制约着个性的发展。自我意识的发展水平越高,个性就越稳定、成熟。

2. 学前儿童自我意识的发展

自我意识不是天生就有的,而是一个逐渐发展的过程。

(1) 自我感觉的发展。儿童由 1 岁前不能把自己作为一个主体同周围的客体区分开到知道手脚是自己身体的一部分,是自我意识的最初级形式,即自我感觉阶段。

(2) 自我认识的发展。学前儿童自我认识发展包括对自己身体的认识,以及对自己行动、心理活动的意识。1.5—2岁的孩子开始认识镜子中的自己。对自己身体的认识既是儿童认识自我存在的开端,也是儿童认识物我关系的开端。对于自己身体内部状态的意识,大约到2岁才开始发生。到了3岁左右,儿童学会用代词“我”来称呼自己,但是仍然倾向于用名字称呼自己。动作的发展是儿童产生对自己行动的意识的前提条件。1岁左右的儿童通过偶然性动作逐渐把自己的动作和动作的对象区分开来,并且体会自己的动作和物体的关系,并出现了最初的独立性。对自己心理活动的意识要求儿童具备较高的思维发展水平。

(3) 自我意识的萌芽。自我意识的真正出现是和儿童言语的发展相联系的,掌握代词“我”是自我意识萌芽的重要标志。能准确使用“我”来表达愿望,即标志着儿童自我意识的产生。

(4) 自我评价的发展。学前儿童主要依赖成人的评价,到了儿童晚期,开始出现独立的评价。自我评价常常带有主观情绪性,随着年龄的增长和生活经验的丰富,逐渐出现客观性。自我评价具有笼统性、片面性和表面性,这与儿童的认知水平有关。

(5) 自我体验的发展。学前儿童自我体验由低级向高级发展,由生理性体验向社会性方向发展。随着年龄的增长,儿童各种自我体验的发展水平不断深化。幼儿自我体验最明显的特点就是受暗示性。成人的暗示对幼儿自我体验的产生起着重要作用,年龄越小,表现越明显。因此,家长和教师应多采用积极的暗示,使幼儿逐步树立自信心,并逐渐学会体谅他人。

(6) 自我控制的发展。儿童自我控制能力的发展主要表现在独立性、坚持性和自制力等方面。3岁左右的孩子开始“闹独立”,什么事都想自己来,这是儿童独立性发展的表现。随着年龄的发展,儿童独立性越来越强,可以自己做很多事情,4—5岁是儿童自我控制迅速发展的时期。总的来说,学前儿童自我控制能力还比较弱,3—4岁幼儿的坚持性和自制力都很弱,到了5—6岁才有了一定发展。

【真题展示】

材料分析题

在一项行为实验中,教师把一个大盒子放到幼儿面前,对幼儿说:“这里面有一个很好玩的玩具,一会儿我们一起玩,现在我要出去一下,你等我回来,我回来前,你不能打开盒子看,好吗?”幼儿回答:“好的!”教师把幼儿单独留在房间里,下面是两名幼儿在接下来两分钟独处时的不同表现。

幼儿一:眼睛一会儿看墙角,一会儿看地上,尽量不让自己看面前的盒子。小手也一直放在自己的腿上。教师再次进来问:“你有没有打开盒子?”幼儿说:“没有。”

幼儿二:忍了一会儿,禁不住打开盒子偷偷看了一眼。教师再次进来问:“你有没有打开盒子看?”幼儿说:“没有,这个玩具不好玩。”

问题:请分析上述材料中两名幼儿各自表现出的行为特点。

参考答案:(扫二维码领取参考答案)

第七节　学前儿童的社会性发展

思维导图

- 学前儿童的社会性发展
  - 学前儿童社会性概述
    - 社会性的概念
    - 学前儿童社会性发展的意义
    - 学前儿童社会性发展的内容
  - 学前儿童的社会性发展情况
    - 学前儿童的亲子关系
    - 学前儿童的同伴关系
    - 学前儿童性别角色的发展
    - 学前儿童亲社会行为的发展
    - 学前儿童攻击性行为的发展

一、学前儿童社会性概述

（一）社会性的概念

社会性是作为社会成员的个体为适应社会生活所表现出的心理和行为特征。社会性发展是指儿童从一个自然人逐渐掌握社会的道德行为规范与社会行为技能，成长为社会人，逐渐步入社会的过程。

（二）学前儿童社会性发展的意义

（1）社会性发展是学前儿童健全发展的重要组成部分。

（2）社会性发展是学前儿童未来发展的重要基础。

（三）学前儿童社会性发展的内容

学前儿童社会性发展的内容主要有：人际交往（亲子关系、同伴关系）、性别角色、亲社会行为、攻击性行为。

二、学前儿童的社会性发展情况

（一）学前儿童的亲子关系

1. 亲子关系的含义

广义的亲子关系是指父母与子女的相互作用方式。狭义的亲子关系是指幼儿早期与父母的情感联系,即依恋。亲子关系是一种血缘关系。

2. 依恋的发展

依恋是婴儿寻求并企图保持与另一个人亲密的身体关系的一种倾向。另一个人主要是母亲,也可以是别的抚养者或与婴儿关系密切的人。

鲍贝尔把儿童的依恋分为 A 型(焦虑—回避型依恋)、B 型(安全型依恋)、C 型(焦虑—抗拒型依恋)三类。A 型和 C 型称为不安全型依恋。

影响依恋安全性的因素有照看者的稳定性、照看的质量、儿童的特点、家庭的因素等。

3. 亲子关系的类型及其对学前儿童的影响

亲子关系通常被分为三种类型:民主型、专制型和放任型。不同的亲子关系类型对幼儿的影响是不同的。

(1) 民主型。这样的家庭中,父母与子女关系融洽,孩子的独立性、主动性、自我控制力、自信心、探索性等方面的发展较好。父母对孩子提出合理的要求,对孩子的行为做出适当的限制,设立恰当的目标,并坚持要求孩子服从和达到这些目标。同时,他们关心、尊重和鼓励孩子。这种类型的亲子关系最有益于幼儿个性的良好发展。

(2) 专制型。这样的家庭中,父母对孩子的要求很严格,提出很高的行为标准,孩子没有权利讨价还价,如果孩子出现抵触情绪或行为,父母就会采取体罚或其他惩罚措施。这类家庭的孩子,或是变得驯服、缺乏生气、创造性受到压抑、无主动性、情绪不安,甚至带有神经质,不喜欢与同伴交往,忧虑、退缩、怀疑;或是变得以自我为中心和胆大妄为,在家长面前和背后言行不一。

(3) 放任型。这样的家庭中,父母对孩子充满爱和期望,但是忘记了孩子社会化的任务,他们很少对孩子提出什么要求或施加任何控制。这类家庭中成长起来的孩子表现得很不成熟,自我控制能力尤其差,往往形成好吃懒做、生活不能自理、胆小怯懦、自命不凡、意志薄弱、缺乏独立性等诸多不良品质。

4. 建立良好的亲子关系

(1) 端正父母的交往态度与教养方式。

(2) 形成亲子间安全的依恋关系。

(3) 了解与尊重儿童的成长规律。

(4) 要保证亲子沟通的时间与质量。

(5) 开放儿童自主活动的时间和空间。

(6) 开展形式多样的亲子游戏。

(二) 学前儿童的同伴关系

1. 同伴关系的含义

同伴关系指年龄相同或相近的儿童在共同活动中相互协作的关系,是同龄人在交往过程中建立和发展起来的一种人际关系。

2. 同伴交往的意义

(1) 同伴交往有助于促进幼儿社交技能及策略的获得。

(2) 同伴交往是幼儿积极情感的重要后盾。

(3) 同伴交往促进幼儿认知能力的发展。

(4) 同伴交往有助于幼儿自我概念和人格的发展。

3. 同伴交往的特点

同伴交往具有自由性、平等性和高参照性。自由性和平等性多体现为儿童在选择同伴、建立同伴关系时自由选择同伴,同伴间也是相互平等的。高参照性是指同伴关系建立的目的是能真正成为儿童个体的活动指向,其规范也能真正成为儿童个体的言行准则。

4. 同伴交往的类型

(1) 帕顿按照幼儿的发展水平把同伴交往分为六种类型,依次是无所事事、旁观、独自游戏、平行游戏、协同游戏和合作游戏。

(2) 庞丽娟根据幼儿的社交地位把同伴社交分为受欢迎型、被拒绝型、被忽视型和一般型。

5. 同伴交往的影响因素

(1) 早期亲子交往的经验。

(2) 幼儿自身的特征。

(3) 活动材料和活动性质。

6. 建立良好同伴关系的策略

(1) 教会儿童合作,增强儿童的自信感。

(2) 教会儿童游戏,提高儿童的参与度。

(3) 教会儿童接纳,融洽儿童的同伴关系。

(4) 教会儿童表达,培养儿童的积极情感。

(三) 学前儿童性别角色的发展

1. 性别角色的含义

性别角色是被社会认可的男性和女性在社会上的一种地位,也是社会对男性和女性在行为方式和态度上期望的总称。性别角色的发展是以儿童性别概念的掌握为前提的,即只有当儿童知道男孩和女孩是不同时,才能进一步掌握男孩和女孩不同的行为标准。

2. 性别恒常性的发展

性别恒常性是对性别基于生物特征的永久特征的认识,它不依赖于事物的表面特征,不会随人的发式、衣着、活动的变化而变化。据研究,人们一般认为性别恒常性发展要经历三个阶段:① 性别认同(2—3 岁);② 性别稳定性(4—5 岁);③ 性别一致性(6—7 岁)。

3. 性别角色认识的发展

儿童性别角色的认识经历了四个发展阶段,对于幼儿而言,主要经历了前三个阶段的发展:

(1) 知道自己的性别,并初步掌握性别角色知识(2—3 岁)。

(2) 以自我为中心认识性别角色(3—4 岁)。

(3) 刻板地认识性别角色(5—7 岁)。

4. 影响幼儿性别角色行为的因素

(1) 生物因素对幼儿性别行为有一定的影响。

(2) 父母的行为对幼儿性别角色及行为起着引导、被模仿和强化的作用。

(四) 学前儿童亲社会行为的发展

1. 亲社会行为的含义

亲社会行为是指个体帮助或打算帮助其他个体或群体的行为及倾向,具体包括分享、合作、谦让、援助等。亲社会行为的形成是以道德认知和道德情感体验的发展为前提的。

2. 亲社会行为的发展

(1) 3 岁前儿童的亲社会行为。亲社会倾向在儿童出生后的第一年就会出现。

(2) 3—6 岁儿童亲社会行为的发展。我国学者王美芳、庞维国对学前儿童在幼儿园的亲社会行为进行了观察研究,结果表明:① 儿童亲社会行为主要指向同伴,极少指向教师;② 儿童的亲社会行为指向同性伙伴和异性伙伴的次数存在年龄差异;③ 在儿童的亲社会行为中,合作行为最为常见,其次为分享行为和助人行为,安慰行为和公德行为较少发生。

3. 亲社会行为的影响因素

(1) 换位思考问题。换位思考指能够理解别人观点的能力或者缺乏理解别人观点的能力。即是否能换位思考问题,与儿童亲社会行为有着密切的联系。

(2) 移情作用。移情是体验他人情感的能力。移情训练对增强幼儿的助人、分享、合作、礼貌等亲社会行为有着非常显著的效果。

(3) 父母抚养方式。在儿童亲社会行为的发展过程中,父母的直接教育和对亲社会行为的强化起了重要作用。当年龄较小的幼儿观察慈善或助人的榜样时,他们自己一般会有更多的亲社会行为——尤其这个榜样是他们认识和尊敬的,并和这个榜样建立了温和、友好的关系。

(4) 不同文化的影响。研究表明,亲社会行为最多的幼儿来自未开化的社会,而西方社会幼儿亲社会行为得分较低。

此外,电视对儿童亲社会行为也会产生影响。观看亲社会电视节目的儿童,能更多地学到有关亲社会行为的一般规则。

(五) 学前儿童攻击性行为的发展

1. 幼儿期攻击性行为的特点

攻击性行为是一种以伤害他人或他物为目的的行为,是一种不受欢迎但却经常发生的行为。幼儿期攻击性行为存在如下特点:

(1) 攻击性行为频繁,主要表现为为了玩具或其他物品而争吵、打架。行为更多是破坏玩具、物品或直接争夺。

(2) 幼儿更多依靠身体上的攻击,而不是言语的攻击。

(3) 有从工具性攻击向敌意性攻击转化的趋势。

（4）幼儿的攻击性行为存在明显的性别差异。男孩更容易卷入攻击性事件，也更容易在受到攻击后发动报复行为。

2. 攻击性行为的影响因素和矫治

（1）影响因素。① 惩罚。惩罚对攻击型和非攻击型的儿童能产生不同的影响。对于非攻击型的儿童，惩罚能抑制攻击性；对于攻击型的儿童，惩罚会加重攻击性行为。② 榜样。模仿是儿童攻击性行为产生的一个原因，看过他人攻击性行为的儿童更容易产生攻击性。③ 强化。在孩子出现攻击性行为时，若父母不加制止或听之任之，就会强化孩子的攻击行为。④ 挫折。攻击性行为产生的直接原因是挫折。挫折是人在活动过程中遇到障碍或干扰自己实现目的和满足需要时的情绪状态。

（2）矫治。矫治的方法有：为儿童创设一个积极的环境；帮助儿童转移情绪，提供宣泄的机会；巧用精神奖励法和惩罚；对儿童进行交往技能和自我保护的训练；培养儿童的同情心和移情能力。

【真题展示】

简答题

1. 影响在园幼儿同伴交往的因素有哪些？（扫二维码领取参考答案）

2. 父母陪伴对幼儿健康成长有何意义？（扫二维码领取参考答案）

3. 简述移情对儿童亲社会行为发展的影响。（扫二维码领取参考答案）

第八节　个体差异

思维导图

- 个体差异
  - 有关个体差异的理论
    - 加德纳的多元智能理论
    - 斯滕伯格的智力三元理论
  - 学前儿童个体差异形成的原因
    - 客观因素
    - 主观因素
  - 学前儿童个体差异的类型
    - 智力差异
    - 性格差异
    - 性别差异
    - 认知方式的差异
  - 尊重个体差异,促进儿童个性发展

一、有关个体差异的理论

个体差异是指个体之间在稳定的心理特点上的差异,包括性格、能力、兴趣等方面的差异。

(一) 加德纳的多元智能理论

1. 理论概述

多元智能理论是由美国著名心理学家霍华德·加德纳提出的。他根据哈佛教育研究所多年来对认知科学、神经科学和不同文化知识发展及人类潜能开发进行研究所得到的结果,提出"智力应该是在某一特定文化情境或社群中所展现出来的解决问题或制作生产的能力"。

加德纳提出,个体的智能是由同样重要的多种能力而不是由一两种核心能力构成的,各种智能是多维度、相对独立地表现出来,而不是以整合的方式表现出来的。人类至少存在八种智能,分别是语言智能、逻辑—数学智能、空间智能、肢体—动觉智能、音乐智能、人际智能、内省智能,以及后来补充的自然观察智能。每一种智能代表着一种区别于其他智能的独特思考模式,并受到遗传因素和教育环境的影响。这些智能在不同的个体身上的组合方式也不同,因此表现出不同能力的差异。

2. 教育启示

(1) 幼儿的发展应该是各个智能领域的全面发展。

（2）除了关注全体幼儿的需要，幼儿园课程还应该关注个别幼儿的特殊需要，确认每一个幼儿都有被关注的权利，不忽视和拒斥任何幼儿。

（3）教师要针对不同幼儿的兴趣、需要和智能特点采用不同的、适宜的教学方法甚至是不同的教学形式。

（4）多元智能理论强调的学习是解决问题的学习，不是简单的知识识记。幼儿参与的、探究式的学习，才是真正指向智能发展的学习。

（二）斯滕伯格的智力三元理论

1. 理论概述

斯滕伯格认为人的智力是由分析能力、创造能力和应用性能力三种相对独立的能力组成的。多数人的这三种能力是不均衡的，个体的智力差异也主要表现在这三种能力的不同组合上。

根据这三种独立的能力，斯滕伯格进一步提出，一个完备的智力理论必须要说明智力的三个方面：智力的内在成分、智力成分与经验的关系，以及智力成分的外部作用。这三个方面分别构成了智力成分亚理论、智力情景亚理论和智力经验亚理论，分别对应分析能力、实践应用能力和创造能力。

2. 教育启示

一方面，幼儿园教师在教育过程中应了解每个学前儿童的不同能力，了解学习行为对发展智力的三个方面的作用，使所有学前儿童都能得到智力的全面发展。另一方面，教师需要帮助儿童认识、利用并充分发挥自己的智力优势，在学前教育阶段就为儿童未来的成长打下良好的基础。

二、学前儿童个体差异形成的原因

（一）客观因素

1. 遗传因素

遗传差异为学前儿童发展的个别差异提供最初的可能性。具有不同遗传素质的学前儿童，其最优发展方向是不同的。但这只是一个必要条件，而不是决定性条件。

2. 生理成熟

每个学前儿童生理成熟的水平或状态，是学前儿童心理发展个别差异的生理基础。许多研究表明：一个人的心理发展存在关键期。关键期是指个体成长的某一段时期，其成熟程度恰好适合某种行为的发展；如果失去或错过发展的机会，以后将很难学会该种行为，有的甚至一生难以弥补。

3. 环境因素

环境影响遗传素质的变化和生理成熟的进程。子宫是影响个人成长的最早的环境，又称为宫内环境，宫内环境可影响胎儿最初的生理情况，继而影响后来的发育。出生后儿童的生活环境不仅影响其体态的生长发育，而且对脑的生理发展也有重大影响。

环境分为自然环境和社会环境，相比较而言，社会环境对个体的心理发展具有更加重要的作用。社会环境制约学前儿童心理发展的方向和水平，很大程度上是通过教育来实现的。不同的社会生活条件和教育环境决定学前儿童心理发展的个别差异。

（二）主观因素

影响儿童发展的主观因素包括需要、兴趣爱好、能力、性格、自我意识及心理状态等全部心理活动。

第一，需要是最活跃的因素。

第二，兴趣和爱好是引起个体差异的重要因素。

第三，能力发展的不均衡是形成个体差异的重要原因。

第四，自我意识在心理活动中起控制作用。

第五，心理状态，包括注意、激情、心境等，是心理活动的背景。即心理活动进行时所处的相对稳定的水平，起着提高或降低心理活动积极性的作用。

第六，不同的儿童具有不同的气质。气质是个性的重要组成部分，不同儿童有不同的气质，自然就会出现不同的个性。

儿童心理活动的内部因素之间的矛盾，是推动儿童心理发展的根本原因，也是个体差异性产生的主要原因之一。

三、学前儿童个体差异的类型

个体差异是指个体之间在稳定的心理特点上的差异，包括性格、能力、气质、兴趣等方面的差异。学前儿童个体差异的类型主要包括智力、性格、性别、认知方式等方面的差异。

（一）学前儿童智力发展的差异性

学前儿童智力发展的类型差异有以下几种：

1. 智力发展水平差异

心理学研究者采用“智力测验”测定人们的一般智力。智力测验系法国心理学家比奈（A. Binet）和西蒙（T. Simon）于1905年创用。智力测验的结果，用智力分数、智力年龄和智力商数（IQ）等表示。智力商数是以智力年龄和实足年龄相除，按公式求出。该公式为：智力商数（IQ）= 智力年龄/实足年龄 ×100。

2. 智力类型差异

智力类型差异是指根据个体在知觉、记忆、表象、思维和言语等活动中的特点与品质不同，智力表现形式也不同。加德纳的多元智力理论就反映了儿童在智力类型方面的差异。

3. 智力发展早晚的差异

有的人从小就表现出了超常的智力，被称为早慧儿童、小天才；有的人却属于大器晚成的类型。

（二）学前儿童性格发展的差异性

性格是个性发展的核心。性格的个别差异表现在性格特征差异和性格类型差异两个方面。

1. 性格特征差异

心理学家一般是从以下四个方面进行分析的：① 对现实态度的性格特征，包括对社会、集体、他人的态度，对劳动、工作和学习的态度，对自己的态度等。② 性格的理智特征，指人们在感知、记忆、思维、想象等认识过程中所表现出来的习惯化了的行为方式。③ 性格的情绪特征，指个体在情绪活动的强度、稳定性、持续性及主导心境等方面表现出来的个别差异。④ 性格的意志特征，主要表现为个体对自己行为的控制和调节方面的性格特征，如自觉性、果断性、自制力及坚韧性等方面的特征。

2. 性格类型差异

性格的类型差异是指一个人身上所有性格特征的独特结合。根据不同的划分标准，性格类型可分为独立型与顺从型、内倾型与外倾型等。

幼儿期是儿童性格初步形成的时期，这时期儿童的性格已经表现出明显的个体差异。

（三）学前儿童的性别差异

男女性别差异主要源于社会实践和风俗习惯的不同，取决于他们的社会地位、教育、种族和职业等。性别差异不仅会影响幼儿学习某种技能的速度，还会影响到幼儿的学习方式。

（四）学前儿童认知方式的差异性

认知方式，又称认知风格，是个体在知觉、思维、记忆和解决问题等认知活动中加工和组织信息时所显示出来的独特而稳定的风格。认知方式的差异主要表现在场独立型与场依存型、冲动型与沉思型、辐合型与发散型等方面。场依存型的幼儿对客观事物的判断易受外界因素影响，社会敏感性强；场独立型幼儿倾向对事物进行独立判断。冲动型幼儿认识问题速度快，但易出错；沉思型幼儿认识问题时，谨慎、全面、出错少。

四、尊重个体差异，促进儿童个性发展

（一）了解儿童的特点

关注儿童的个体差异需要老师在生活中、活动中细心观察，全面了解儿童的特点与水平。

（二）分析儿童的特点

每个儿童都有各自的优势和弱势，教师应关注儿童在活动中的表现，准确分析其行为，发现其优势与不足，让优势带动劣势，最终促进儿童全面和谐地发展。

（三）运用适宜个体特征的方法进行教育

教师要善于针对不同儿童在不同领域发展的差异性，给予他们不同的关爱，满足他们不同的需要，实施不同的教育方法，让每个儿童都能在原有基础上得到提高。

【真题展示】

一、单项选择题

教师要根据幼儿的个体差异进行教育。下列现象,不属于幼儿个体差异表现的是(　　)。(扫二维码领取参考答案)

A. 某幼儿往常吃饭很慢,今天为了得到老师的表扬,吃得很快

B. 有的幼儿吃饭快,有的幼儿吃饭慢

C. 某幼儿动手能力很强,但语言能力弱于同龄幼儿

D. 通常男孩比女孩表现出更多的身体攻击性

二、论述题

论述教师尊重幼儿个体差异的意义与举措。(扫二维码领取参考答案)

第九节　幼儿教育研究的基本方法

思维导图

- 学前教育研究的基本方法
  - 观察法
  - 调查法
    - 谈话法
    - 问卷法
    - 测验法
    - 产品分析法
  - 实验法
    - 实验室实验
    - 自然实验

一、观察法

观察法是有计划、有目的地观察研究对象在一定条件下言行的变化,做出详尽记录,然后进行分析处理,从而判断他们心理活动的方法。

观察是最基本的方法。按不同的维度可分为不同的类型。

从时间上看,分为长期观察和定期观察。

从范围上看，分为全面观察和重点观察。

从规模上看，分为群体观察和个体观察。

二、调查法

调查法是一类方法的总称，包括谈话法、问卷法、测验法和产品分析法四种。

（一）谈话法

研究者根据一定的研究目的和计划直接询问研究对象的看法、态度；或让他们做一个简单演示，并说明为什么这样做，以了解他们的想法，从中分析心理的特点。

（二）问卷法

它根据研究目的，以书面形式将要收集的材料列成明确的问题，让被试回答。

（三）测验法

用编制好的心理测验作为工具测量被试的某一种行为，然后将测得的数值与心理测验提供的平均水平相比较，可以看出被试的个别差异。

（四）产品分析法

研究者从被试的作业、日记、考卷或艺术作品中分析他们的观察力、想象力、理解力或兴趣、能力、性格等特点。

三、实验法

实验法是一种有控制的观察。研究者根据一定的研究目的，事先拟定周密的设计，把与研究无关的因素控制起来，让被研究者在一定的条件下引发出某种行为，从而研究一定条件与某种行为之间的因果关系。实验法是一种较严格的、客观的研究方法，可分为实验室实验和自然实验两种。

（一）实验室实验

实验室实验是在心理实验室里使用仪器设备进行的有控制的观察。它可以提供精确的实验结果，常用于对感知、记忆、思维、动作和生理机制方面的研究。

（二）自然实验

自然实验是在被试的原有环境中进行的有控制的观察。

【真题展示】

一、选择题

教师根据幼儿的绘画作品来评价幼儿发展的方法属于（　　）。（扫二维码领取参考答案）

A. 观察法　　B. 作品分析法

C. 档案袋评价法　　D. 实验法

【模拟试题】

一、单项选择题

1. 下列哪一项不是婴儿期出现的基本情绪体验？(　　)(扫二维码领取参考答案)

A. 羞愧　　B. 伤心

C. 害怕　　D. 生气

2. 明明小朋友在回答自己为什么是个好孩子时说："我不撒谎，我认真参加游戏，并把玩具让给别人。"这是(　　)。(扫二维码领取参考答案)

A. 依从性评价　　B. 对自己外部行为的评价

C. 对自己的内在品质的评价　　D. 对自己细致、全面的评价

3. 幼儿道德发展的核心问题是(　　)。(扫二维码领取参考答案)

A. 亲子关系的发展　　B. 同伴关系的发展

C. 性别角色的发展　　D. 亲社会行为的发展

4. "龙生龙，凤生凤，老鼠的儿子打地洞"，这句话强调个体差异影响因素是(　　)。(扫二维码领取参考答案)

A. 遗传　　B. 生理成熟

C. 环境　　D. 教育

5. 有的人正直善良，有的人冷酷无情，有的人勤奋踏实，有的人懒惰自私，这些表述反映的个体差异是(　　)差异。(扫二维码领取参考答案)

A. 气质　　B. 性格

C. 道德　　D. 能力

6. 在自然情境中对人的行为进行有目的的、有计划的系统观察并记录，然后对所作记录进行分析，以期发现心理活动变化和发展的规律的研究方法称为(　　)。(扫二维码领取参考答案)

A. 实验法　　B. 测验法

C. 调查法　　D. 观察法

7. 一切科学都应遵循的基本原则是(　　)。(扫二维码领取参考答案)

A. 客观性原则　　B. 系统性原则

C. 教育性原则　　D. 发展性原则

二、材料分析题

1. 璐璐今年4岁，她特别喜爱吃糖果。一天，妈妈带她去超市，经过糖果区时，她一会儿看看这个，一会儿又抓抓那个，并且一个劲地缠着妈妈给她买，妈妈不答应，她就哭着不肯走。这时邻居家的小弟弟也经过这里，小弟弟的妈妈看见了璐璐，就送给了她一块饼干，她

立刻不哭了。这时小弟弟却哭了起来，璐璐看见了，又跟着哭了。

问题：根据材料分析学前儿童情绪发展的特点，并谈谈培养儿童良好情绪的基本策略有哪些？（扫二维码领取参考答案）

2. 4岁的小宝专心地玩着他的小汽车，在屋子里跑来跑去，妈妈大声地喊："小宝，快点，别玩了，要上幼儿园了，我们要迟到了。"只听小宝赖皮地说："你不给我买奥特曼，我就不上幼儿园。"妈妈说："走吧，妈妈这就给你买，之后我们再上幼儿园。"小宝的要求得逞了。

问题：请从心理学角度分析和评价材料中小宝的行为特点，以及妈妈的教育举措。（扫二维码领取参考答案）

3. 几个家长在一起谈论有关儿童教育的问题。一个家长说："我的孩子（男生）很听话，从不欺负别人，可有一天被班上一个女生给抓破了脸。"另一个家长说："我是这样告诉我家宝宝的，不许欺负别的小朋友，但如果有人打你，你就使劲打他，咱不能让别人欺负。"还有一个家长说："我儿子从小就喜欢打人，无论我怎么说都没有用，打骂也没有用。"

问题：请分析学前儿童攻击性行为的影响因素，并说说如何进行预防和矫治。（扫二维码领取参考答案）

模块二 学前教育原理

第一节 教育概述

思维导图

教育概述
- 教育的概念与本质
- 教育的目的与作用
- 教育与政治经济制度
- 教育与生产力
- 教育与个人的发展

一、教育的概念与本质

教育是培养人的社会活动，是承传社会文化、传递生产经验和社会生活经验的基本途径。培养人的活动是教育的质的规定性。

教育有广义和狭义之分。从广义上说，凡是增进人们的知识和技能、影响人们思想观念的活动，都具有教育作用。狭义的教育则指以影响人的身心发展为直接目标的社会活动，主要指学校教育，是教育者根据一定的社会要求，有目的、有计划、有组织地通过学校教育的工作，对受教育者的身心施加影响，促使他们朝着期望方向变化的活动。学校教育由专职人员和专门教育机构承担。

二、教育的目的与作用

（一）教育目的

教育目的是把受教育者培养成为一定社会所需要的人的总要求，是学校教育所要培养的人的质量和规格的总要求。它是根据一定社会的政治、经济和文化、科学技术等发展的要求和受教育者身心发展的年龄特征提出来的,反映了一定社会对受教育者的要求。从内涵上看,教育目的的概念有广义和狭义之分。

广义的教育目的是指存在于人的头脑之中的对受教育者的期望和要求,即人们希望受教育者通过教育在身心诸方面发生什么样的变化,或者产生怎样的结果。

狭义的教育目的是国家对把受教育者培养成为什么样的人才的总的要求,是由国家提出的教育总目的和各级各类学校的教育目标,以及课程与教学等方面对所培养的人的要求。

(二) 有关教育目的的理论

关于教育目的,一直以来就存在不同的理论,主要有神学教育目的论、社会本位论、个体本位论和无目的论。

1. 神学教育目的论

代表人物:夸美纽斯、雅克·马里坦和小原国芳等。

观点:从宗教、信仰的角度出发论述教育目的,主张教育要回归宗教教育,以培养青年的虔诚信仰作为教育的最高目标。

2. 社会本位论

代表人物:孔子、赫尔巴特、柏拉图、孔德、涂尔干、凯兴斯泰纳、那笃尔普等。

观点:从社会发展需要出发,社会需要是确定教育目的的唯一依据,最终培养国家的合格公民("智慧王")。

局限:体现了国家功利主义,只是简单地看到教育对象存在的条件,作为教育活动中的主体——教育对象自身的需要没有得到足够的重视。

3. 个人本位论

代表人物:卢梭、洛克、罗杰斯、福禄贝尔、裴斯泰洛齐等。

观点:从人的本性、本能需要出发,使人的本性和本能得到高度的发展。

局限:具有强烈的个人主义色彩,掩盖了自身的阶级属性,看不到人的社会制约性,抽象地谈论人的先天本性。

4. 无目的论

教育无目的论是由美国教育家杜威提出的,他在《民主主义与教育》一书中指出:"教育的过程,除它自身以外没有目的,它就是它自己的目的。"杜威认为,"教育即生长、生活、经验的继续不断的改造",教育目的就存在于这个循序渐进的发展过程中。

(三) 现阶段我国的教育目的及基本精神

现阶段,我国的教育目的确立的依据是马克思主义关于人的全面发展的理论。1999 年 6 月,《中共中央　国务院关于深化教育改革全面推进素质教育的决定》(以下简称《决定》)提出,教育要以培养学生的创新精神和实践能力为重点,造就有理想、有道德、有文化、有纪律的,德、智、体、美等全面发展的社会主义事业建设者和接班人。这是我国在社会主义初级阶段对人才培养的总的规定与要求。教育目的这一表述体现了时代的特点,反映了现阶段我国教育目的的基本精神。

第一,我们要培养社会主义事业的建设者和接班人,因此要坚持政治思想道德与科学文化知识能力的统一。

第二,我们要培养德、智、体、美全面发展的学生,坚持脑力与体力两方面和谐发展。

第三,适应时代要求,强调学生个性的发展,培养学生的创造精神和实践能力。培养受教育者的独立个性,就是要让受教育者的个性自由发展,增强受教育者的主体意识,培养其开拓精神、创造才能及社会责任感。

综上所述,我国教育目的的基本精神在于:培养德、智、体、美等全面发展的,具有创新精神、实践能力和独立个性的,社会主义现代化需要的各级各类人才。

三、教育与政治经济制度

(一) 政治经济制度对教育的制约

1. 政治经济制度决定教育的领导权

教育的领导权是判断和确定教育性质最主要的标志。在人类社会中,谁掌握了生产资料的所有权,谁掌握了国家政权,谁就能够控制精神产品的生产,谁就能够拥有控制学校教育的领导权。

首先,在阶级社会中,统治阶级对教育的控制是通过国家机器实现的,他们利用其政权力量来颁布教育的方针、路线和政策,制定教育的目的和制度,规定教育的内容,派遣和任免教育工作人员。

其次,统治阶级利用经济的力量来掌握教育的领导权。他们控制教育经费,决定教育发展的规模与速度。

最后,统治阶级还以思想上的优势来影响、控制教育。统治阶级按照他们的思想政治要求影响和控制受教育者,以及教育工作的发展方向。

2. 政治经济制度决定着受教育的权利

受教育的权利是判断和确定一个社会教育性质的重要标志。一个国家建立怎样的教育制度,什么人接受什么样的教育,是由政治经济制度决定的。在不同社会,不同的人享有不同的受教育权。

3. 政治经济制度决定教育目的

教育目的是一个社会的政治经济制度对教育所提出的主观要求的集中体现,直接反映着统治阶级的利益和需要。

(二) 教育对政治经济制度的影响

教育受政治经济制度的影响,反过来,它对政治经济制度也产生反作用。教育对政治经济制度所起的作用,主要是通过培养人才和传播思想来实现的。

1. 教育为政治经济制度培养所需要的人才

通过培养人才实现对政治经济制度的影响,是教育作用于政治经济制度的主要途径。我国当前把发展教育事业放在突出的战略地位,说明教育不仅是促进现代生产力发展的必要条件，更是巩固和发展社会主义政治经济制度的可靠保障。

2. 教育是一种影响政治经济的舆论力量

学校自古以来就是宣传、灌输、传播一定阶级的思想体系、道德规范、政策路线的有效阵地。学校教育不仅向在校学生传播一定的思想观点，培养一定的阶级意识，还通过发表见解、宣传思想来影响社会。同时，学校每年向社会输送有文化、懂得本社会道德需要的学生。这些学生走入社会后，对社会舆论、风气、道德风尚和政治思想潮流产生巨大的影响。因此，学校教师和学生的言论、文章及行为，是宣传某种思想，借以影响群众，服务于一定政治经济的现实力量。

3. 教育可以促进民主

一个国家的民主程度直接取决于一个国家的政体，但又间接取决于这个国家人民的文化程度、教育事业发展的程度。普及教育的程度越高，人们的知识越丰富，就越能增强人民的权利意识，认识民主的价值，推崇民主的政策，推动政治的改革和进步。要不断推进我国民主化的进程，就要促进我国教育事业的发展，不断提高全民族的文化水平。理解教育对政治经济制度的作用，应当注意以下两点：

（1）教育对政治经济制度的反作用有性质和程度的不同。其性质是积极的还是消极的，取决于它为什么样的政治经济制度服务，反映哪个阶级的要求。同样的道理，我们也不能把教育的作用强调到不适当的程度，教育所起作用的大小取决于它与为之服务的政治经济制度相适应的程度。所以，通过教育来解决政治经济制度的根本问题是不现实的。

（2）教育对政治经济制度的变革不起决定作用。这是因为，教育只能在一定政治经济制度的基础上发挥作用，对政治经济制度发展起加速和延缓作用，但不能起根本动力的作用，也不能改变政治经济发展的方向。

（三）教育相对独立于政治经济制度

尽管政治经济制度对学校教育有着巨大的影响，但教育作为一种主体性的实践活动，具有主体自身的价值取向与行为选择，表现出相对独立的特点。这意味着学校不可以忽视自身的办学规律，不能放弃学校教育任务而直接为政治经济服务，不能随意参加具体的政治运动、执行具体的政治任务。那种在教育工作中照搬、照套政治经济制度，或以政治经济取代教育，对教育的特点和规律视而不见、横加干涉的做法，都是不利于教育工作的。

四、教育与生产力

（一）生产力对教育的决定作用

生产力水平是教育发展的物质基础，同时也对教育提出了与其相适应的要求。一方面，办教育需要一定的投入，包括人力、物力和财力。生产力发展到一定水平，它为教育提供的投入也达到相应的水平。另一方面，生产力发展到什么程度，对教育也提出相应的要求，以满足生产力发展对人才的需要。

1. 生产力水平决定教育的规模和速度

教育的发展深受生产力发展的制约,生产力的发展既为教育的发展提供物质条件,也要求教育通过相应的发展,培养发展生产力所需的人。因此,任何社会教育发展的规模和速度都取决于如下两个方面:一方面是物质资料生产为教育发展所提供的物质基础;另一方面是生产力发展、社会再生产对劳动力的需求程度,包括需要的劳动力总量和各种劳动力的比例,分别决定着整个教育发展的规模、速度和教育的体系、结构。

一般来说,一个国家经济发展的水平与该国的文盲率、入学率、义务教育普及的年限、高等教育发展的水平直接相关。从世界教育发展的历程看,第一次工业革命提出了普及初等教育的要求;第二次工业革命后,提出了普及初级中等教育的要求;第三次工业革命后,提出了普及高级中等教育的要求;信息革命后,提出了高等教育大众化的要求。

2. 生产力水平制约着教育结构的变化

教育结构(纵向结构)通常指包括基础教育、职业技术教育、高等教育、成人教育在内的各种不同类型和层次的学校组合和比例构成。社会生产力发展水平,以及在此基础上形成的社会经济结构,制约着教育结构。生产力的发展不断引起产业结构、技术结构、消费结构和分配结构的变革,教育结构也会随之变化。学校教育结构必须反映经济的技术结构和产业结构的发展变革,否则就会出现教育结构比例失调的问题。

3. 生产力水平制约着教育的内容和手段

生产力的发展促进科学技术的发展与更新,也必然会促进教学内容的发展与更新。现代社会生产力的发展、科学技术的进步,促使知识以几何级数的速度增长,促使人们的认识能力、思维水平不断进步,进而促使学校的课程结构与内容不断改进与更新。世界各国许多重大教育改革都是以课程改革为核心的,这反映了生产力和科学技术发展的新水平和新要求。

同样,学校的设备、教学实验仪器等是生产工具和科学技术在教育领域的应用,反映了当时的生产力发展水平。一些高科技教育手段(如录音、录像、电脑与网络)在教学中的运用,以及多媒体教学的产生、改进与推广,都是以生产力的发展为前提条件的。

4. 教育相对独立于生产力的发展水平

尽管生产力对教育有制约作用,但从历史上看,教育与生产力的发展并非完全同步。有两种情况:一种是在一定时期内,由于人们的思想意识落后于较为先进的生产力,教育的思想、内容、手段、方法等也往往落后于生产力的发展;另一种情况是在生产力处于较低水平时,由于文化交流、社会转型或传统的影响,其教育的思想、内容,甚至方法也可能超越生产力发展的水平。教育相对独立于生产力发展水平,并不是说教育的发展可以脱离生产力的发展,教育归根结底要受生产力发展水平以及政治经济制度的制约。

(二) 教育对生产力的促进作用

教育对生产力的促进作用主要通过两个方面来实现:

(1) 教育再生产劳动力。劳动力的质量和数量是生产力发展的重要条件,教育担当着再生产劳动力的重任。教育培养人的劳动能力,使潜在的生产力转化为现实的生产力。教育增强人的劳动能力,可以提高劳动力的质量和素质,可以改变劳动力的形态,还可以使劳动力得到全面发展。

(2) 教育再生产科学知识。科学知识在未用于生产之前,只是一种意识形态的或潜在的生产力,只有依靠教育才能使其转变为物质形态的、现实的劳动力。通过教育进行的科学知识再生产是一种扩大的、高效率的再生产。教育在发展科学知识这一潜在的生产力中显示出其独特的优越性,发挥着巨大的作用。

此外,教育还是直接生产新的科学知识和技术的手段。高等学校通过科学研究创造科技成果,为科学知识生产和技术进步做出了巨大贡献。

五、教育与个人的发展

教育可以发现人的价值,发掘人的潜力,发挥人的力量,发展人的个性,使人的价值得到越来越充分的体现。作为最主要的承担教育责任主体,教师与接受教育的学生共同成为学校教育中两个最主要的因素。学校教育的环境极易受人为因素影响,有明确的目的,有指定的教育内容与活动计划,有系统的组织和独特的教育条件,对个体的身心发展有着极大影响。

(一) 对个体发展的方向做出社会性规范

社会对个体的要求或期望体现在体质、思想道德、知识能力等多个方面,并对其提出一系列规范。学校根据这些规范,针对不同人才培养的要求作出相应的调整,并有意识地以教育目的和目标的形式去规范学校的其他工作,通过各种教育活动促使学生达到规范的目标。

(二) 具有加速个体发展的特殊功能

学校教育是一项目标明确、时间相对集中、有专人指导并进行专门组织的教育活动。学校教育使个体处在一定的学习群体中,有助于个体的发展。如果学校教育能正确判断学生的最近发展区,这种加速作用将更明显、更富有成效。

(三) 对个体发展的影响具有即时、延时的价值

学校教育的内容大多具有普遍性和基础性,对个体发展的影响不仅具有即时价值,而且具有延时价值。此外,学校教育提高了人的需求水平、自我意识和自我教育的能力,这对人的发展来说,更具有长远的意义。

(四) 具有开发个体特殊才能和发展个性的功能

在开发特殊才能方面,普通学校教育内容的多面性有助于个体特殊才能的表现与发现。在个性发展方面,学校教育工作者具备教育学和心理学方面的知识素养,这有助于他们发现学生的个性,尊重并促进学生个性的健康发展。同时,群体生活有助于学生从其他人身上学习优点,丰富自己的个性。

当然,教育既不能超越它所依存的社会条件,又不能违背儿童身心发展的客观规律,任

意地决定人的发展。它要求学校按照教育规律办事,并且积极协调各方面的影响。所以,我们在坚信教育的作用和力量的同时,也要坚决反对"教育万能论"。

【模拟试题】

一、单项选择题

1. 狭义的教育主要是指(　　)。(扫二维码领取参考答案)

A. 家庭教育　　B. 职业教育

C. 学校教育　　D. 社会教育

2. 教育的根本功能是(　　)。(扫二维码领取参考答案)

A. 促进社会的发展　　B. 促进人的发展

C. 传递社会文化　　D. 发展人的智力

3. 自近代以来成为教育活动中的核心部分,并对于其他教育形式起着示范和主导作用的教育形式是(　　)。(扫二维码领取参考答案)

A. 社会文化教育　　B. 大众传媒教育

C. 学校教育　　D. 家庭教育

4. 通过一定的制度,教育可以实现对于受教育者的阶级或阶层的选拔或筛选,从而可以(　　)。(扫二维码领取参考答案)

A. 培养社会的治理人才和政治精英

B. 培养合格的公民素养

C. 传播社会政治意识

D. 延续维持或加速改变一定的社会政治关系

5. 教育的根本问题是(　　)。(扫二维码领取参考答案)

A. 教育目的　　B. 教育内容

C. 教育目标　　D. 教学方法

二、简答题

1. 简述教育的个体发展功能。(扫二维码领取参考答案)

2. 简述我国现阶段教育目的及其基本精神。(扫二维码领取参考答案)

第二节　学前教育概述

思维导图

学前教育概述
- 学前教育的概念和意义
- 学前教育的目标和任务
- 学前教育的原则
- 幼儿园教育的特点

一、学前教育的概念和意义

（一）学前教育的概念

学前教育是对胎儿直至进入小学前的儿童所进行的教育、组织的活动和施加的影响。广义的学前教育指能够影响学前儿童身体成长和认知、情感、性格等各方面发展的活动。狭义的学前教育指幼儿园教育。

学前教育学是专门研究学前教育现象，揭示学前教育规律的一门科学。其主要研究儿童观的演变与发展、教育观的形成与变革、学前教育的目标与任务、学前教育课程的种类与评价、幼儿园社会教育的价值与实施、幼儿游戏的价值与指导、幼儿园家庭教育指导的内容与原则、幼儿园教师的素养与培训等。

（二）学前教育的意义

学前教育对儿童的成长至关重要。遵循儿童身心发展的规律，考虑儿童发展的年龄阶段和具体特点，对学前儿童施以适宜的教育和训练，可以帮助婴儿及时成长，幼儿迅速发展。学前教育的意义包含两个方面，一方面是对个体发展的意义，另一方面是对社会的意义。其具体表现在：

（1）促进生长发育，提高身体素质。学前教育根据儿童生长发育特点，着眼于提高儿童身体素质，有计划地为儿童创设一个让其身心愉快的环境，帮助儿童增强体质、健康成长。

（2）开发大脑潜力，促进智力发展。幼儿期是语言、形状知觉、音感等发展的敏感期，在这一时期施以适宜的教育，将收到事半功倍的效果；如果推迟教育，效果将大打折扣。

（3）发展个性，促进人格的健康发展。人的个性、性格、思想道德和行为习惯都是在一定的教育影响下逐渐形成和发展起来的。如果在幼儿期受到良好教育，孩子就能养成许多好习惯，形成良好的性格、个性，遵守符合社会要求的行为规范。正是在这个意义上，学前教育被视为整个社会精神文明建设的重要组成部分。

(4) 培育美感,促进想象力、创造力的发展。学前教育以美熏陶、感染幼儿,满足其爱美的天性,萌发其美感和审美情趣,激发他们表现美、创造美的欲望,发展他们艺术的想象力、创造力,促进健全人格的形成。

总而言之,学前教育担负着促进幼儿德、智、体、美全面发展的重任。对幼儿来说,近则为其接受九年制义务教育作好准备,远则为其一生的学习和发展打下基础。对社会和国家来说,让每一个幼儿健康成长、和谐发展,是提高全民族素质,实现"科教兴国"战略决策,是培育千百万合格的社会主义事业的建设者和接班人铺设基石的重要国策举措。

二、学前教育的目标和任务

(一) 学前教育的目标

学前教育的目标是教育目的在学前教育这一阶段的具体化,是国家对学前教育机构提出的培养人的规格和要求,是全国各类型学前教育机构统一的指导思想。幼儿园教育是基础教育的有机组成部分,是学校教育制度的基础阶段。教育部颁布的《幼儿园工作规程》中明确指出,幼儿园保育与教育的主要目标是:

(1) 促进幼儿身体正常发育和机能的协调发展,增强体质,促进心理健康,培养良好的生活习惯、卫生习惯和参加体育活动的兴趣。

(2) 发展幼儿智力,培养正确运用感官和运用语言交往的基本能力,增进对环境的认识,培养有益的兴趣和求知欲望,培养初步的动手探究能力。

(3) 萌发幼儿爱祖国、爱家乡、爱集体、爱劳动、爱科学的情感,培养诚实、自信、友爱、勇敢、勤学、好问、爱护公物、克服困难、讲礼貌、守纪律等良好的品德行为和习惯,以及活泼开朗的性格。

(4) 培养幼儿初步感受美和表现美的情趣和能力。

《幼儿园教育指导纲要(试行)》从健康、语言、社会、科学、艺术等五个不同领域出发,提出了幼儿园全面发展的培养目标。(详见本章第五节)

(二) 学前教育目标制定的依据

学前教育目标是依据教育目的、儿童身心发展的特点和可能性及社会发展的客观属性而制定的。首先,学前教育目标是根据教育目的,并结合幼儿园教育的性质和任务提出来的。考虑到学前儿童的特点,学前教育目标的提法又与学校教育目标略有不同。其次,教育从根本上说就是培养人,所以,教育目标一方面要符合社会要求,另一方面要符合教育对象身心发展的规律。最后,学前教育目标的制定要考虑到其社会性。

(三) 制定幼儿园具体教育目标时应注意的问题

1. 教育目标分解的方法要恰当

制定幼儿园具体教育目标的过程,实际上是将国家的教育目的、学前教育目标层层分解,逐步具体化,并落实在幼儿发展上的过程。

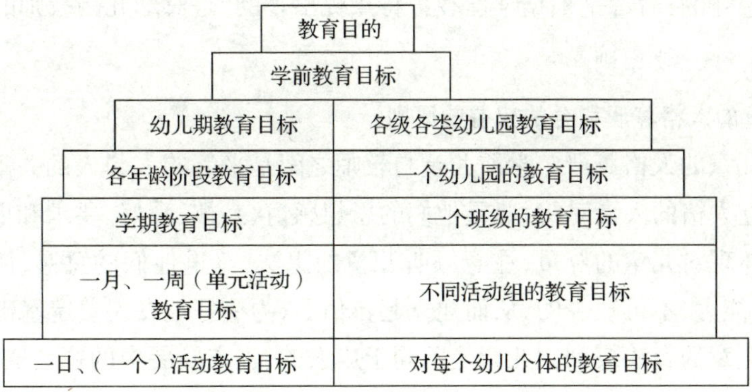

图 2-1　教育目标分层图

从图 2-1 可以看出，教育目的与学前教育目标是最高层次的教育目标。根据不同角度均可分为五个层次，左侧根据时间维度划分，右侧根据教育目标指导范围划分。由上往下，最高层次的教育目标体现了社会的要求，之后每一层目标都是上层目标的具体化，最后转化为促进每个幼儿发展的可操作的具体教育目标。由下往上看，每一层目标都受上一层目标的制约，各层次的目标由低到高，共同构成达到总目标的阶梯。

2. 教育目标涵盖要全面

将教育目标层层具体化的过程中，要保证教育目标的整体结构不受损害。教育目标应包括幼儿全面发展的各个方面的内容。在实践过程中，具体教育目标的制定常常出现偏差，如在德、智、体、美四育中，或重德轻智，或重智轻德，等等。教育目标内容不全面会严重影响幼儿的全面发展。

3. 教育目标要有连续性和一致性

教育目标的实现是一个长期的过程，由若干不同的阶段来完成。每个阶段性目标之间要互相衔接，体现幼儿心理发展的渐进性和连续性；同时，下层目标与上层目标之间、局部目标与整体目标之间要协调一致，保证每个具体目标的实现都成为实现上层目标的基础。

在教育过程中，教师要依据幼儿的实际水平，选择与之相适应的教育目标、教育模式、教育内容、活动方式、组织形式、指导方法等，以促进幼儿的发展。在实现教育目标的过程中，教师要规范自己的教育行为，以保证教育目标顺利实现。

（四）学前教育的任务

幼儿园教育是学制教育的基础阶段，教育部颁发的《幼儿园工作规程》中明确提出如下任务：贯彻国家教育方针，按照保育与教育相结合的原则，遵循幼儿身心发展特点和规律，实施德、智、体、美等方面全面发展的教育，促进幼儿身心和谐发展。

幼儿园同时面向幼儿家长提供科学育儿指导。

三、学前教育的原则

学前教育的原则包括两部分：教育的一般原则和学前教育的特殊原则。前者是各教育阶段教师均应遵守的；后者是根据学前教育特点提出来的，是对幼儿园教师的特殊要求。

（一）教育的一般原则

1. 尊重儿童的人格尊严和合法权益的原则

（1）尊重儿童的人格尊严。学前儿童与教师之间是平等的人与人的关系。教师要将儿童作为具有独立人格的人来对待，尊重他们的思想感情、兴趣、爱好、要求和愿望等。教师要在言行中处处体现对儿童的尊重，注意倾听儿童的想法，尊重他们的意愿，使儿童意识到他们是有价值、有能力、不可缺少的，从而建立起自信心，为更好地发展奠定基础。

（2）保障儿童的合法权利。儿童是不同于成人的、正在发展中的社会成员，享有不同于成人的许多特殊的权利，如受教育权、受抚养权等。家庭、学校、社会应当保障未成年人的合法权益不受侵犯。

2. 促进儿童全面发展的原则

促进儿童全面发展的原则指教师在制订教育计划、设计教育活动时，应当注意以下要求：

（1）儿童的发展是整体的发展，而不是片面的发展。

（2）儿童的发展是协调的发展。协调发展主要指学前儿童的生理机能和心理机能协调发展。

（3）儿童的发展是有个性的发展。

3. 面向全体，重视个别差异，因材施教的原则

在教育过程中，教育者在关注全体受教育对象的同时，还应重视儿童的个别差异、因材施教，有针对性地采取最有效、最合理的方式促进每个儿童的发展。

（1）教育要促进每个儿童的发展。

（2）教育要促进每个儿童在原有基础上的发展。

（3）通过多种组织形式促进儿童的发展。教师应注意在教育中灵活地使用集体活动、小组活动、个别活动等教育组织形式。

4. 充分利用儿童、家庭、社会等教育资源的原则

教育者必须认识到儿童自身、儿童群体，以及家庭、社会都是宝贵的教育资源，要充分发挥他们的教育作用。如与家庭、社会合作，充分利用儿童的经验和儿童之间的相互影响，利用大众媒体等。

（二）学前教育的特殊原则

1. 保教结合原则

教师应从幼儿身心发展的特点出发，在全面、有效地对幼儿进行教育的同时，重视对幼儿生活上的照顾和保护，使幼儿健康、全面地发展。

把握此原则要明确以下几点：

（1）保育和教育是幼儿园工作的两大方面。

（2）保育和教育工作互相联系、互相渗透。

(3) 保育和教育是在同一过程中实现的。

2. 以游戏为基本活动的原则

游戏是幼儿园教育的基本活动,最符合幼儿身心发展的特点,最能满足幼儿的需要,能有效促进幼儿发展,具有其他活动所不能替代的教育价值。

在幼儿园教育实践活动中应当注意以下几点:

(1) 重视幼儿的自发性游戏。

(2) 充分利用游戏形式组织幼儿园各类教育活动。

(3) 满足幼儿对多种游戏的需要。

3. 教育的活动性和活动的多样性原则

学前教育应从幼儿身心发展的特点和水平出发,以活动为基础展开教育。同时,活动形式应多样化,让幼儿能在多种多样的活动中得到发展。

(1) 教育的活动性。活动是幼儿发展的基础和源泉,幼儿身心发展的特点决定了他们必须通过活动去接触各种事物和现象,逐步积累经验,获得真知。离开了活动,就很难有幼儿的发展。

(2) 教育活动的多样性。幼儿园的活动不应当是单一的,因为活动的内容、形式不同,在幼儿发展中的作用也不同。教师要注意教育活动的多样性,从而有效地促进幼儿发展。

4. 发挥一日生活整体教育功能的原则

幼儿园一日生活指幼儿园每天进行的所有保育、教育活动,包括由教师组织的活动和幼儿自主、自由的活动。

教师应充分认识和利用一日生活中各种活动的教育价值,通过合理组织、科学安排,让一日生活发挥一致、连贯、整体的教育功能。一日活动要注意以下两个方面:

(1) 各种活动不可偏废。

(2) 各种活动必须有机统一为一个整体。

四、幼儿园教育的特点

幼儿园教育的特点由幼儿身心发展规律、学前教育的性质、目标等规定,主要体现在以下几个方面:

(一) 启蒙性

幼儿园是对3周岁以上学龄前幼儿实施保育和教育的机构,是基础教育的有机组成部分,是学校教育制度的基础阶段。因此,幼儿园教育是对幼儿进行开发、启蒙的教育,为幼儿全面发展奠定良好的基础。

(二) 生活化

陶行知说“生活即教育”,教学内容只有紧密结合幼儿的生活经验,才能被其理解和接受。因此,幼儿园教育具有浓厚的生活化的特征,不仅教学内容来自幼儿的生活,而且教育的实施贯穿于幼儿的每日生活。

（三）游戏性

游戏是幼儿的基本活动形式，也是幼儿基本的学习方式。所以，游戏在幼儿园教育中居于非常重要的位置。

（四）活动性

幼儿主要通过各种感官来认识世界，只有在活动中才能充分发展幼儿的感官认识，通过活动积累直接经验。只有活动中的学习才是有意义的、理解性的学习。

（五）潜在性

幼儿园教育是有目的、有计划的教育过程，但是幼儿感受到的是环境、活动、材料和教师的行为，而不是教育者的教育目的和方法。教师的教育意图蕴含在幼儿园教育的方方面面，潜移默化地对幼儿起作用。

【真题展示】

单项选择题

某教师针对不同发展水平的幼儿提供了不同难度的操作材料。这遵循了（　　）。（扫二维码领取参考答案）

A. 整体性原则　　B. 因材施教原则

C. 活动性原则　　D. 直观性原则

【模拟试题】

一、单项选择题

1. 幼儿园的任务不包括（　　）。（扫二维码领取参考答案）

A. 对幼儿实施保育　　B. 为家长工作、学习提供便利

C. 为幼儿园盈利　　D. 对幼儿实施教育

2. 教师在集体教学时结合分组教学。这种做法主要体现的教育原则是（　　）。（扫二维码领取参考答案）

A. 促进幼儿全面发展　　B. 面向全体，重视个别差异

C. 保教结合　　D. 以游戏为基本活动

3. 下列关于幼儿教育目标的说法，正确的是（　　）。（扫二维码领取参考答案）

A. 幼儿园教育目标能否贯彻实施完全是行政管理部门的事情

B. 教育目的是幼儿园教育目标的唯一依据

C. 教育目标的制定必须适应幼儿身心发展的年龄特征

D. 幼儿园教育目标是依据家长的不同要求提出来的

4. “要知道梨子的味道，你就得亲口尝一尝。”这句话体现了幼儿园教育的(　　)。(扫二维码领取参考答案)

A. 以游戏为基本活动的原则　　B. 保教结合的原则

C. 教育的活动性和活动的多样性原则

D. 促进幼儿全面发展的原则

5. 幼儿园基本活动是(　　)。(扫二维码领取参考答案)

A. 游戏活动　　B. 幼儿学习

C. 教师有计划的教学　　D. 幼儿的一日生活

6. 在幼儿园实践中某些教师认为幼儿进餐、睡眠、茶点等是保育，只有上课才是传授知识、发展智力的唯一途径，不注意利用各环节的教育价值，这种做法违反了(　　)。(扫二维码领取参考答案)

A. 发挥一日生活的整体功能原则　　B. 重视年龄特点和个体差异原则

C. 尊重儿童原则　　D. 实践性原则

二、简答题

1. 联系实际说明幼儿教育的特点。(扫二维码领取参考答案)

2. 如何贯彻落实保教结合的原则？(扫二维码领取参考答案)

3. 简述幼儿园教育目标的内涵。(扫二维码领取参考答案)

第三节　学前教育的产生和发展

思维导图

学前教育的产生和发展
- 学前教育的产生和发展
- 学前教育机构的产生和发展
- 学前教育思想的产生和发展

一、学前教育的产生和发展

学前教育是和人类一起产生和发展的。为了使人类社会能够生存、延续，人类必须实现自身的生产、再生产。因此，对后代的抚养与教育随之产生，这就是最初的学前教育。学前教育的发展与社会和生产力发展水平紧密联系，受到社会政治经济的制约。

（一）原始社会的学前教育

原始社会的生产力非常低下，主要由妇女和老年人养育儿童，保证其生存，并传授维持生存所必需的经验。在原始社会，教育是没有阶级性的，每个幼儿都受到平等的教育。

（二）奴隶社会、封建社会的学前教育

随着生产力的不断提高，人类进入了阶级社会——奴隶社会、封建社会。统治阶级为了维护自己的统治，利用权力让自己的子女接受良好的教育，把他们培养成未来的统治者。而平民子女受教育的权利被剥夺，只被允许跟随父母学习各种劳动知识和技能。教育出现了阶级性和等级性。为了适应社会生产力发展的需要，培育一批具有初步读、写、算能力的为统治阶级服务的人，开始出现了专门学校。学前教育仍然在家庭中分散地进行，这和封建社会一家一户的小农经济形态相适应。

（三）资本主义社会的学前教育

17 世纪中叶，社会生产力的发展终于突破了封建社会的禁锢，资本主义制度首先在欧洲确立。生产的社会化带来了学前教育的社会化，欧洲出现了专门的学前教育机构。最初的学前教育机构多由一些慈善家、工厂企业家创办，实质上是慈善性质的社会福利机构。

二、学前教育机构的产生和发展

（一）全球第一所幼儿园的诞生

德国教育家福禄贝尔于 1837 年在德国勃兰根堡组织了新型的教育机构，并于 1840 年

正式命名为“幼儿园”，这是全球第一所幼儿园。从此，幼儿园这一名称便被世界各国所采用。

在福禄贝尔的幼儿园里，游戏是儿童的主要活动，通过特制的玩具学习，儿童的体力、语言、认知、想象力和创造力等方面均有所发展。福禄贝尔创办的幼儿园是第一所真正意义上的学前教育机构。

（二）学前教育机构的发展

进入20世纪以后，随着科学技术的发展，生产力得到极大提高，学前教育的社会价值和教育价值开始得到关注和认可，从而使学前教育在世界范围内得到前所未有的发展。

1. 学前教育机构的发展趋势

（1）学前教育机构数量迅速增加。随着生产力的发展，学前教育机构的数量在世界范围内较快增长。

（2）学前教育机构呈现多样化。其主要体现为形式、组织、功能、教育内容等多样化。

（3）学前教育的质量不断提高。尊重儿童、保障儿童权利及促进儿童全面发展已成为全世界幼儿园教师的共识。这一改变促使学前教育质量有了极大提高。

2. 我国学前教育机构的发展

（1）我国第一所幼儿园的诞生。1903年，在湖北武昌创办的湖北幼稚园（即现在的湖北省实验幼儿园）是我国第一所幼儿园。随后，北京、上海相继成立了一些蒙养院。1904年，由张之洞等人拟订的《奏定学堂章程》（癸卯学制），第一次用国家学制的形式把学前教育机构的名称定下来，使蒙养院成为我国最早的学前教育机构。当时的学前教育机构的办学模式完全抄袭国外，显示出半封建半殖民地教育的特点。

（2）新中国幼儿教育的发展。① 历史的转折。1949年10月1日，中华人民共和国成立，新中国从帝国主义手里彻底收回了教育权。幼儿教育以老解放区教育经验为基础，借鉴苏联经验，进行了整顿、改造和发展。② 曲折起伏地前进。随着我国社会主义建设的深入，幼儿教育虽然有起有伏，但总体是向前发展的。幼儿园数量大增，幼儿园教师队伍基本建立起来；幼儿园教育的各项规章制度大体确立，社会主义幼儿教育新体系基本形成。但在发展中因为经验不足，也走过不少弯路。1976年，我国幼儿教育在经过了严峻的考验之后，以更成熟、更坚定的步伐，开始进入新的发展历程。

（3）幼儿教育在改革开放中腾飞。1978年，党的十一届三中全会召开，我国社会主义建设进入了崭新的历史阶段。随着经济的持续发展和改革开放的不断深入，幼儿教育机构出现了重大变化与发展。

三、学前教育思想的产生和发展

（一）西方学前教育思想

1. 夸美纽斯的学前教育思想

夸美纽斯是17世纪捷克教育家，是人类教育史上里程碑式的人物，被称为“教育史上的哥白尼”和“现代教育之父”。他一生致力于民族独立及教育改革事业,曾担任捷克兄弟会牧师及兄弟会学校校长。儿童早期教育价值的发现,可以追溯到柏拉图、亚里士多德、昆体良、奥古斯丁等人,他们都有关于儿童教育的言论。但第一个专门对学前教育提出了深刻认识并有系统论述的是夸美纽斯。夸美纽斯的学前教育思想主要体现在他的两本著作中。他的《母育学校》是世界上第一部论述学前教育的专著,集中论述了他的学前教育思想。他在1658年出版的《世界图解》是世界上第一本依据直观原则编写的课本,也是一本教给儿童基本知识并配有插图的百科全书。该书出版后,由于图文并茂、生动有趣、富于启迪,因而盛行于西欧各国长达两个世纪。

(1) 人文主义儿童观。夸美纽斯生活在文艺复兴运动的鼎盛时期,深受人文主义思想的影响,形成了人文主义儿童观。中世纪的西欧,在天主教会和世俗封建主的专横统治下,人们对待人生的态度是悲观、消极的,儿童被看作生来就有罪,需要不断地受苦难以赎罪,因此儿童没有快乐的童年,有的只是个性受压抑,身体受摧残。

文艺复兴运动兴起之后,人们重新评估人的能力并有了新的认识,进而改变了对儿童的观念。人本主义者从人性论出发,反对束缚和压抑儿童身心,主张为儿童提供身心发展的条件,并把儿童当作世界上最珍贵的宝物来加以赞美,把儿童看作未来新社会的开拓者而寄予殷切期望。

(2) 重视早期教育。正因为儿童是“无价之宝”,因而夸美纽斯非常重视早期教育。他认为,一切都有赖于开端,早期教育是儿童以后教育的基础,抓好早期教育,可以防止儿童沾染不良习惯,预防人类的堕落。儿童就像嫩芽,在其身心形成的最早时期,应该给予恰当的教育。“任何人在幼年时代播下什么样的种子,那他老年就要收获那样的果实。”

(3) 遵循自然。夸美纽斯相信教育可以使种族更新,因此,儿童不论贫富贵贱都应接受教育,教育必须从幼年开始,而且应当适应自然。为此,他提出一个理想的学制,这个学制涉及从初生的婴儿到24岁的青年,共分为四级,每级六年。他主张世上所有的人都应该受教育,并把人的教育划分为四个阶段:6岁前属于幼儿教育阶段,由母亲在家庭中教育,但“必须把一个人在人生旅途中所应具备的一切知识的种子,播种在他们身上”;6—12岁为初等教育阶段,应进入国语学校接受教育,应当把“对青年人终身有用的事物教给他们;12—18岁应进入拉丁文学校,“学生应学会四种语言,应当对艺术得到一种百科全书式的知识”;18岁以后成人了,应施以大学教育,其课程“应该是真正普遍的,应有学习人类知识的每一部分的准备”。

夸美纽斯的儿童教育思想非常丰富且兼收并蓄,福禄贝尔把儿童比作花木、把教师比作园丁的观点,卢梭按照儿童的本性进行教育的观念,裴斯泰洛齐使用可感觉的物体进行教学的观点等,在夸美纽斯的著作中都可以找到初步的论述。其中许多仍具有现实意义。夸美纽斯提出的包括学前教育的统一学制的观点也被后世采用。

2. 卢梭的学前教育思想

卢梭是法国伟大的启蒙思想家、哲学家、教育家、文学家,是18世纪法国大革命的思想先驱,启蒙运动最卓越的代表人物之一。《爱弥儿》是卢梭教育思想的代表作,集中阐述了他的"自然教育理论"。该书是从科学知识取向转向儿童经验取向的代表性教育著作。

（1）强调儿童的发现。卢梭认为儿童不是小大人，而是有自己独特的生活的人。儿童期的存在是自然规律，并非单纯为成年生活做准备，具有独立存在的价值。

（2）教育要顺应自然。卢梭反对不顾儿童的特点，干涉并限制儿童自由发展，违背儿童天性的传统的古典教育。提出了教育要顺应自然的思想，并提出培养"自然人"。

（3）教育要注意人的年龄特性。卢梭根据儿童的发展将教育分为四个阶段。第一个阶段（0—2 岁）以身体养护为主；第二个阶段（3—12 岁）注重体育、经验、感官的教育；第三个阶段（13—15 岁）注重知识的教育；第四个阶段（16 岁—成年）注重道德、宗教及情感教育。

3. 福禄贝尔的学前教育思想

福禄贝尔是德国著名的幼儿教育家，被誉为"幼儿园之父"。福禄贝尔的主要学前教育思想有：

（1）学前教育非常重要。福禄贝尔指出学前教育很重要，它关系到国家的命运和前途。他把毕生精力都奉献给了探索学前教育理论，并付诸实践，撰写了《人的教育》《幼儿园教育学》等著作。

（2）学前教育要全面。社会发展需要全面发展的人，而学前教育也只有培养出全面发展的人，才能适应社会发展的需要。因此，幼儿园的教育内容应该是广泛、多样的，既包括语言、数学、动植物、社会方面的知识与能力，还包括音乐、美术、体育等方面的知识与技能。

（3）学前教育要遵循儿童的自然。福禄贝尔指出，在教育过程中，要使幼儿的个性得到充分的发展，就必须遵循儿童的自然，遵循儿童成长发展的规律。此外，他认为对年幼儿童的教育应该在内容上、形式上与年长儿童相区别。

（4）学前教育要注意游戏化。福禄贝尔指出"游戏、学习和工作"这些活动是"不可分割的整体"，是未来"光明幸福生活的基础"，其中游戏是"儿童最纯洁的活动，是儿童活动的主体，是儿童最典型的生活"。福禄贝尔亲自为幼儿编制了各种游戏，并创立了一个独特的游戏体系，这一体系的主要特征是操作"恩物"。他创造的恩物有几十种，主要的有 6 种。如一个大立方体，可以分割成大小、数量不等的小立方体、长方体。幼儿在镶拼中，可以认识多种图形、颜色和数目，搭成各种各样的建筑造型，以发展语言能力、认识能力、想象力和创造力。他创造的一些教具、玩具一直沿用到现在。

（5）要加强对学前儿童的指导。教育是师生相互影响、相互作用的过程。教师应根据教育原理，为儿童设计、安排许多不同的活动，为儿童提供他们想学的东西和机会，帮助儿童发展个体中已有的学习能力。福禄贝尔认为教师是儿童经验和活动的设计者，应该给儿童引导和保护，而不是命令、强制和干涉。

4. 杜威的学前教育思想

杜威是美国著名教育家，20 世纪影响最大的教育家之一。他的主要教育著作有《我的教育信条》《学校和社会》《民主主义与教育》等。杜威的学前教育思想主要有以下几个方面：

（1）提出了“教育即生活”的理念。杜威从三个方面对教育与生活的关系进行阐述：一是“教育即生活”。他主张生活就是发展，而不断发展、生长就是生活，没有教育就不能生活。二是“教育即生长”。生长指向未来的发展过程。三是“教育即经验的不断改造”。杜威认为教育就是促使儿童主动去经历一切事物，从而获得直接经验的过程。

（2）提出以经验为基础的课程。杜威十分强调学生的直接知识的获得，提出以经验为基础的课程，主要表现为：① 倡导“在做中学”。② 确立新的课程观。他认为，教学的任务不仅在于教给学生科学的结论，更重要的是促进并激发学生的思维，使他们掌握发现真理、解决问题的科学方法。

（3）提出“儿童中心论”。杜威提出“儿童中心论”，主张教师应以儿童的发展为目的，围绕儿童的需要和活动组织教学。

5. 蒙台梭利的学前教育思想

蒙台梭利是意大利学前教育学家，主要著作有《蒙台梭利儿童教育手册》《童年的秘密》等。她创办了“儿童之家”。她的学前教育理论与实践对世界现代学前教育的发展产生了广泛而深远的影响。她认为：

（1）儿童心理具有吸收力和敏感期。蒙台梭利认为3岁前的儿童处于无意识吸收心理阶段，3—6岁的儿童处于有意识吸收心理阶段。0—5岁是感觉敏感期，0—6岁是动作敏感期，出生后8个星期到8岁是语言敏感期，等等。儿童虽然都要经历相同的敏感期，但不同儿童的敏感期发生和延续的具体时间是有差异的。

（2）儿童有发展的需要。蒙台梭利认为儿童有发展的需要，为满足和强化这种需要，必须通过自由活动、自我控制、自我教育的方式与途径来实现。首先，教师要尊重儿童。每个儿童都有自己独特的个性，所以对他们进行的教育，应考虑通过个体化的途径来实施。其次，教师要为儿童创设环境。蒙台梭利深信，儿童学习最好是在“有准备”的环境中进行。再次，教师要为儿童提供活动。必须适时地提供各种活动及材料，使儿童、环境、活动三者结合起来，形成一个学习过程。最后，要重视儿童的“自动教育”。儿童是学习的主体，教师应该引导儿童自己去思考、活动，进而发展儿童的主动性和独立性。

（二）中国学前教育思想

1. 陶行知的学前教育思想

陶行知是我国伟大的人民教育家。他推行生活教育、大众教育，创立了生活教育理论和教、学、做合一的教育方法。在学前教育方面，陶行知主要的贡献和观点如下：

（1）强调学前教育的基础地位，重视人才的早期培养。陶行知十分重视学前教育，他认为学前教育是人的基础教育，有助于为国家培养更多的合格人才。

（2）坚持教、学、做合一，倡导因材施教。教、学、做合一的实质是要根据生活的需要来教和学，通过生活实践去教学，从而使儿童获得生活实践所需要的、真正的生活力、创造力。

（3）主张解放儿童，培养幼儿的创造力。陶行知主张教育者应加入到儿童的生活中去，发现孩子的创造力，进一步将儿童的创造力解放出来，把学习和创造的自由还给儿童。为此,他提出六大解放:解放儿童的头脑,使之能思;解放儿童的双手,使之能干;解放儿童的眼睛,使之能看;解放儿童的嘴,使之能谈;解放儿童的时间,不逼迫他们赶考,使之能学习渴望的东西;解放儿童的空间,使之能接触大自然、大社会。

2. 张雪门的学前教育思想

张雪门是我国著名的学前教育专家。他反对以培植士大夫和宗教信徒为目标的幼儿教育,主张以发展儿童个性和以改造中华民族为目标的幼儿教育。他研究幼儿教育是从幼儿园课程入手的。他主张实施“幼稚园(幼儿园)行为课程”,并认为“课程是经验,是人类的经验。”“生活就是教育,五六岁的孩子们在幼稚园生活的实践,就是行为课程。”此外,他还一贯重视幼儿园师资的培训和师范教育。

3. 陈鹤琴的学前教育思想

陈鹤琴是我国著名的学前教育家、儿童心理学家。他于 1923 年创办了我国最早的幼儿教育实验中心——南京鼓楼幼稚园,创立了“活教育”理论,一生致力于探索中国化、平民化、科学化的学前教育道路。他的学前教育理论的观点有:

(1) 提倡适合我国国情的学前教育。学前教育对于儿童一生的发展至关重要,关系到国家的前途和民族的命运。陈鹤琴反对照搬外国教材、教法,全然不顾我国国情的做法,主张适合我国国情的学前教育。

(2) 反对死教育,提倡活教育。活教育的目的就是做人,做中国人,做现代中国人;活教育的课程以大自然与大社会为出发点,让学生直接学习它们;活教育的教学方法是“做中教,做中学,做中求进步”。

(3) 整个教学法。陈鹤琴认为要对儿童进行全面发展的教育,使其成为“体魄强壮、品德良好和智力发达”的祖国幼苗。整个教学法即把各科功课打成一片,把应该学的东西整个地、系统地教给儿童。

(4) 学前教育要注意多样性。儿童是在游戏、作业、劳动生活、自然社会等丰富多彩的活动中得到成长和发展的。教师要竭尽全力为儿童创造游戏、学习的环境,并组织儿童参加力所能及的劳动,随时随地向大自然汲取教育资源。

(5) 反对以教师为中心,同时也反对儿童中心主义。陈鹤琴强调教师指导作用的发挥要和儿童主动性、独立性、创造性的发展有机结合,倡议让儿童自由集合、自由合作,教师和儿童共同游戏、共同工作。

(6) 幼儿园要和家庭紧密配合。陈鹤琴认为学前教育是幼儿园与家庭共同的责任,幼儿园要和家庭紧密配合,步调一致,保证儿童健康成长。

【真题展示】

单项选择题

1. 对杜威“教育即生长”的正确理解是(　　)。(扫二维码领取参考答案)

A. 教育以儿童的本能和能力为依据

B. 儿童生长以教育目标为依据

C. 教育以促进教师的专业成长为基础

D. 教育应促进儿童的身体发育

2. 陶行知提出的“六大解放”指的是(　　)。(扫二维码领取参考答案)

A. 解放儿童的观察力

B. 解放儿童的体力

B. 解放儿童的智力

D. 解放儿童的创造力

3. 从科学知识取向转向儿童经验取向的代表性教育著作是(　　)。(扫二维码领取参考答案)

A.《理想国》　　B.《爱弥儿》

C.《大教学论》　　D.《林哈德与葛笃德》

4. 杜威认为,学校生活的组织中心是(　　)。(扫二维码领取参考答案)

A. 教材　　B. 家长

C. 教师　　D. 儿童

5. 陶行知的教育理论注重“教学做合一”,强调(　　)。(扫二维码领取参考答案)

A. “做” 是中心　　B. “学” 是中心

C. “教”与“学” 是中心　　D. “教”是中心

6. 提出“教育即生活”的教育家是(　　)。(扫二维码领取参考答案)

A. 卢梭　　B. 杜威

C. 蒙台梭利　　D. 福禄贝尔

7. 创建“活教育”体系的教育家是(　　)。(扫二维码领取参考答案)

A. 陈鹤琴　　B. 杜威

C. 蒙台梭利　　D. 福禄贝尔

【模拟试题】

一、单项选择题

1. 1816 年,在新拉纳克建立了“性格形成新学园”,为工人阶级创办了历史上第一所学前教育机构的教育家是(　　)。(扫二维码领取参考答案)

A. 福禄贝尔　　B. 卢梭

C. 欧文　　D. 赫尔巴特

2. 被称为“学前教育学之父”的德国教育家是(　　)。(扫二维码领取参考答案)

A. 夸美纽斯

B. 福禄贝尔

C. 欧文

D. 蒙台梭利

3. 我国现代著名教育思想家陶行知认为幼儿教育应解放儿童的(　　)。(扫二维码领取参考答案)

A. 主动性

B. 活动

C. 兴趣

D. 创造力

4. 我国第一所由中国人自己创办的学前教育机构是(　　)。(扫二维码领取参考答案)

A. 鼓楼幼稚园

B. 湖北武昌蒙养院

C. 南京燕子矶幼儿园

D. 北平香山慈幼院

5. 在原始社会,幼儿教育是完全融合在生产和生活中的,其主要任务是(　　)。(扫二维码领取参考答案)

A. 保证幼儿存活

B. 增强幼儿体质

C. 开发幼儿智力

D. 培养幼儿处理事情的能力

6. 建立我国第一个幼儿教育研究中心,并亲自主持幼儿园研究工作,提出“活教育”思想的教育家是(　　)。(扫二维码领取参考答案)

A. 福禄贝尔　　B. 陈鹤琴

C. 张雪门　　D. 陶行知

二、简答题

1. 简述福禄贝尔对学前教育学发展的贡献。(扫二维码领取参考答案)

2. 试述蒙台梭利教育思想的基本内容。(扫二维码领取参考答案)

3. 试述陶行知的“六大解放”。(扫二维码领取参考答案)

4. 简述陈鹤琴的“活教育”思想。(扫二维码领取参考答案)

第四节　幼儿园班级管理

思维导图

幼儿园班级管理
- 幼儿园班级管理的概念
- 幼儿园班级管理的目的
- 幼儿园班级管理的功能
- 幼儿园班级管理的内容
- 幼儿园班级管理的环节和方法

一、幼儿园班级管理的概念

班级管理指班级教师通过组织、计划、实施、调整等环节，把幼儿园的人、财、物、时间、空间、信息等资源充分运用起来,从而达到预定的目的。

这一概念包含了四层意思:第一,班级管理是由人去实施的,即管理的主体是人。可以是一个人,也可以是一群人。第二,班级管理是通过计划、组织、实施、调整等环节来实现的。第三,班级管理的对象是幼儿园的人、财、物、时间、信息等。第四,班级管理是有目标的活动,管理的最终目的是实现管理目标。

换句话说,幼儿园班级管理是指教师通过协调教育者之间的教育行为,提供适当的教育环境,积极与幼儿进行沟通等方法,使幼儿得到最佳发展的管理活动。

二、幼儿园班级管理的目的

班级是幼儿园的核心单位,是幼儿学习、游戏的主要场所。幼儿日常行为习惯的养成,一日生活的组织,教师与家长的沟通、交流等,都是依托班级这块基地进行的。幼儿园班级管理的内在目的是把幼儿培养成个体生活和社会生活的主体。班级管理中最重要的和最直接的管理对象是幼儿。对幼儿进行管理,首先要了解幼儿的自然天性,遵循人的发展规律,把幼儿培养成个体生活的主体。其次,让幼儿在自然的基础上获得人的生命的自由,把幼儿培养成社会生活的主体。幼儿建构生活是一个过程,每个过程都有其存在的价值和意义,因此班级管理应尊重和理解幼儿在每个阶段的生活、生长和发展。

幼儿园班级管理的外在目的是形成办园特色,打造办园品牌。幼儿园的发展必须通过班级管理来实现。因此,进行幼儿园班级管理并积极探索个性化的班级管理新举措,从而不断提升班级管理水平,使班级管理工作由规范化管理模式逐步走向特色化的管理轨道,是形成办园特色的关键。

三、幼儿园班级管理的功能

班级是学前教育机构的基层组织,也是一个多功能的整体组织,对儿童的健康成长起着良好的促进作用。班级管理的功能有以下几种。

(一) 生活功能

班级为儿童提供共同生活的组织环境,每个儿童在集体中的生活行为,如如厕、喝水、吃饭等,都会受到班级组织管理的影响。有序、合理地安排儿童的一日生活,对提高儿童的生活质量、提高活动效率、促进儿童发展有重要意义。

教师要注意科学安排儿童一日生活的各个环节,使儿童在稳定有规律的节奏中获得生活的安全感;通过培养儿童的生活习惯,培养儿童的时间观念,促进教育生活各环节有条不紊地进行;为保教人员相互配合、步调一致提供客观保证。

(二) 教育功能

班级不仅是一个生活集体,同时是一个教育集体。班级是开展集体教育的组织保证。通过对活动的精心组织与策划,保证了教育活动的系统性和循序渐进性,有利于提高教育活动的质量和效率,从而全面实现学前教育目标。班级对儿童的社会性发展具有尤为突出的作用。班集体共同的教育目标、行为规范，能够约束每个儿童的行为，增强儿童的集体意识，对克服儿童的自我中心、发展儿童的自我意识有重要作用。同时，班级中有利于形成共同的舆论、价值观和活动规则，集体活动为儿童的个体行为提供了模仿和相互学习的榜样及相互监督的标准，为实现"人人教我，我教人人"提供了必要条件。班级为儿童之间和儿童与教师之间的良好交往提供平台。在教师的指导下，儿童能够尽快地掌握交往的技巧；共同的价值观使幼儿产生班级的归属感和安全感，儿童能够自由地表达自我，相互交流，相互影响。总之，班级对促进儿童的社会性发展起着重要作用。

（三）社会服务功能

《幼儿园工作规程》指出：幼儿园为家长提供科学育儿宣传指导，同时为其参加工作、学习提供便利条件。不可否认，父母对孩子具有培养教育的责任，但家长同时承担着社会上各种行业的工作，学前儿童尤其是3岁前的儿童需要精心的照顾和教育，如果孩子得不到妥善的照顾，家长就没办法安心工作。因此，学前教育班级实际上承担着解放父母劳动力，为家长做好服务的工作。同时，父母不一定都具有丰富的学前教育的专业知识和技能，班级教师还承担着宣传科学的教育理念、指导家庭教育的职责。学前教育机构班级主要指导家长科学育儿，从而实现为家长服务的社会功能。

四、幼儿园班级管理的内容

由于幼儿园的一切教育活动最终都要通过班级管理来实现，所以班级管理的内容不仅涵盖了幼儿园管理中的一切管理内容，还包括教师之间的协调工作、幼儿班级建设工作和针对每个幼儿的具体工作。按幼儿在园活动分类，幼儿园班级管理一般由生活管理和教育管理两方面组成，其他管理工作服务于幼儿的生活、教育管理。

（一）生活管理

幼儿园班级生活管理是为了保证幼儿的身体正常发育和心理健康成长，由保教人员围绕幼儿在幼儿园内的起居、饮食等生活方面的需要而从事的管理工作。生活管理几乎包括睡眠、饮食、如厕、衣着等全部生活内容，是保育工作的重要内容，是教育工作的前提，是班级管理的基础。幼儿园之所以兼具幼儿之家和幼儿学校的双重特点，其根本原因在于幼儿园有其独特的班级生活管理。

生活管理可以满足幼儿在园生活的物质需要，为其提供良好的成长的物质环境。另外，班级生活管理是社会的需要，也是顺利进行教育管理的必要条件。

（二）教育管理

幼儿园班级教育管理指班级保教工作人员在班主任教师带领下对班级幼儿进行调查研究，对教育过程精心设计、组织，对教育结果进行细致评估的一系列工作。教育管理对明确教育目标、优化教育方法、保证教育效果起着非常重要的作用。教育管理是幼儿园教师最经常和最基本的管理工作，也是幼儿园各项管理工作的中心。

五、幼儿园班级管理的环节和方法

（一）幼儿园班级管理的环节

幼儿园班级管理的环节有以下几个。

（1）幼儿园班级工作计划的制订。

（2）幼儿园班级工作的组织与实施。

（3）幼儿园班级工作的检查与计划调整。

（4）幼儿园班级工作的总结与评估。

四个环节互为条件，前一个环节是后一个环节的基础，后一个环节是前一个环节的落实和改进。

（二）幼儿园班级管理的方法

为了实现儿童的保教目标，保教人员必须掌握一定的班级管理方法。我们常常把班级管理常用的方法归纳为五种，即规则引导法、情感沟通法、互动指导法、榜样激励法和目标指导法。

1. 规则引导法

规则引导法指用简单易行的规则引导儿童行为，使其与集体活动要求保持一致，确保儿童自身安全和他人安全，保证活动秩序的方法。

规则引导法是学前教育班级管理最常用和最直接有效的方法。规则是儿童之间、儿童与老师、儿童与环境、儿童与材料之间互动的关系准则。规则的内容要简明扼要、简单易行；规则不能太多，应突出重点，适合儿童年龄和理解水平；规则的制定可以全员参与，及时修订，让儿童在实践中掌握并形成习惯。

2. 情感沟通法

情感沟通法是通过激发和利用教师与儿童之间或儿童与环境材料之间的积极情感促进儿童产生积极行为的方法。情感沟通的基础是教师对儿童的理解和爱，教师要在日常生活和教育活动中，观察儿童的情感表现，了解每个儿童在班级活动中的情感需求，采用恰当的方式，激发儿童相应的情感，引发儿童积极向上的行为。

教师要经常对儿童进行移情训练，使儿童形成站在他人立场和角度理解他人情感的习惯，并能从他人的困境中产生助人等亲社会行为。教师要保持和蔼可亲的态度，有爱心和童心，经常和儿童产生情感共鸣，把儿童的情感需求与活动情景相联系，这样才能更好地引导儿童。

3. 互动指导法

互动指导是通过促进儿童与同伴、儿童与教师、儿童与环境的相互作用，引导儿童主动、积极、有效地与人交往，实现教育目标的方法。

4. 榜样激励法

榜样激励法指通过树立榜样并引导儿童学习榜样以规范儿童的行为，达到管理的目的的方法。教师在班级管理中利用具体的儿童行为做示范,为儿童提供模仿的榜样,会产生积极的影响。

5. 目标指引法

目标指引法指教师从儿童行为的预期结果出发,制定行为目标,引导儿童识别行为正误,规范儿童积极行为方式的一种管理方法。

【模拟试题】

一、单项选择题

(　　)是幼儿园的基本单位。(扫二维码领取参考答案)

A. 年段　　B. 班级　　C. 小组　　D. 区域

二、简答题

1. 简述幼儿园班级管理的目的。(扫二维码领取参考答案)

2. 简述幼儿园班级管理的意义。(扫二维码领取参考答案)

第五节　《幼儿园教育指导纲要(试行)》解读

思维导图

《幼儿园教育指导纲要(试行)》解读
- 总则
- 教育内容与要求
- 组织与实施
- 教育评价

一、总则

(一)为贯彻《中华人民共和国教育法(幼儿园管理条例)》和《幼儿园工作规程》,指导幼儿园深入实施素质教育,特制定本纲要。

(二)幼儿园教育是基础教育的重要组成部分,是我国学校教育和终身教育的奠基阶段，城乡各类幼儿园都应从实际出发，因地制宜地实施素质教育，为幼儿一生的发展打好基础。

（三）幼儿园应与家庭、社区密切合作，与小学相互衔接，综合利用各种教育资源，共同为幼儿的发展创造良好的条件。

（四）幼儿园应为幼儿提供健康、丰富的生活和活动环境，满足他们多方面发展的需要，使他们在快乐的童年生活中获得有益于身心发展的经验。

（五）幼儿园教育应尊重幼儿的人格和权利，尊重幼儿身心发展的规律和学习特点，以游戏为基本活动，保教并重，关注个别差异，促进每个幼儿富有个性的发展。

解读：

第一条，说明了制定《幼儿园教育指导纲要（试行）》的依据和目的。

第二条，说明了我国学前教育的性质和根本任务，倡导各类幼儿园要根据实际情况开展教育活动，为幼儿发展奠定基础。

第三条，强调幼儿园应综合利用各种教育资源。学前教育阶段可以拓展利用的资源很多，除幼儿园内部的教育资源外，还包括广泛的自然资源、丰富的社区资源、家庭资源等各种园外教育资源。

第四条，指出幼儿园是通过创设健康、丰富的生活和活动环境来帮助幼儿学习的，而不像中小学生主要通过学科教学来获得间接知识。

第五条，规定了学前教育必须遵循的基本原则。

二、教育内容与要求

幼儿园的教育内容是全面的、启蒙性的，可以划分为健康、语言、社会、科学、艺术五个领域，也可做其他不同的划分。各领域的内容相互渗透，从不同的角度促进幼儿情感、态度、能力、知识、技能等方面的发展。

（一）健康

1. 目标

(1) 身体健康，在集体生活中情绪安定、愉快。

(2) 生活、卫生习惯良好，有基本的生活自理能力。

(3) 知道必要的安全保健常识，学习保护自己。

(4) 喜欢参加体育活动，动作协调、灵活。

2. 内容与要求

(1) 建立良好的师生、同伴关系，让幼儿在集体生活中感到温暖，心情愉快，形成安全感、信赖感。

(2) 与家长配合，根据幼儿的需要建立科学的生活常规，培养幼儿良好的饮食、睡眠、盥洗、排泄等生活习惯和生活自理能力。

(3) 教育幼儿爱清洁、讲卫生，注意保持个人和生活场所的整洁和卫生。

(4) 密切结合幼儿的生活进行安全、营养和保健教育，提高幼儿的自我保护意识和能力。

(5) 开展丰富多彩的户外游戏和体育活动,培养幼儿参加体育活动的兴趣和习惯,增强体质,提高对环境的适应能力。

(6) 用幼儿感兴趣的方式发展基本动作,提高动作的协调性、灵活性。

(7) 在体育活动中,培养幼儿坚强、勇敢、不怕困难的意志、品质和主动、乐观、合作的态度。

3. 指导要点

(1) 幼儿园必须把保护幼儿的生命和促进幼儿的健康放在工作的首位。树立正确的健康观念,在重视幼儿身体健康的同时,要高度重视幼儿的心理健康。

(2) 既要高度重视和满足幼儿受保护、受照顾的需要,又要尊重和满足他们不断增长的独立要求,避免过度保护和包办代替,鼓励并指导幼儿自理、自立的尝试。

(3) 健康领域的活动要充分尊重幼儿生长发育的规律,严禁以任何名义进行有损幼儿健康的比赛、表演或训练等。

(4) 培养幼儿对体育活动的兴趣是幼儿园体育的重要目标,要根据幼儿的特点组织生动有趣、形式多样的体育活动,吸引幼儿主动参与。

(二) 语言

1. 目标

(1) 乐意与人交谈,讲话礼貌。

(2) 注意倾听对方讲话,能理解日常用语。

(3) 能清楚地说出自己想说的事。

(4) 喜欢听故事、看图书。

(5) 能听懂和会说普通话。

2. 内容与要求

(1) 创造一个自由、宽松的语言交往环境,支持、鼓励、吸引幼儿与教师、同伴或其他人交谈,体验语言交流的乐趣,学习使用适当的、礼貌的语言交往。

(2) 养成幼儿注意倾听的习惯,发展语言理解能力。

(3) 鼓励幼儿大胆、清楚地表达自己的想法和感受,尝试说明、描述简单的事物或过程,发展语言表达能力和思维能力。

(4) 引导幼儿接触优秀的儿童文学作品,使之感受语言的丰富和优美,并通过多种活动帮助幼儿加深对作品的体验和理解。

(5) 培养幼儿对生活中常见的简单标记和文字符号的兴趣。

(6) 利用图书、绘画和其他多种方式,引发幼儿对书籍、阅读和书写的兴趣,培养前阅读和前书写技能。

(7) 提供普通话的语言环境,帮助幼儿熟悉、听懂并学说普通话。少数民族地区还应帮助幼儿学习本民族语言。

3. 指导要点

(1) 语言能力是在运用的过程中发展起来的,发展幼儿语言的关键是创设一个能使他们想说、敢说、喜欢说、有机会说并能得到积极应答的环境。

(2) 幼儿语言的发展与其情感、经验、思维、社会交往能力等其他方面的发展密切相关，因此，发展幼儿语言的重要途径是通过互相渗透的各领域的教育，在丰富多彩的活动中去扩展幼儿的经验，提供促进语言发展的条件。

(3) 幼儿的语言学习具有个别化的特点，教师与幼儿的个别交流、幼儿之间的自由交谈等，对幼儿语言发展具有特殊意义。

(4) 对有语言障碍的儿童要给予特别关注，要与家长和有关方面密切配合，积极地帮助他们提高语言能力。

(三) 社会

1. 目标

(1) 能主动地参与各项活动，有自信心。

(2) 乐意与人交往，学习互助、合作和分享，有同情心。

(3) 理解并遵守日常生活中基本的社会行为规则。

(4) 能努力做好力所能及的事，不怕困难，有初步的责任感。

(5) 爱父母长辈、老师和同伴，爱集体、爱家乡、爱祖国。

2. 内容与要求

(1) 引导幼儿参加各种集体活动，体验与教师、同伴等共同生活的乐趣，帮助他们正确认识自己和他人，养成对他人、社会亲近、合作的态度，学习初步的人际交往技能。

(2) 为每个幼儿提供表现自己长处和获得成功的机会，增强其自尊心和自信心。

(3) 提供自由活动的机会，支持幼儿自主地选择、计划活动，鼓励他们通过多方面的努力解决问题，不轻易放弃克服困难的尝试。

(4) 在共同的生活和活动中，以多种方式引导幼儿认识、体验并理解基本的社会行为规则，学习自律和尊重他人。

(5) 教育幼儿爱护玩具和其他物品，爱护公物和公共环境。

(6) 与家庭、社区合作，引导幼儿了解自己的亲人，以及与自己生活有关的各行各业人们的劳动，培养其对劳动者的热爱和对劳动成果的尊重。

(7) 充分利用社会资源，引导幼儿实际感受祖国文化的丰富与优秀，感受家乡的变化和发展，激发幼儿爱家乡、爱祖国的情感。

(8) 适当向幼儿介绍我国各民族和世界其他国家、民族的文化，使其感知人类文化的多样性和差异性，培养理解、尊重、平等的态度。

3. 指导要点

(1) 社会领域的教育具有潜移默化的特点，幼儿社会态度和社会情感的培养尤应渗透在多种活动和一日生活的各个环节之中，要创设一个能使幼儿感受到接纳、关爱和支持的良好环境，避免单一呆板的言语说教。

(2) 幼儿与成人、同伴之间的共同生活、交往、探索、游戏等，是其社会学习的重要途径。应为幼儿提供人际交往和共同活动的机会和条件，并加以指导。

(3) 社会学习是一个漫长的积累过程,需要幼儿园、家庭和社会密切合作、协调一致,共同促进幼儿良好社会性品质的形成。

(四) 科学

1. 目标

(1) 对周围的事物、现象感兴趣,有好奇心和求知欲。

(2) 能运用各种感官,动手动脑,探究问题。

(3) 能用适当的方式表达、交流探索的过程和结果。

(4) 能从生活和游戏中感受事物的数量关系并体验到数学的重要和有趣。

(5) 爱护动植物,关心周围环境,亲近大自然,珍惜自然资源,有初步的环保意识。

2. 内容与要求

(1) 引导幼儿对身边常见事物和现象的特点、变化规律产生兴趣和探究的欲望。

(2) 为幼儿的探究活动创造宽松的环境,让每个幼儿都有机会参与尝试,支持、鼓励他们大胆提出问题,发表不同意见,学会尊重别人的观点和经验。

(3) 提供丰富的可操作的材料,为每个幼儿都能运用多种感官、多种方式进行探索提供活动的条件。

(4) 通过引导幼儿积极参加小组讨论、探索等方式,培养幼儿合作学习的意识和能力,学习用多种方式表现、交流、分享探索的过程和结果。

(5) 引导幼儿对周围环境中的数、量、形、时间和空间等现象产生兴趣,建构初步的数概念,并学习用简单的数学方法解决生活和游戏中某些简单的问题。

(6) 从生活或媒体中幼儿熟悉的科技成果入手,引导幼儿感受科学技术对生活的影响,培养他们对科学的兴趣和对科学家的崇敬。

(7) 在幼儿生活经验的基础上,帮助幼儿了解自然、环境与人类生活的关系。从身边的小事入手,培养初步的环保意识和行为。

3. 指导要点

(1) 幼儿的科学教育是科学启蒙教育,重在激发幼儿的认识兴趣和探究欲望。

(2) 要尽量创造条件让幼儿实际参加探究活动,使他们感受科学探究的过程和方法,体验发现的乐趣。

(3) 科学教育应密切联系幼儿的实际生活进行,利用身边的事物与现象作为科学探索的对象。

(五) 艺术

1. 目标

(1) 能初步感受并喜爱环境、生活和艺术中的美。

(2) 喜欢参加艺术活动,并能大胆地表现自己的情感和体验。

(3) 能用自己喜欢的方式进行艺术表现活动。

2. 内容与要求

(1) 引导幼儿接触周围环境和生活中美好的人、事、物,丰富他们的感性经验和审美情趣，激发他们表现美、创造美的情趣。

(2) 艺术活动应面向全体幼儿，要针对他们的不同特点和需要，让每个幼儿都得到美的熏陶和培养。对有艺术天赋的幼儿要注意发展他们的艺术潜能。

(3) 提供自由表现的机会，鼓励幼儿用不同艺术形式大胆地表达自己的情感、理解和想象，尊重每个幼儿的想法和创造，肯定和接纳他们独特的审美感受和表现方式，分享他们创造的快乐。

(4) 在支持、鼓励幼儿积极参加各种艺术活动并大胆表现的同时，帮助他们提高表现的技能和能力。

(5) 指导幼儿利用身边的物品或废旧材料制作玩具、手工艺品等来美化自己的生活或开展其他活动。

(6) 为幼儿创设展示自己作品的条件，引导幼儿相互交流、相互欣赏、共同提高。

3. 指导要点

(1) 艺术是实施美育的主要途径，应充分发挥艺术的情感教育功能，促进幼儿健全人格的形成，要避免仅仅重视表现技能或艺术活动的结果而忽视幼儿在活动过程中的情感体验和态度的倾向。

(2) 幼儿的创作过程和作品是他们表达自己的认识和情感的重要方式，应支持幼儿富有个性和创造性的表达，克服过分强调技能技巧和标准化要求的偏向。

(3) 幼儿艺术活动的能力是在大胆表现的过程中逐渐发展起来的。教师的作用应主要在于激发幼儿感受美、表现美的情趣，丰富他们的审美经验，使之体验自由表达和创造的快乐。在此基础上，根据幼儿的发展状况和需要，对表现方式和技能技巧给予适时、适当的指导。

解读：

这一部分指出幼儿园的教育内容是全面的、启蒙性的，可以划分为健康、语言、社会、科学、艺术五大领域，同时也说明可以根据需要作其他不同的划分。幼儿园教育各领域的内容相互渗透，可从不同的角度促进幼儿情感、态度、能力、知识、技能等方面的发展。每一领域包括目标、内容与要求、指导要点三个部分。

三、组织与实施

(一) 幼儿园的教育是为所有在园幼儿的健康成长服务的，要为每一个儿童，包括有特殊需要的儿童提供积极的支持和帮助。

(二) 幼儿园的教育活动，是教师以多种形式有目的、有计划地引导幼儿生动、活泼、主动活动的教育过程。

(三) 教育活动的组织与实施过程是教师创造性地开展工作的过程，教师要根据本《纲要》，从本地、本园的条件出发，结合本班幼儿的实际情况，制订切实可行的工作计划并灵活地执行。

(四) 教育活动目标要以《幼儿园工作规程》和《纲要》所提出的各领域目标为指导，结合本班幼儿的发展水平、经验和需要来确定。

（五）教育活动内容的选择应遵照《纲要》第二部分的有关条款进行，同时体现以下原则：

（1）既适合幼儿的现有水平，又有一定的挑战性。

（2）既符合幼儿的现实需要，又有利于其长远发展。

（3）既贴近幼儿的生活来选择幼儿感兴趣的事物和问题，又有助于拓展幼儿的经验和视野。

（六）教育活动内容的组织应充分考虑幼儿的学习特点和认识规律，各领域的内容要有机联系、相互渗透，注重综合性、趣味性、活动性，寓教育于生活、游戏之中。

（七）教育活动的组织形式应根据需要合理安排，因时、因地、因内容、因材料灵活地运用。

（八）环境是重要的教育资源，应通过环境的创设和利用，有效地促进幼儿的发展。

（1）幼儿园的空间、设施、活动材料和常规要求等应有利于引发、支持幼儿的游戏和各种探索活动，有利于引发、支持幼儿与周围环境之间积极的相互作用。

（2）幼儿同伴群体及幼儿园教师集体是宝贵的教育资源，应充分发挥这一资源的作用。

（3）教师的态度和管理方式应有助于形成安全、温馨的心理环境；言行举止应成为幼儿学习的榜样。

（4）家庭是幼儿园重要的合作伙伴，应本着尊重、平等、合作的原则，争取家长的理解、支持和主动参与，并积极支持、帮助家长提高教育能力。

（5）充分利用自然环境和社区的教育资源，扩展幼儿生活和学习的空间，幼儿园同时应为社区的早期教育提供服务。

（九）科学、合理地安排和组织一日生活。

（1）时间安排应有相对的稳定性与灵活性，既有利于形成秩序，又能满足幼儿的合理需要，照顾到个体。

（2）教师直接指导和间接指导的活动相结合，保证幼儿每天有适当的自主选择和自由活动时间，教师直接指导的集体活动要能保证幼儿的积极参与，避免时间的隐性浪费。

（3）尽量减少不必要的集体行动和过渡环节，减少和消除消极等待现象。

（4）建立良好的日常规范，避免不必要的管理行为，逐步引导幼儿学习自我管理。

（十）教师应成为幼儿学习活动的支持者、合作者、引导者。

（1）以关怀、接纳、尊重的态度与幼儿交往。耐心倾听，努力理解幼儿的想法与感受，支持、鼓励他们大胆探索与表达。

（2）善于发现幼儿感兴趣的事物、游戏和偶发事件中所隐含的教育价值，把握时机，积极引导。

（3）关注幼儿在活动中的表现和反应，敏感地察觉他们的需要，及时以适当的方式应答，形成合作探究式的师生互动。

（4）尊重幼儿在发展水平、能力、经验、学习方式等方面的个体差异，因人施教，努力使每一个幼儿都能获得满足和成功。

(5) 关注幼儿的特殊需要,包括各种发展潜能和不同发展障碍,与家庭密切配合,共同促进幼儿健康成长。

(十一) 幼儿园教育要与0—3岁儿童的保育教育及小学教育相互衔接。

"组织与实施"部分主要指出幼儿园教育组织实施的根本原则,幼儿园教育活动的含义,教育活动的组织与实施的基本原则,教育活动的形式、环境创设、一日生活、幼小衔接,教师在活动的组织与实施中的角色和作用等内容。

解读:

这一部分共有11个条目,贯穿着尊重幼儿的权利,尊重教师的创造,尊重幼儿在学习特点、发展水平、个性特征等方面的差异,尊重幼儿身心发展的客观规律,尊重教育、教学的客观规律等理念与观点,突出了学前教育在组织实施中的教育性、主动性、开放性、针对性、灵活性等原则。

四、教育评价

(一) 教育评价是幼儿园教育工作的重要组成部分,是了解教育的适宜性,有效性;调整和改进工作,促进每一个幼儿发展,提高教育质量的必要手段。

(二) 管理人员、教师、幼儿及其家长均是幼儿园教育评价工作的参与者,评价过程是各方共同参与、相互支持与合作的过程。

(三) 评价的过程是教师运用专业知识审视教育实践,发现、分析、研究、解决问题的过程,也是其自我成长的重要途径。

(四) 幼儿园教育工作评价实行以教师自评为主,园长及有关管理人员、其他教师和家长等参与评价的制度。

(五) 评价应自然地伴随着整个教育过程进行,综合采用观察、谈话、作品分析等多种方法。

(六) 幼儿的行为表现和发展变化具有重要的评价意义,教师应视之为重要的评价信息和改进工作的依据。

(七) 教育工作评价宜重点考察以下方面:

(1) 教育计划和教育活动的目标是否建立在了解本班幼儿现状的基础上。

(2) 教育的内容、方式、策略、环境条件是否能调动幼儿学习的积极性。

(3) 教育过程是否能为幼儿提供有益的学习经验,并符合其发展需要。

(4) 教育内容、要求能否兼顾群体需要和个体差异,使每个幼儿都能得到发展,都有成功感。

(5) 教师的指导是否有利于幼儿主动、有效地学习。

(八) 对幼儿发展状况的评估要注意以下几点:

(1) 明确评价的目的是了解幼儿的发展需要,以便提供更加适宜的帮助和指导。

(2) 全面了解幼儿的发展状况,防止片面性,尤其要避免只重知识和技能,忽略情感、社会性和实际能力的倾向。

(3) 在日常活动与教育教学过程中采用自然的方法进行。平时观察所获的具有典型意义的幼儿行为表现和所积累的各种作品等,是评价的重要依据。

(4) 承认和关注幼儿的个体差异,避免用划一的标准评价不同的幼儿,在幼儿面前慎用横向的比较。

(5) 以发展的眼光看待幼儿,既要了解现有水平,更要关注其发展的速度、特点和倾向等。

“教育评价”部分主要指出幼儿园教育评价的功能、主体、实施的原则、主要内容,以及对幼儿发展评价的原则等内容。

解读:

这一部分围绕幼儿园教育评价,提出了评价的发展性、合作性,标准的多元性,多角度、多方法,重视过程,重视差异等评价原则。明确规定了评价的目的是幼儿的发展、教师的成长,以及提高教育质量,绝非用于筛选、排队。

【真题展示】

一、单项选择题

1. 幼儿学习的基础是(　　)。(扫二维码领取参考答案)

A. 直接经验　　B. 课堂学习

C. 间接经验　　D. 理解记忆

2. 幼儿教师选择教育教学内容最主要的依据是(　　)。(扫二维码领取参考答案)

A. 幼儿发展　　B. 社会需求

C. 学科知识　　D. 教师特长

3. 幼儿园教育工作评价应当(　　)。(扫二维码领取参考答案)

A. 以行政人员评价为主,专家等参与评价为辅

B. 以园长自评为主,教师等参与评价为辅

C. 以教师自评为主,园长等参与评价为辅

D. 以家长评价为主,幼儿等参与评价为辅

4. 下列属于幼儿园语言教育目标的是(　　)。(扫二维码领取参考答案)

A. 能认读拼音字母　　B. 能清楚地说出自己想说的事

C. 能认读一定量的汉字　　D. 能正确书写常用汉字

5. 根据《幼儿园教育指导纲要(试行)》规定,幼儿园体育的重要目标是(　　)。(扫二维码领取参考答案)

A. 培养运动人才　　B. 获得比赛奖项

C. 培养幼儿对体育的兴趣　　D. 训练技能

6. 教育内容既要符合幼儿已有的发展水平，又能促进其进一步发展。这符合(　　)。(扫二维码领取参考答案)

A. 价值性原则　　B. 发展适宜性原则

C. 基础性原则　　D. 兴趣性原则

二、简答题

1. 教师如何为幼儿的主动学习提供支持？(扫二维码领取参考答案)

2. 简述幼儿社会学习的指导要点。(扫二维码领取参考答案)

3. 简述《幼儿园教育指导纲要(试行)》中语言教育的指导要点。(扫二维码领取参考答案)

三、材料分析题

开学不久，小班王老师就发现李虎小朋友经常说脏话。虽然老师多次批评，但他还是经常说，甚至影响其他孩子也说脏话。

问题：

(1) 请分析李虎及其他幼儿说脏话的可能原因。

(2) 王老师可以采取哪些有效的干预措施？(扫二维码领取参考答案)

【模拟试题】

一、单项选择题

1. 幼儿园必须放在工作首位的是（　　）。（扫二维码领取参考答案）

A. 保护幼儿生命　　B. 促进幼儿教育

C. 教学工作　　D. 管理工作

2.《幼儿园教育指导纲要（试行）》的基本指导思想集中反映在总则里，贯穿在整个《幼儿园教育指导纲要（试行）》的各部分，它不包括（　　）。（扫二维码领取参考答案）

A. 终身教育的理念

B. "以知识为本"的幼儿教育

C. 面向世界的科学的幼儿教育

D. "以人为本"的幼儿教育

3. 语言能力是在（　　）的过程中发展起来的。发展幼儿语言的关键是创设一个能使他们想说、敢说、喜欢说、有机会说并能得到积极应答的环境。（扫二维码领取参考答案）

A. 一日生活　　B. 交往

C. 活动　　D. 运用

4. 幼儿园体育的重要目标是（　　），要根据幼儿的特点组织生动有趣、形式多样的体育活动，吸引幼儿主动参与。（扫二维码领取参考答案）

A. 发展幼儿的动作　　B. 培养幼儿对体育活动的兴趣

C. 培养幼儿的耐挫能力　　D. 培养幼儿的合作能力

二、简答题

1. 简述《幼儿园教育指导纲要（试行）》中社会领域的目标。（扫二维码领取参考答案）

2. 请根据《幼儿园教育指导纲要（试行）》，简述如何科学、合理地安排和组织一日活动。（扫二维码领取参考答案）

第六节　我国学前教育的改革动态与发展趋势

思维导图

我国学前教育的改革动态与发展趋势
- 我国学前教育的改革动态
- 我国学前教育的改革发展趋势

一、我国学前教育的改革动态

《幼儿园管理条例》(1990 年 2 月 1 日起施行,见附录二)与《幼儿园工作规程》(2016 年 3 月 1 日起施行,见附录二)是依据《中华人民共和国教育法》制定的,明确规定幼儿园是对 3 周岁以上学龄前幼儿实施保育和教育的机构,是基础教育的有机组成部分,是学校教育制度的基础阶段。《幼儿园工作规程》对幼儿园的任务、原则、学制、目标,以及幼儿的入园和编班,幼儿园的卫生保健、教育、教职工的职责、园舍、设备、经费、管理等具体工作进行了详细规定。

2001 年,《国务院关于基础教育改革与发展的决定》确立了基础教育的地位,坚持基础教育优先发展,特别指出要重视和发展学前教育。

2001 年 9 月起试行的《幼儿园教育指导纲要(试行)》是我国新一轮基础教育改革的重要标志,意味着我国学前教育改革迈进了一个新阶段。作为《基础教育课程改革纲要(试行)》的下位文件,《幼儿园教育指导纲要(试行)》充分体现了我国基础教育改革的基本精神。

2003 年,《关于幼儿教育改革与发展的指导意见》对如下方面提出了指导性的意见:幼儿教育改革与发展的目标;进一步完善幼儿教育管理体制和机制,切实履行政府职责;加强管理,保证幼儿教育事业健康发展;全面实施素质教育,提高幼儿教育质量;加强师资队伍建设,努力提高幼儿园教师素质;加强领导,保证幼儿教育改革与发展的顺利进行。

《国家中长期教育改革和发展规划纲要(2010—2020 年)》在学前教育方面指出如下几点:第一,基本普及学前教育。学前教育对幼儿身心健康、习惯养成、智力发展具有重要意义。积极发展学前教育,到 2020 年,普及学前一年教育,基本普及学前两年教育,有条件的地区普及学前三年教育。第二,明确政府职责。第三,重点发展农村学前教育。

《3—6 岁儿童学习与发展指南》(简称《指南》)从健康、语言,社会、科学、艺术五个领域描述幼儿的学习与发展。每个领域按照幼儿学习与发展最基本、最重要的内容划分为若干方面。每个方面由学习与发展目标和教育建议两个部分组成。目标部分分别对 3—4 岁、4—5 岁、5—6 岁三个年龄段末期幼儿应该知道什么、能做什么、大致可以达到什么发展水平提出了合理期望,指明了幼儿学习与发展的具体方向。教育建议部分列举了一些能够有效帮助和促进幼儿学习与发展的教育途径与方法。实施《指南》应把握以下几个方面:① 关注幼儿学习与发展的整体性。② 尊重幼儿发展的个体差异。③ 理解幼儿的学习方式和特点。④ 重视幼儿的学习品质。

《幼儿园教师专业标准(试行)》(简称《专业标准》,见附录五)是国家对幼儿园教师专业素质的基本要求,是幼儿园教师实施保教行为的基本规范,是引领幼儿园教师专业发展的基本准则,是幼儿园教师培养、准入、培训、考核等工作的重要依据。《专业标准》提出了师德为先、幼儿为本、能力为重、终身学习等基本理念。

二、我国学前教育的改革发展趋势

1. 幼儿园课程管理多元化、自主化

我国幼儿园课程管理已经走向多元化和自主化,而且会进一步朝这个方向发展。幼儿园课程改革的这种发展趋势,主要基于以下几个方面的原因:

(1) 全球化趋势和教育的多元化发展方向,影响着面向未来、面向世界、面向现代化的幼儿园课程,在管理层面上,必须而且应该走向多元化和自主化。

(2) 中国地域广大,经济和文化发展不平衡,教育资源不均等,全国范围内课程的统一性和标准化不切实际。

(3) 国家课程改革的基本导向强调满足儿童的兴趣和需要,让每一个儿童在原有水平上得到发展,只有多元化、自主化的课程管理才能保证课程改革朝此方向发展。

2001 年教育部颁布的《幼儿园教育指导纲要(试行)》规定了总的教育目标、教育内容和实施原则,要求地方政府制定指导意见,由幼儿园根据自身情况确定自己的课程。

2. 幼儿园课程改革更多地将立足点放在儿童一边

在充分顾及中国社会文化背景和知识的性质的前提下,中国的幼儿园课程不仅在理念上,而且在实践上会更多地将立足点放在儿童一边,尊重儿童活动的权益,满足儿童的需要,关注儿童活动的过程,关注每一个儿童在原有水平上的发展;同时也会运用适合儿童的方式将社会认定的有价值的知识和技能传递给儿童。各种来自国外的理论和教育实践及一些国内的研究会对幼儿园课程改革产生进一步的影响。“更多地将立足点放在儿童一边”,不仅在理念上取得了共识,而且在实践层面上已经逐渐地发生了根本性的变化。近二十年来,幼儿园课程改革的经验和教训使中国的学前教育工作者逐渐懂得如何摆脱传统思维方式,有效地将理性认识演绎为教育实践。例如,在教育实践中,课程改革已将注意力放置于处理好儿童生成的任务和教师预定的任务之间的关系等方面,在此基础上,一些既适合中国社会文化背景,又有利于儿童发展的课程必然会不断地涌现。

3. 0—6 岁学龄前儿童教育课程一体化

在中国,幼儿园课程历来被认为是为 3—6 岁在幼儿园接受教育的儿童设计的课程。近年来,幼儿园课程开始向下延伸,为 3 岁以下的儿童和家长服务,使 0—6 岁儿童的教育出现了一体化的趋势。其主要原因是:

（1）脑科学研究的新进展让人们认识到，0—3 岁是人一生中发展最为迅速和关键的时期，是开发人的潜能的最佳时期。

（2）不少国家都有协调主管 0—6 岁儿童的保育和教育的各种机构，使 0—6 岁儿童的保育和教育能得到一体化管理。

（3）由于出生率的下降及幼儿园教育服务功能的扩大等，一些幼儿园开始招收 3 岁以下的儿童，并以亲子学苑、家长学校等形式服务于儿童和家庭。0—6 岁学龄前儿童教育课程一体化，使原本以养育为主的 0—3 岁儿童教育模式转化为保育和教育相整合的教育模式，也使 0—3 岁和 3—6 岁这两个年龄段之间产生了自然的衔接。

4. 幼儿园课程与社区教育和服务相融合

我国幼儿园的发展呈现逐渐依托社区的发展趋向。社区的服务功能正在扩大和加强，社区资源的综合运用正在受到关注。幼儿园依托社区、融入社区，其价值不仅限于运用社区资源，更重要的是在更宏观的层面上加强了对学龄前儿童及其家庭的教育和服务，而这种教育和服务是全方位的、多层次的和多功能的。幼儿园课程与社区教育和服务相融合，会给我国幼儿园课程改革带来新的思路和发展契机。

5. 重视教师职业水平的提高

我国幼儿园课程改革在实践层面上出现的种种问题，与师资水平有很大的关联，在一定程度上，师资水平已经成了决定未来幼儿园课程改革成败的关键因素。这是因为，幼儿课程改革所追求的目标最终是要通过教师教育行为的转变来体现的。重视幼儿园教师职业水平提高的问题，虽然不是幼儿园课程改革本身的内容，但却是我国幼儿园课程改革所急需解决的问题。我国学前儿童教育的师资几乎完全是由学科教育的模式培养和培训的，大部分教师从理论上到方法上对注重过程的幼儿园课程的把握都存在着困难。通过对幼儿园课程改革实践的不断反思和总结，通过各种形式的培训和研讨，包括以全新的理念培养新一代的教师，并通过职后培训的方式对在职教师进行再教育，提高师资水平这一目标是可以达成的。

【真题展示】

一、单项选择题

1. 下列哪一种不属于《3—6 岁儿童学习与发展指南》倡导的幼儿学习方式？（　　）（扫二维码领取参考答案）

A. 强化学习　　B. 直接感知

C. 实际操作　　D. 亲身体验

2.《幼儿园教育指导纲要（试行）》中的教育目标较多使用“体验”“感受”“喜欢”“乐意”等词汇，这表明幼儿园教育强调（　　）。（扫二维码领取参考答案）

A. 知识取向　　B. 情感态度取向

C. 能力取向　　D. 技能取向

二、简答题

为什么不能把《3—6岁儿童学习与发展指南》作为一把“尺子”来衡量所有的幼儿？请说明理由。（扫二维码领取参考答案）

【模拟试题】

一、单项选择题

1. 标志着我国的幼儿教育管理跨入了法治化轨道，我国颁发的第一个幼儿教育法规是（　　）。（扫二维码领取参考答案）

A.《学校系统改革案》　　B.《幼儿园暂行规程》

C.《幼儿园管理条例》　　D.《幼儿园工作规程》

2. 我国《幼儿园教育指导纲要（试行）》规定教育内容可以划分为健康，语言、社会、科学、艺术五个方面，该《纲要》颁布于（　　）。（扫二维码领取参考答案）

A. 1981年　　B. 1996年

C. 2001年　　D. 2012年

3.《3—6岁儿童学习与发展指南》从健康、语言、社会、科学、艺术五个领域描述幼儿的学习与发展，提出3—6岁各年龄段儿童学习与发展的目标和相应的教育建议，从而有针对性地指导幼儿园和家庭实施科学的教育，它出台于（　　）。（扫二维码领取参考答案）

A. 2001年　　B. 2010年

C. 2012年　　D. 2013年

4. 我国第一次提出基本普及学前教育目标的教育发展决策是（　　）。（扫二维码领取参考答案）

A.《中国教育改革和发展纲要》

B.《国家中长期教育改革和发展规划纲要（2010—2020年）》

C.《国务院关于当前发展学前教育的若干意见》

D.《关于加大财政投入支持学前教育发展的通知》

5. 明确指出要把发展学前教育摆在更加重要的位置，要大力发展公办幼儿园，提供“广覆盖、保基本”的学前教育发展举措的是国务院下发的（　　）。（扫二维码领取参考答案）

A.《关于当前发展学前教育的若干意见》

B.《中国教育改革和发展纲要》

C.《关于加大财政投入支持学前教育发展的通知》

D.《国家中长期教育改革和发展规划纲要(2010—2020 年)》

6. 根据我国《国家中长期教育改革和发展规划纲要(2010—2020 年)》的规划目标和要求,到 2020 年,我国学前教育普及化发展的目标是(　　)。(扫二维码领取参考答案)

A. 普及学前一年教育,基本普及学前两年教育

B. 普及学前两年教育,基本普及学前三年教育

C. 普及学前三年教育,基本普及学前义务教育

D. 普及学前一年教育,基本普及学前三年教育

二、简答题

简述《幼儿园教育指导纲要(试行)》的指导思想。(扫二维码领取参考答案)

模块三 生活指导

第一节 幼儿园一日生活

思维导图

幼儿一日生活主要环节：
- 入园
- 早操
- 教育活动
- 间隙活动
- 游戏或自由活动
- 盥洗
- 进餐
- 睡眠
- 劳动
- 散步
- 实验操作活动
- 离园

一、幼儿园一日生活的概念

幼儿园一日生活是根据幼儿的生活特点安排幼儿一天的生活，即对幼儿主要的生活内容，如吃、睡等活动在时间和顺序上予以合理的安排与划分。幼儿一日生活中的每一环节都占有适当的时间和具有比较固定的生活内容，根据这些内容和特点，幼儿园要建立一系列的工作程序、质量要求，包括保教人员与幼儿双方的活动。幼儿应养成良好的生活习惯，掌握基本的知识技能；保教人员应掌握日常的操作技能和履行管理职责，幼儿园对其双方的操作程序与质量指标都应作明确的安排与划分，以方便管理和保证管理质量。

二、幼儿园一日生活的主要环节

幼儿园生活活动是指幼儿园一日活动中的生活环节，是满足幼儿基本生活需要的活动。它主要包括入园、离园、进餐、喝水、盥洗、如厕、睡眠等常规性生活活动。《幼儿园工作规程》

(2016年3月1日起实施)《幼儿园教育指导纲要(试行)》(教育〔2001〕20号)及《托儿所幼儿园卫生保健管理方法》(2010年11月1日起施行)等都对幼儿园生活活动有明确的要求。

1. 接待幼儿入园

接待幼儿入园,包括以下几项工作:

(1) 接待幼儿。教师要以热情、亲切的态度接待幼儿,要相互问好。教师的情绪、态度对幼儿有很大的感染作用,要使幼儿感到亲切、温暖,感到教师喜欢他、等待他、欢迎他,由此他也会喜欢老师,喜欢上幼儿园。教师应有礼貌地向家长问好,用简洁的语言向家长了解幼儿在家的情况,听取家长的要求和意见。对双方需要及时商洽的问题交换意见,做好个别生病幼儿的药品交接工作。

教师利用晨间接待的机会,与幼儿亲切交谈,了解幼儿在家的情况,有计划地进行个别教育,对不爱活动、性格孤僻的幼儿要具体关照,给予帮助。

(2) 晨检。晨检时注重"看""摸""问",发现问题,及时处理,并做好记录,确保每天出入园的幼儿身体健康。

及时掌握生病幼儿的情况,晨检后反馈到班级,方便带班教师对生病的幼儿进行特殊护理,保育员也可以加强保育,做好全日观察。

晨间检查的一般方法是:

一看,看脸色,看皮肤,看眼神,看咽喉;

二摸,摸摸是否发烧,摸腮腺是否肿大;

三问,问幼儿在家吃饭情况,睡眠是否正常,大小便有无异常;

四查,检查幼儿是否携带不安全物品。

(3) 幼儿活动的引导。① 值日生:教师要引导幼儿学会保持活动室的整洁、有序、美观。要有计划地组织中大班幼儿参加活动室的清洁工作,如擦桌椅、整理玩具、整理图书、照料"自然角"、记观察日记等。让幼儿参加这样一些力所能及的劳动,既能锻炼幼儿的肢体协调能力,又能培养幼儿热爱劳动和相互友爱的优良品质,促进幼儿独立性与自信心的发展。② 分散的活动:幼儿根据自己的兴趣、爱好,可以自由参加各种不同类型的活动。如看图书、搭积木、下棋、折纸、画画等。要让幼儿自由选择活动内容,自由选择玩具,自由选择伙伴,给幼儿自主权。

2. 早操(或晨间活动)

以体操为主并配以跑步、体育游戏、器械活动等,按年龄组织团体活动;以锻炼身体、培养团体精神和对体育活动的兴趣为主要目的。

3. 有组织的教育活动

有组织的教育活动是教师从儿童的兴趣和实际水平出发,循序渐进地组织实施全面发展教育的活动。教师设计、组织教育活动应注意以下几点:

(1) 每个教育活动应有明确的、适宜的要求;

(2) 组织教育活动应充分利用周围环境的有利条件;

(3) 灵活采用集体的、小组的或个别的活动形式及多样化的方法;

（4）教育活动中引导儿童运用各种感官积极参与活动过程；

（5）促进每个幼儿在原有水平上发展进步；

（6）每次教育活动的时间，可根据活动的内容、活动的方式和儿童年龄而定，有长有短，以幼儿不疲劳为限。

4. 间隙活动

间隙活动是使幼儿大脑获得休息、调节幼儿身心的有效方法。任何劳动都伴随着大脑皮层机能的消耗。经过一段时间有组织的教育活动后，幼儿会出现大脑皮层某区域机能活动性暂时降低的现象，产生疲劳，这时就需要休息。安排好间隙活动，是为了让幼儿的大脑、身体得到充分的休息。间隙活动内容应该丰富多彩，尽量安排在户外进行，让幼儿玩得愉快，休息充分。

在间隙活动时间里，教师要提醒幼儿上厕所、喝水。教师要保证幼儿每天喝足够的水，因为幼儿正处在生长发育最迅速的时期，活动量大，消耗水分较多，儿童对水的生理需要相比成人要多。

5. 游戏或自由活动

上午游戏时间内，可以组织幼儿进行各种游戏，也可以组织户外自由活动或体育游戏。游戏活动应丰富多彩，尽量安排在户外进行，要注意动静交替。无论组织哪种活动，都要注意在饭前半小时转入安静活动，进行盥洗，而后进餐。

6. 盥洗

盥洗室的安排要合理，要有较宽敞的场所。幼儿的洗手池、便池、毛巾架等要符合幼儿的身高、体型。盥洗室内应常备肥皂、毛巾、卫生纸等物品。便池、水龙头的数量要足够幼儿使用。幼儿的盥洗设备、物品应与成人的分开。

盥洗室的地面要防滑，挂物品的挂钩、钉子应钉在幼儿碰不到的地方，以防幼儿滑倒、撞伤。洗衣粉、消毒水等物品的放置要安全、隐蔽，以防幼儿误碰、误食等。盥洗室要保证干净无异味，定期消毒。幼儿的毛巾等物品要常洗常晒常消毒。教师要帮助幼儿养成良好的盥洗习惯，教他们正确的盥洗技能，如洗手、洗脸的程序，使用便池的方法及中大班幼儿在便后自己擦拭的技能。合理安排幼儿盥洗的时间。

7. 进餐

进餐前半小时左右结束游戏，请幼儿收拾玩具，整理活动室。教师安排餐桌，用消毒水擦餐桌，分发碗筷、餐巾。组织幼儿如厕、洗手。对于小班幼儿，教师应帮助他们卷衣袖，并认真仔细地组织、指导他们如厕、洗手。可以请他们一边唱儿歌一边洗手，这样有利于他们掌握洗手的正确顺序和方法，帮助他们把手洗干净，避免出现玩水和洗不干净的情况。在等待进餐的时间里，可以放一些优美、轻松的音乐或故事；也可以进行一些语言或手指游戏，安抚幼儿的情绪，培养他们安静等待同伴一起进餐的习惯。

幼儿进餐时，环境应是安静、愉快、轻松的，而不是令他们紧张、压抑的。

进餐时，教师应认真细致观察幼儿进餐的情况，如餐具的使用方法（特别是中大班幼儿使用筷子的方法和握法）、进餐时的坐姿、幼儿嚼咽食物的方法及进餐时的情绪状态等。对于进餐情况不佳的幼儿，教师应先弄清楚原因，例如，是否因为身体状况不好或是进餐方法不对，然后针对幼儿的实际情况给予照顾或指导、帮助，切勿大声呵斥幼儿。不要随意催促幼儿"快吃"，也不要不问原因任意批评吃得慢的幼儿，更不要举行类似"比一比谁吃得快"的竞赛。对于吃得太快的和体型较肥胖、饭量大的幼儿，要提醒他们细嚼慢咽。对于饭量小、吃饭慢的幼儿，要注意个别照顾。对于身体弱、有特殊需要的幼儿（如生病、对某种食物过敏等），要告知厨房做病号饭。在进餐过程中，对小班幼儿主要应注意培养他们独立进餐的习惯和进餐的技能，对中大班幼儿则要注重良好进餐习惯的养成。

进餐结束后，教师应要求幼儿收拾自己的餐具，并放在指定的地方，然后有礼貌地、轻轻地把椅子归位。小班幼儿先吃完可以先离开，中大班幼儿则可以请值日生专门在指定地点收拾整理餐具。让幼儿养成饭后洗手、漱口、擦嘴的好习惯，先吃完的幼儿可以请他们看书和欣赏自然角等。若班上有生病的幼儿，教师还应协助保健教师按时定量给病儿服药。

8. 睡眠

幼儿期正是生长发育的重要时期，保证幼儿充足的睡眠，对他们身体、大脑的发育有着重要的作用。

（1）睡眠准备。

睡觉前要组织幼儿盥洗（午睡前洗手，晚间睡前洗手、脸、脚、屁股。夏季午睡前洗手、脸、擦身、洗腿脚，晚间睡前洗澡）。

冬天和夏天可以打开空调适当调节寝室内的温度，但一定要保证室内空气流通，夏天若开窗或开电扇入睡，要注意风量适度，避免让风直接对着幼儿的头部吹。

在为幼儿准备床铺的时候，应根据季节及气温的变化适当调节被褥的厚薄，并及时通知家长为幼儿调换被褥。睡前应检查床铺上有无杂物。禁止幼儿将小绳、橡皮筋、串珠、纽扣等物品带进寝室，以免幼儿玩弄，将之塞入鼻子、耳朵造成危险。

教师不应用惩罚睡觉或独处睡觉来恐吓和惩罚幼儿。不应对幼儿说"你再不听话就让你去睡觉""你再不赶快睡觉，待会儿其他小朋友起床，你就不要起来了，爸爸妈妈来接你也不要走"之类的话。

（2）睡眠过程。

对入睡晚和入睡困难的幼儿，教师应坐在其身边小声督促其尽快入睡。对爱做小动作的幼儿，教师可以握住其小手帮他入睡。注意不要让他们影响其他幼儿。对生病的幼儿，教师尤其要细心照顾，对于他们体温的变化、是否咳嗽、是否呕吐等情况要时刻关注，细心护理。对于幼儿的晚间睡眠，教师要了解幼儿夜间小便的习惯和时间，提醒他们起来小便。对尿床的幼儿，要细心地照顾，并找出原因，如是否睡前太兴奋或身体不适等。不可因此斥责幼儿，或表现出不耐烦、厌恶等情绪。

（3）睡眠结束。

睡眠结束后，小班幼儿可以逐个起床，让身体弱需要睡眠的幼儿和入睡晚的幼儿多睡一会儿。中大班幼儿则可以让他们在规定时间内同时起床，并学习自己整理床铺。

起床前，要提醒幼儿"今天外面风很大，请你们多穿一件衣服""今天天气很热，请你们不要穿长袖衣服了”等，让幼儿学习根据天气增减衣物。要鼓励先整理完床铺的幼儿帮助其他幼儿整理床铺，也可以请幼儿相互帮助整理衣物，如扣纽扣、拉拉链、系鞋带等。

起床后应先小便、喝水，稍作调整后，再组织幼儿进行户外活动。

9. 午点（同进餐，内容略）

10. 户外活动

在幼儿的一日活动中，游戏和户外活动应占3—4小时以上。午饭后至离园前这段时间，可安排各种游戏、户外体育活动、自由活动、娱乐、实验操作活动、劳动和散步等。天气好时，应尽量让幼儿到户外参加各种活动。户外活动可充分利用自然因素（阳光、新鲜的空气和风）来增强幼儿体质。在这段时间里，可由教师组织幼儿集体活动，也可由幼儿自由选择开展活动。教师要为幼儿准备好玩具、材料及活动场地，要让全班幼儿情绪愉快地参加各种活动。

11. 劳动

教师应组织幼儿在日常生活中进行劳动。早饭前可以组织幼儿擦桌椅、床、柜等，下午一般可组织幼儿集体劳动，如大扫除、管理小菜园、修补图书、自制玩具等。教师要明确组织幼儿劳动是为了对幼儿进行教育，培养热爱劳动、克服困难、认真完成任务的好品德，不能把它作为惩罚幼儿的手段。幼儿劳动的内容、时间、劳动量和难易程度要符合幼儿身心发展水平，要注意安全、卫生。

12. 散步

教师带领幼儿到室外散步，可以锻炼幼儿的组织性，同时教师还可利用散步，引导幼儿观察社会和自然。大自然对幼儿来说是最丰富的教科书，它以其富有生机的美吸引着幼儿。观察大自然可以使幼儿开阔视野，增长知识，丰富美的形象，可以培养幼儿热爱祖国的情感。要让儿童充分接触自然界，让幼儿在草地上打个滚，在雪地上走走，让幼儿捉昆虫，采野花，让幼儿尽情地走，尽情地玩，让幼儿通过多种感官立体地感受自然界的美。

教师要和孩子们一起交谈，描述散步中的见闻。儿童的感受是停于表面的，必须经过成人的引导才能深化。儿童的认识具有无意性和偶然性，教师的引导、描述可以加深幼儿的认识。教师的描述要充满感情，语言要生动形象，使幼儿产生情感共鸣，更充分地体会、认识自然之美。

13. 实验操作活动

儿童的聪明才智不是通过一天一节课就能发展的，儿童对世界的热爱、对知识的兴趣、对未知世界的探索是在大量的实验操作活动和劳动中发展起来的。教师应准备供幼儿使用的工具，按年龄的不同，分别指导工具用法，并鼓励他们多实践，逐步积累使用多种工具的经验。儿童手指的灵活性比较差，但在幼儿期，进步却相当迅速。在没有危险的情况下，应该让幼儿多实践，如5岁多的幼儿可以练习锯木条（或薄木板），可以用小刀刻塑料或纸。让每个幼儿都能参加小实验，如用一只小杯子盛上水，放进木块、钉子、石块等，做沉浮的实验；喂养小动物或参加种植活动，通过照料、观察、记录，人人动手，个个动脑，在实践中增长才干。

14. 离园

幼儿一日或一周的集体生活结束后，要离开幼儿园转入分散的家庭生活。

教师在幼儿离园前，应让幼儿做好结束工作，引导、帮助幼儿做好清洁和整理工作。个人物品应该整整齐齐，个人仪表应该干干净净，并要提醒幼儿带好回家的物品。可组织离园前的总结性谈话，对一日或一周生活进行简单小结，表扬鼓励幼儿的进步，提出回家的要求，让幼儿高高兴兴地回家。幼儿离园时，根据需要向家长介绍幼儿在园的情况和听取家长的意见。对暂时不能回家的幼儿要个别照顾，妥善安排，适当组织活动，消除幼儿因等待家长而产生的急躁不安的情绪。

三、一日生活的教育意义

（一）让学前儿童尽快适应托幼机构里的生活，为其今后的发展打下基础

学前儿童从家庭进入托儿所、幼儿园等学前教育机构所感受到的变化是极大的。对孩子来说，这些机构的一切都是陌生的。他们正式进入集体生活后，由家庭的“中心成员”变成了教育机构里众多小朋友中的普通一员。在家中，几个大人围着一个孩子转，对孩子各方面的照顾是非常全面的。而在学前教育机构，教师往往要照顾十几名甚至几十名孩子，因此无法事无巨细，事必躬亲。只有培养并使孩子具备一定的独立生活能力，才能使其尽快地熟悉、适应集体生活和学习环境，产生归属感。

学前儿童身体各个器官的生理机能尚未发育成熟，各个组织都比较柔嫩，身体素质还很薄弱；学前儿童时期又是生长发育十分迅速、新陈代谢旺盛的时期。但是，由于他们缺乏知识经验、独立生活经历和自我保护能力，因此，他们既需要教师的悉心照顾，更需要保育员和教师指导下的帮助和反复训练，养成良好的生活习惯，建立良好的生活秩序。

帮助学前儿童掌握生活所必需的知识、技能并使其能在生活中加以应用，从而提高他们的生活自理能力，增强自信心，也为他们能在今后学习和生活中最终走向自立奠定基础。

（二）让学前儿童愉快地度过每一天

《幼儿园教育指导纲要（试行）》指出：“幼儿园应为幼儿提供健康、丰富的生活和活动环境。满足他们多方面发展的需要，使他们在快乐的童年生活中获得有益于身心发展的经验。”因此，教师不仅要把生活活动看成满足孩子渴了要喝水、饿了要吃饭等生理需要的过程，更要看成以此为机会使他们的相关能力逐步得到提高的过程。教师要让学前儿童在集体生活中感到温暖、心情愉快，形成安全感、信赖感。从这个意义上说，学前教育的重要目的就是让他们愉快地度过在学前教育机构的每一天。

（三）日常生活是学习的重要途径

学前儿童身心发展的特点决定了教育的生活化，学前儿童教育必须是保教并重的，必须寓教育于儿童的一日生活之中。日常生活是学前儿童教育的重要内容，也是教育的重要途径。因此，学前教育机构应从儿童的一日生活中挖掘教育资源，把各种教育内容与儿童一日生活联系起来，把教育活动同儿童一日生活结合起来。儿童日常生活的每一个环节都具有

教育价值，都应从儿童发展的现实出发，加以充分地组织和利用。

（四）促进幼儿的生长发育

幼儿身体各个器官的生理机能尚未发育成熟，对各种自然环境和社会环境的适应能力较差，对疾病的抵抗能力和对压力的承受能力较弱。幼儿园生活活动保证了幼儿有充足的睡眠、合理的营养，满足了幼儿生活的需要，为其生长发育提供了保障。

（五）培养幼儿生活自理能力和劳动观念

生活自理能力和劳动观念也可以在幼儿园生活活动中初步养成。

我国独生子女家庭对孩子在生活方面包办代替太多，以致幼儿生活自理能力水平低下，劳动观念缺乏。而今天的幼儿是未来的建设者、劳动者，他们必须是全面发展的人，是有开拓创新和顽强拼搏精神的人。所以，从小培养幼儿生活自理能力及热爱劳动的观念具有重要意义。在幼儿园生活活动中，可通过幼儿独立吃饭、如厕、穿脱衣服、午睡、卫生整理等生活活动来提高幼儿的生活自理能力，培养自我服务的劳动观念。

（六）培养幼儿良好的生活和卫生习惯

学前期是幼儿形成各种习惯的关键时期。幼儿的可塑性大，培养良好的生活习惯，将使其一生受用无穷。当代中国独生子女多，家长非常重视孩子的智力开发，却往往容易忽略孩子生活习惯的养成，父母、祖父母包办代替导致孩子生活习惯和生活技能差。幼儿园生活活动为孩子提供了反复训练生活习惯和卫生习惯的机会，如饭前便后洗手、定时定量进餐、不挑食、不随地吐痰等，有助于幼儿生活、卫生习惯的养成。

（七）让幼儿养成良好的心理素质

幼儿园合理有序的生活活动不仅能够保证对幼儿身体的照顾，还有利于幼儿健康心理素质的养成。教师精心照顾幼儿的每一个生活环节，为幼儿创造良好的心理氛围，使其保持愉快的情绪；幼儿积极地参加各项活动，可以增加同伴间和师幼间的交往与合作，使孩子在安全愉快的环境中健康成长。

【真题展示】

一、单项选择题

实施幼儿园德育最基本的途径是（　　）。（扫二维码领取参考答案）

A. 教学活动　　B. 亲子活动

C. 阅读活动　　D. 日常生活

二、材料分析题

有研究者对幼儿园园长、教师做了一个调查，调查题目是“要全面真实地了解你园的保教质量，你认为最好什么时间段到你园？”，调查结果如图 3-1 所示。请从幼儿一日生活的意义和角度，阐述你对这一结果的看法。（扫二维码领取参考答案）

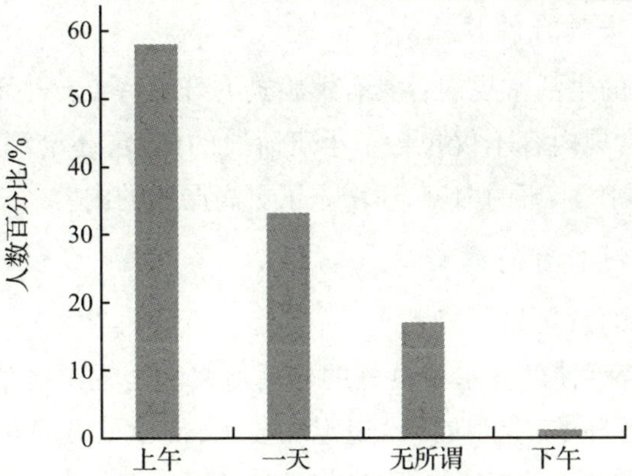

图 3-1 “什么时间段到你园了解保教质量”的人数百分比

第二节　幼儿生活常规教育

思维导图

幼儿生活常规教育
- 概念、特点和意义
- 幼儿生活常规教育的内容
- 幼儿生活常规教育的要求
- 幼儿生活常规教育的常用方法
- 培养幼儿良好生活习惯的途径

一、幼儿生活常规教育的概念、特点和意义

（一）幼儿生活常规教育的概念

生活常规是幼儿园为了培养幼儿良好的生活习惯和生活基本能力，确保幼儿健康成长而制定的幼儿园生活各环节的基本规则与要求。

《幼儿园工作规程》里明确指出：“幼儿园日常生活组织，要从实际出发，建立必要的合理的常规，坚持一贯性、一致性和灵活性的原则，培养幼儿的良好习惯和初步的生活自理能力。”

幼儿园生活常规对幼儿在幼儿园每天生活活动的内容、时间、程序等均有明确的规定，使幼儿的一日生活能在一定的节奏、秩序和规律中进行，有利于培养幼儿良好的生活卫生习惯和基本生活自理能力，同时生活常规也是实现幼儿园教育目标的重要保证。

（二）幼儿生活常规教育的特点

幼儿园小、中、大班的生活常规内容具有螺旋式上升的特点。小班的生活常规内容是基础和起点；中班的生活常规内容不仅包含了小班阶段的内容，还增添了高一层次的内容；大班的生活常规除了涵盖中、小班的内容，还增添了更高层次的内容。

（三）幼儿生活常规教育的意义

幼儿生活常规教育的意义如下：

第一，生活常规教育促使幼儿形成良好的生活习惯。幼儿园对学前儿童一日生活进行规范的组织和安排，对各环节的生活提出规定和要求，使学前儿童的生活规律化、程序化。这样，幼儿就会顺应日常生活的规律，养成良好的生活习惯。

第二，生活常规教育促进幼儿身体各系统的生长发育。生活常规教育就是为了保护和支持幼儿生理活动的正常进行，进一步促进幼儿的健康成长。

第三，生活常规教育有利于学前儿童心理健康的发展。学前儿童的各项心理活动，如感知觉、记忆、观察、思维、想象、语言表达能力都处于迅速发育阶段，自我意识和自我控制能力的发展刚刚起步。生活常规教育不仅可以保证儿童集体生活的有序和顺畅，还可以促进其心理健康发展，提高其自我意识和自我控制。

二、幼儿生活常规教育的内容

（一）幼儿生活常规教育的主要内容

（1）引导幼儿有规律地生活，自觉遵守作息时间和生活制度。

（2）让幼儿学习生活的基本技能，培养幼儿的生活自理能力，包括吃饭、穿衣服、刷牙、洗脸、收拾玩具、铺床等生活技能。

（3）培养幼儿良好的生活卫生习惯。卫生习惯包括饭前便后洗手、定时排便、不乱扔垃圾、爱护公共卫生等。生活习惯包括讲文明、讲礼貌、不玩水、不浪费水、不影响他人休息、把衣物整齐地放在固定的地方等。

（二）各年龄班的主要学习内容

1. 小班

（1）培养良好的进餐习惯：掌握用勺吃饭的方法，不含饭、不挑食、不洒饭，吃饭时不东张西望，饭后用餐巾将嘴巴擦干净并漱口。

（2）掌握正确的盥洗方法：知道饭前便后及户外活动后应洗手，掌握洗手的方法，并注意随手关紧水龙头，会用毛巾、手绢等将手、脸擦干净，知道正确的刷牙方法，并初步学习刷牙。

（3）培养良好的如厕习惯：在有便意时能够自己如厕，学习便后如何穿裤子。

（4）培养良好的睡眠习惯：能在教师的提醒或帮助下，有顺序地穿脱衣裤、鞋袜，培养将脱下的衣裤、鞋袜放在固定位置的习惯，自然、安静地入睡，并能用正确的睡眠姿势午睡。

（5）培养良好的饮水习惯：在日常生活中养成经常喝水的习惯。

(6) 培养良好的个人卫生习惯:能够随时保持自身的清洁与卫生。

(7) 培养收拾玩具的习惯。

2. 中班

(1) 培养良好的盥洗习惯:掌握正确的刷牙方法,并坚持每日早晚刷牙,能用肥皂正确地洗手,并用正确的方式擦手、脸,会自己挽袖洗手。

(2) 培养良好的如厕习惯:能够根据需要如厕,如厕后能自己整理衣裤,学习大便后擦拭的方法。

(3) 培养良好的进餐习惯:正确使用筷子进餐,进餐时细嚼慢咽,养成收拾餐具的习惯,掌握较好的进餐姿势,餐后能够自己擦净手和嘴。

(4) 养成良好的午睡习惯:能独立地穿脱衣服、鞋,养成入睡前将衣裤放于固定位置的习惯,入睡、起床时不吵闹,分清鞋子左右并能整齐摆放。

(5) 养成维护环境及自身卫生的习惯:有良好的卫生习惯,知道保持衣着及自身的整洁,有主动维护环境卫生的意识,不乱扔物品,养成清理环境的习惯。

(6) 养成良好的饮水习惯:在日常生活中养成经常喝水的习惯。

3. 大班

(1) 养成良好的进餐习惯:能正确使用筷子,保持进餐安静及具有良好的进餐姿势,知道当日进餐的食物名称,不挑食。

(2) 培养良好的午睡习惯:入睡、起床不吵闹,能够迅速有序地穿、脱衣服,能够单独或与其他幼儿合作把床铺整理好。

(3) 注意个人仪表:能够保持自身仪表的整洁,学会根据天气情况主动增减衣服。

(4) 培养保护牙齿健康的意识:知道保护牙齿的方法,具有简单的换牙常识。

(5) 养成良好的饮水习惯:根据自身需要养成经常喝水的习惯。

(6) 能够做到不乱扔物品,主动维护公共场所卫生。

三、幼儿生活常规教育的要求

幼儿生活常规教育的要求是在入园、盥洗、进餐、喝水、如厕、自由活动、午睡、离园等环节对学前儿童的要求,详情见上一节相关内容。在对幼儿进行生活常规教育时,需注意以下几点:

1. 对不同年龄儿童的要求应有差别

根据不同年龄儿童身心发育的特点,教师应制订不同的生活常规要求。一般小班为最基本的生活要求,中班、大班的要求逐渐增多,难度增大。

2. 具体而规范

学前儿童在幼儿园一日生活每个环节都必须按照生活常规教育的具体要求接受培训和训练。通过日复一日的动力定型,儿童会养成良好的生活行为和习惯。

3. 保育和教育相结合

培养幼儿生活常规需要保育和教育同时进行。儿童年龄越小,越需要通过保育的手段使其养成良好的习惯，并在生活中的每一环节接受教育。

4. 注意照顾个体差异

不同年龄、体质、气质的儿童，生活和学习能力有明显的个体差异。尤其对体弱多病的学前儿童，完成生活常规要求较困难，需要特别照顾，教师应给予耐心细致的帮助。

四、幼儿生活常规教育的常用方法

（一）示范讲解法

示范讲解法是生活常规教育中最基本的办法，主要有整体示范讲解法和分解示范讲解法。对于比较简单的生活常规，一般采用整体示范讲解法；对于较难的生活常规，通常先采用分解示范讲解法，然后进行整体示范讲解，循序渐进地增加学习难度。

（二）操作法

操作法是生活常规教育中最重要的方法，也是养成教育的主要方法。学前儿童必须通过反复不断的操作练习，才能习惯成自然，把生活常规转变为自觉的行为习惯。

（三）集中训练与个别指导法

在生活常规教育中，集中训练与个别指导不可分割，必须结合使用。在集体生活中，生活常规是每个儿童都必须遵守的，否则可能会给集体带来不良影响。因此，生活常规知识和技能往往通过集中训练的方法进行传授。由于个体差异的存在，教师必须通过个别指导使每位儿童都能掌握相应生活常规教育的要求。

（四）随机教育法

随机教育法是利用偶发事件进行及时、灵活的教育。学前儿童年龄小、认知水平低、生活经验少且个体差异显著，常会出现意外事件。因此，在日常生活中常常需要运用随机教育法进行教育。

随机教育法的关键是“发现”，要求教师有灵敏的反应能力，善于捕捉和利用偶然的、短暂的、稍纵即逝的教育时机。

随机教育的契机很多，涉及生活规则、生活常识、生活技能、个性表现等多方面。随机教育的方法也多种多样，要针对不同的事件，运用不同的方法进行相应的处理。

五、培养幼儿良好生活习惯的途径

（一）渗透到一日生活中进行教育

保教人员应深刻认识到早期培养幼儿良好的品德及行为习惯的重要意义，要尽量避免单一死板的说教式教育，应运用启发诱导的方法，将教育内容渗透到幼儿园一日生活的各个环节中，通过潜移默化的影响，使幼儿逐渐形成良好的生活习惯。生活常规教育具有长效性，良好生活习惯的形成需持之以恒。因此，保教人员要坚持有规律地、日复一日地进行生活常规教育，以帮助幼儿逐渐形成固定的生活方式和习惯。

（二）开展适宜的教育教学活动

幼儿园应有计划、有目的、有组织地开展生活常规教育教学活动，可通过健康、社会等领域的教学活动，户外活动和劳动等途径，采用游戏、讨论、参观、访问等方法，对幼儿进行生活常规教育，帮助幼儿形成良好的生活习惯。

（三）充分发挥教育合力

对幼儿的生活常规教育应充分发挥幼儿园、家庭、社区三位一体的整体教育合力。《幼儿园教育指导纲要（试行）》（2001 年 9 月）指出，家庭是幼儿园重要的合作伙伴，应本着尊重、平等、合作的原则，争取家长的理解、支持和主动参与，并积极支持、帮助家长提高教育能力。《幼儿园工作规程》（2016 年 3 月 1 日起施行）也指出，幼儿园应与家庭、社区密切合作……综合利用各种教育资源，共同为幼儿的发展创造良好的条件。

总之，培养幼儿良好的生活、行为习惯，需要家园双方相互配合，长期坚持。另外，社区是一个浓缩的小社会，蕴藏了丰富的教育资源，应注重对其进行开发和利用。

【真题展示】

一、单项选择题

教师对幼儿说：“不准乱跑、不准擦嘴、不准争吵”这样的话语，所违背的教育原则是（　　）。（扫二维码领取参考答案）

A. 正面教育　　B. 保教结合

C. 因材施教　　D. 动静交替

第三节　幼儿卫生保健常规及常见疾病防治

思维导图

- 幼儿卫生保健常规及疾病预防
  - 幼儿卫生保健常规
    - 卫生消毒常规
    - 健康检查常规
    - 生活管理常规
    - 疾病防治常规
    - 安全工作常规
  - 常见疾病防治

一、幼儿卫生保健常规

1. 卫生消毒常规

（1）通风换气常规。每天早晨幼儿入园前15分钟活动室开窗通风（视天气情况灵活掌握），冬季定时开窗通风换气，保持室内空气清新；寝室每天用紫外线灯消毒半小时，启用空调时应保持室内空气的新鲜及适宜的湿度和温度。

（2）环境卫生常规。保持环境清洁卫生，坚持每天一小扫，每周一大扫，每月彻底清扫一次。

① 活动室。空气新鲜，地面整洁。玻璃明亮，光线充足。室内摆设整洁舒适，布置无尘垢。

② 寝室。定时开窗和关窗，通风，温度、湿度适宜，床铺整齐，窗明几净。床栏杆、暖气、窗台、柜子、灯罩、电扇等无尘土，墙壁干净，无蛛网，床下无杂物。

③ 盥洗室。清洁通风，水池、下水道无头发、污物，地面无积水、污渍，便池、便盆及时冲洗，无尿碱，无臭味，无苍蝇。门、窗、镜、灯、柜等清洁干净。消毒水等物放在幼儿够不着的地方。

（3）个人卫生常规。

① 幼儿个人卫生习惯。日常生活用品专人专用，做好消毒工作。幼儿饭前便后洗手，早晚用流动水洗手和脸。饭后要漱口，大中班幼儿每日要刷牙。定期洗头和洗澡。每天洗脚、洗屁股，毛巾要每天消毒。每周剪指甲一次，每两周剪趾甲一次。保持幼儿服装整洁，衣服、被褥、床单要勤洗勤晒。保护幼儿视力。活动室采光好，阅读、书写、绘画活动有良好的照明。注意用眼卫生，一次连续近距离读、写、画时间不超过30分钟，近视幼儿适当缩短。看电视每周一两次为宜，每次20分钟左右，保持2—3米的合适距离，电视机安放高度适中。长时间用眼后应有10—15分钟休息或组织户外活动，放松双眼，远眺。保持良好的读写姿势。

② 工作人员个人卫生常规。仪表整洁，勤洗澡，勤剪指甲。饭前便后和给幼儿开饭前用肥皂和流动水洗手。不得在幼儿寝室、活动室和其他幼儿集中活动的室内吸烟。

（4）炊事卫生常规。

① 厨房须经常打扫，保持内外环境清洁，物品摆放有序，用后及时归位；台面、墙（窗）面、地面清洁无污物、积水、蜘蛛网。消灭老鼠、蟑螂、苍蝇和其他有害昆虫，消除其滋生条件。

② 严格执行《中华人民共和国食品卫生法》，特别要防止食物中毒。厨房用具包括刀、墩、板、桶、盆、筐、抹布及其他工具、容器必须标志明显，做到生熟分开，定位存放，用后洗净，保持清洁。食具一餐一消毒，符合国家有关卫生标准。

③ 采购食品，要按照国家有关规定进行，不买、不加工或使用腐烂变质和感官性状异常的食物及原料，买来的熟食要加热处理后再吃，预防肠道传染病的发生。

④ 食品贮存应当分类、分架、隔墙、离地存放，定期检查、及时处理变质或超过保质期限的食品。

⑤ 炊事员应穿戴清洁的工作衣、帽，并把头发置于帽内；不留长指甲，不涂染指甲，不戴戒指加工食品；坚持上灶前用肥皂和流动清水洗手，入厕所前换掉工作服，在操作间不抽烟，分饭菜时戴口罩。

（5）清洗消毒常规。

① 玩具、图书要保持清洁，一周一消毒。

② 餐具、餐桌一餐一消毒；餐具要按规范清洗消毒，做到洗后无污物。

③ 小毛巾、水杯专人专用，一日一消毒。

④ 床单半月一换，被褥一月一晒。

⑤ 为保证幼儿随时饮水，下午水杯不宜过早消毒，最好在下班前消毒；消毒时应将所有水杯（包括未出勤幼儿的水杯）、点心盘和点心夹放入消毒柜消毒。

⑥ 每天下班前应将饮水器（或保温桶）中的余水倒干净，以免积水垢；每周应清洗一次饮水器（或保温桶）。

⑦ 盥洗室内所有盆、桶、壶应洗净晾干后放入橱柜，以免柜内产生潮气、霉变。

2. 健康检查常规

（1）新生入园体检制度。所有新生或转学生必须持当地妇幼保健机构入园体检表按项目进行健康检查，体检合格后方可入园。离园3个月以上的幼儿再次入园必须重新体检。

（2）幼儿定期体检制度。每位幼儿均建立健康档案（包括体检表、预防接种证）。每学期测量体重两次，测身高和视力各一次。及时对幼儿体格发育情况进行分析评价，并将检查结果和评价情况向家长反馈，同时督促家长对患有龋齿、视力不良、贫血、沙眼等疾病的幼儿进行矫治。

（3）坚持晨检和全日观察制度。

① 每天按要求对幼儿进行晨间检查。严禁患不宜入园疾病（如传染病）的幼儿入园。

② 做好服药幼儿的登记工作，在保健医生的指导下帮助幼儿按时服用。

③ 对晨检时情绪不好的幼儿或在家有不适情况、近日患病的幼儿，重点记录观察其精神、食欲、睡眠等情况，全天予以特别关注；对有异常的幼儿应及时与家长联系，并立即采取措施。

（4）工作人员体检制度。工作人员每年按要求进行体检，检查项目按“托幼园所工作人员健康检查表”规定内容，体检合格者方可上岗。

3. 生活管理常规

（1）晨午检常规（同健康检查常规之第三条）。

（2）饮水常规。

① 早晨幼儿入园时，水杯应及时从消毒柜中取出放在水杯架上，防止尘土落入。

② 饮水器（或保温桶）应有温热适宜、数量足够的开水，保证开水供应。

③ 提醒幼儿及时饮水，保证每个幼儿足够的饮水量。不得限制幼儿饮水的次数。

（3）如厕常规。

① 培养幼儿良好的大小便习惯，如会按需要大小便，大便后自己擦净，整理好衣裤，便后用肥皂洗手等。不得限制幼儿如厕的次数。

② 帮助年龄小和自理能力差的幼儿。对遗尿和遗屎的幼儿，耐心地为他们更换、清洗衣物。

③ 将卫生纸裁好放在固定位置上，并教会幼儿正确使用。

④ 观察幼儿大小便情况，发现异常，及时处理。

（4）洗手常规。

幼儿集中洗手时，盥洗室一定要有教师或保育员；幼儿饭前便后，以及使用蜡笔、油画棒、橡皮泥或玩沙等户外活动后应洗手。

（5）进餐常规。

① 教师开饭要求。餐前首先规范擦洗和消毒餐桌，分发完餐具后组织幼儿分组洗手。中大班可指导值日生摆餐具。食物要在温度适宜后进班。在餐厅集体进餐的幼儿，要待食物温度适宜后由教师或保育员带入餐厅就餐。要将饭菜分开盛；有刺、有骨头的菜不与其他菜混放在一起，以免发生意外。整个开饭过程尽量保证教师与保育员都参与。幼儿进餐时，除及时帮助幼儿添饭外，还要观察幼儿的进餐情况。进餐时保持安静，不催促、硬塞；哭闹、咳嗽时不能强迫幼儿进食。准备好饭后用的餐巾和漱口杯。掌握幼儿的食量，不能以多为幼儿添饭作为表扬鼓励幼儿的手段，更不能以禁止幼儿吃饭作为体罚幼儿的手段。按时开饭，每餐进餐时间不少于30分钟，幼儿进餐期间教师或保育员不得处理与进餐无关的事情。餐后，按要求清洁餐桌和地面。

② 幼儿进餐要求。幼儿洗手后直接取饭入座就餐，做到不挑食，不洒饭菜，不剩饭菜，吃完自己的一份饭菜。餐后正确使用餐巾擦嘴，用温开水漱口。餐后散步，不做剧烈活动。中班下学期开始可用筷子就餐。

（6）睡眠常规。

① 做好幼儿午睡前寝室环境的准备工作，做到空气清新，温度适宜，光线柔和。根据季节掌握通风时间及寝室气温。

② 幼儿被褥厚薄、大小适宜。

③ 组织幼儿如厕后安静入寝室。

④ 幼儿午睡必须脱外衣裤。脱下的衣物放在固定的地方并叠放整齐，不能放在枕头下。

⑤ 值班人员应加强幼儿午睡巡视，根据室温随时给幼儿增减被子，及时发现异常情况，并妥善处理。

⑥ 幼儿起床时及时检查衣服和鞋袜，防止穿错和不穿。

⑦ 指导中大班幼儿叠被子。检查床上、褥子下面是否有异物，被里、被头是否开线。

（7）伙食常规。

① 建立伙委会，定期研究幼儿伙食问题。

② 制定代量食谱，每周更换一次。

③ 定期计算幼儿进食量和营养量。

④ 每月向家长公布一次伙食账目。

4. 疾病防治常规

（1）预防传染病。

① 配合卫生防疫部门完成预防接种工作。接种前必须了解幼儿的身体状况，接种后注意观察幼儿的身体反应，有异常者及时向医生报告。凡是禁忌症者不应接种或暂缓接种。

② 传染病流行季节，应加强晨间检查，严禁传染病儿入园。

③ 发现传染病儿，应立即隔离治疗，对患儿班级各种物品（包括玩具、水杯、毛巾、被褥等）和空气进行严格彻底的消毒。患者待隔离期满痊愈后，经医生证明方可回园所或班级。对患儿班级的其他幼儿按各种传染病规定的检疫期进行检疫，检疫期内不串班，不混班，不办理入园、转园手续，控制传染病的续发和蔓延。

（2）防治常见病和多发病。

① 对新生家长进行病史询问，了解新生有无高热惊厥、过敏性疾病（包括哮喘、食物过敏）、习惯性脱臼、先天性心脏病等病史，以便保健员和班级教师、保育员在园内有目的地进行观察和护理。

② 幼儿在园内突发性的发烧、腹痛、腹泻及损伤等应及时送往医院，同时通知家长。

③ 加强幼儿体格锻炼，增强体质，提高幼儿对疾病的抵抗能力。在正常天气下，保证充足的户外活动时间，每天坚持2—3小时的户外活动。充分利用日光、空气、水等自然因素，有计划地锻炼幼儿体格。锻炼要做到经常和循序渐进，运动项目和运动量应适合各年龄段的特点。对个别体弱儿要给予特殊照顾。

5. 安全工作常规

（1）园舍设施。幼儿园园舍、桌椅、教具、采光、照明、卫生设施、娱乐器具及运动器械应适合儿童健康发育的需要，并符合国家规定的卫生标准和安全标准要求。对园舍、设施定期进行安全检查，定期进行清洗、消毒，及时发现和消除各种事故隐患。严禁使用危房。

（2）物品放置。各种消毒液、洗涤清洁物品，必须妥善保管，放在相应的橱柜里。教学使用的剪刀、裁纸刀、大头针、别针及其他有尖锐棱角的物品应放在孩子够不着的地方，用后及时收起来。

（3）药物管理。药物必须妥善保管，放在幼儿不能触及的地方，为幼儿服药时应仔细核对，防止错服和漏服；剧毒药品要有专人管理，严禁放在教室。

（4）环境创设。不给幼儿玩体积小、锐利、带有毒性物质的玩具及物品；幼儿园绿化和自然角内不种植带刺的植物（如仙人掌、仙人球、月季花等）；游戏区不用玻璃制品。

（5）户外活动。建立活动前的器械检查和幼儿安全教育制度，加强活动过程中的安全保护措施，避免各类伤害事故的发生。外出活动排队时，队伍前后均有教师或保育员。活动中，保教人员必须随时留意每一位幼儿，不得自顾聊天。活动结束后，及时清点幼儿人数。

（6）用电安全。

① 电源电线配置安装要规范，定期进行维护检查，保证用电安全。电器开关必须安装在幼儿触及不到的地方。

② 餐厅、教室、寝室要做到人走灯灭，随时切断电源。

③ 正确使用紫外线消毒灯。

（7）消防安全。建立消防常规，凡是幼儿经过的走廊、过道或场所应经常检查，不准乱放杂物；尤其是教室门口及幼儿园安全通道，必须保证出入畅通无阻，遇到紧急情况，有专人负责疏散。配齐消防安全设施设备，灭火器、消防栓等器械，固定位置存放，指定专人负责管理。

（8）交接班制度。各类消防设施、器材要完备，对发现的各类火险隐情要严格执行交接班制度，交接班时要认真点清幼儿人数，下班后要关好门窗，拔下电源插头，关好水龙头。

（9）保教人员带班要求。

① 保教人员工作时要坚守岗位，全神贯注，不聊天，不串班，不做与工作无关的事。

② 各项活动都要以幼儿为中心，重视幼儿的各项活动。

③ 对幼儿态度和蔼，严禁体罚或变相体罚幼儿。

④ 教师不许让幼儿端饭锅、汤桶及碗筐；严禁让幼儿进入伙房、开水房、洗衣房等不安全的地方。

⑤ 保教人员不携带危险物品（如尖锐棱角物品、金属物品、有壳核食物、外用化学药水等）进班；私人药品应妥善保管，不乱放；个人装饰简单，不浓妆艳抹，不佩戴耳环、戒指，不留长指甲，不梳披肩发，不涂指甲油，不穿高跟鞋。

⑥ 保育员、保健员和教师要掌握意外损伤的急救常识和处理方法，针对不同情况的意外损伤，及时做简单正确的处理，并立即送医院。

（10）安全教育。在日常生活中对幼儿进行安全教育，使幼儿掌握一些基本的安全常识，培养幼儿自我保护的意识和能力，要和家长密切配合，共同做好幼儿安全教育和保护工作。

（11）外出活动。

① 组织日常外出活动时，由园领导亲自负责，并指定专人负责安全工作；活动前向幼儿进行安全教育，活动场所及所用的交通工具都要符合安全要求，确保幼儿在活动中的安全。

② 举办有幼儿参加的各类竞赛及其他大型集体活动，必须经主管教育部门批准。

（12）安全事故报告制度。

① 避免触电、砸伤、摔伤、烫烧伤等事故的发生。若发生意外事故，应迅速采取有效措施妥善处理，使对幼儿的伤害降到最低。

② 坚持幼儿园安全事故报告和通报制度。

二、常见疾病防治

1. 上呼吸道感染

（1）症状。

① 一般症状有流鼻涕、打喷嚏、咳嗽、发热等,3—4 天后痊愈。

② 3 岁以下的患儿可能会出现高热的症状,体温达 39℃以上。

③ 若高热持续不退、咳嗽渐增、出现喘憋等,容易引发肺炎,需及时送往医院。

(2) 护理。

① 高热服用退热药,用法应遵从医嘱;采用物理降温法,用湿毛巾敷在病儿前额、颈部等部位。

② 发热时,脉搏增快,心脏负担加重,应卧床休息。因出汗增多、呼吸加快,机体失水量增加,应多喝开水。此时,胃肠功能减弱而机体却消耗较多的营养物质,饮食要富于营养、清淡易消化。

(3) 预防。

① 多到户外锻炼,增强体质,提高对环境冷热变化的适应能力。俗话说"若想小儿安,常带三分饥和寒",这里的寒指的是平时不要给幼儿穿得过于臃肿,养成少穿衣的习惯;但要注意腹部、足部保暖,避免受凉。

② 根据季节变化,注意幼儿的冷暖,随气温变化增减衣服。

③ 保持幼儿活动室、卧室空气清新。

④ 合理安排幼儿的生活,提供平衡的膳食。

⑤ 流行病高发季节,少带幼儿去公共场所。

⑥ 幼儿发病期间,用醋熏房间或用紫外线灯照射消毒。

2. 急性支气管炎

(1) 病因。病原体是各种病毒或细菌、病毒和细菌合并感染,多由上呼吸道感染蔓延开来,也有的是麻疹、感冒等急性传染病的合并症。营养不良的幼儿易得此病,并容易复发。

(2) 症状。最常见的症状是发热、咳嗽,初为干咳,逐渐有痰,幼儿不会将痰吐出,多咽下。病程中白色黏液转变成黄色脓痰。发热一般 3—4 天才退,咳嗽可持续 1—2 周。患儿可能有食欲不振、疲倦、头痛、呕吐及消化不良等表现。

(3) 治疗。

① 一般治疗:注意多休息,多喝开水。

② 对比治疗:根据症状,发烧可用退烧药,咳嗽可用止咳化痰药等。

③ 控制感染:应遵医嘱使用抗生素如青霉素、磺胺类药物等;可用蒸汽减轻咳嗽;同时,可服用维生素 B 和维生素 C,以增强抵抗力。

3. 扁桃体炎症

(1) 病因。幼儿因受凉、疲劳等导致感冒后,机体抵抗力下降,侵入扁桃体窝内的溶血性链球菌大量繁殖致使幼儿患病。

(2) 症状。

① 急性扁桃体炎:该病起病急,幼儿易出现高热、咽痛、吞咽困难、头痛、全身不适等症状。

② 慢性扁桃体炎:幼儿经常头痛、疲倦,常有低热,咽部不适(发干、发痒、疼痛),易并发

风湿热、肾炎等。

(3) 护理。

① 急性扁桃体炎,应卧床休息后,方可停药。

② 慢性扁桃体炎,注意休息,保持良好的生活环境,适当多饮水。

(4) 预防。预防措施同"上呼吸道感染",可慎重考虑手术切除。

4. 腹泻

(1) 病因。

① 非感染性腹泻。由喂养不当、腹部受凉等引起,如进食量过多、食物不易消化等。

② 感染性腹泻。因食物或餐具等被病菌感染引起胃肠炎,多发生在夏秋季。

③ 其他疾病。消化道以外的疾病如感冒、中耳炎、肺炎等导致消化功能紊乱也可引发腹泻。

(2) 症状。

① 病情轻者食欲尚正常,腹泻多次,大便呈蛋花汤样。

② 病情重者,一日泻无数次,大便呈水样,尿量明显减少或无尿,高烧 40℃,机体因丢失大量水分和无机盐而发生脱水(表现为眼窝凹陷、口唇干裂),口渴异常、精神极差。

(3) 护理。

① 注意腹部保暖,排便后用温开水洗净臀部,调节饮食。

② 按医嘱服药。

(4) 预防。

① 提倡合理喂养,"夏季要勤喝水,不可将乳儿口渴误以为饥饿,而增加饭量"。给婴儿加辅食要由少到多,每次只添加一种新食品。严寒酷暑不宜给婴儿断奶。

② 注意饮食卫生,做好餐具的日常消毒工作。

③ 隔离患儿,用具消毒,患儿所用的尿布、便盆等要彻底消毒,以免交互感染。

5. 泌尿系统感染(尿道炎、膀胱炎、急性肾盂肾炎)

(1) 病因。导致泌尿道感染的主要病菌是大肠杆菌。女孩的发病率高于男孩,因为女孩的尿道短,更容易受到感染。

(2) 症状。

① 急性肾盂肾炎在小儿泌尿系统感染中较常见,多数患儿起病高热、面色苍白,常伴有胃肠道症状,如呕吐、腹痛、腹泻等,也可出现精神萎靡、昏睡。因此,婴幼儿不明原因地发热,应及时检查尿常规,进行细菌培养筛查,以免漏诊。

② 膀胱炎、尿道炎多为下部感染的症状,如尿频、尿急、尿痛、排尿困难、尿道有烧灼感,一般不影响肾功能。

(3) 护理。

① 注意休息,多饮水,增加尿液的排出,减少细菌在尿道内停留的时间,以减轻症状。

② 在医师指导下使用抗生素。

③ 反复发作,需考虑有无尿路畸形,并做进一步检查。

④ 由于肾盂肾炎较易复发和重复感染，因此痊愈后仍需定期复查，每3～6个月复查一次，持续两年。

（4）预防。

① 加强幼儿卫生教育，注意幼儿下体卫生；教育幼儿不用洗脚水洗臀部，不用公共毛巾洗澡，勤换内裤，尽早穿整裆裤。

② 平时多饮开水。

6. 水痘

水痘是一种常见的、病情较轻的呼吸道传染病。传染性极强，多在冬春季流行。痊愈后不再患病。

（1）病因。水痘由水痘病毒所致，病毒存在于患者的口、鼻分泌物和皮疹内。

（2）症状。皮疹出现前常有发热等前驱症状。一到两天后出现皮疹。皮疹先见于头皮、面部，渐延及躯干、四肢。皮疹初为红色小点，一天左右转为水疱，3—4天后水泡干缩结成痂皮。

（3）预防。隔离患儿至皮疹全部干燥结痂为止。没出过水痘的幼儿避免和患儿接触，接触者检疫二十一天。

（4）护理。幼儿发热时应卧床休息；室内保持空气清新；吃容易消化的食物，多喝水，注意皮肤清洁；患处涂龙胆紫可使疱疹尽快干燥结痂；剪指甲，避免抓破皮肤引起感染；勤洗内衣和床单，患儿应隔离至全部皮疹结痂为止。

【真题展示】

一、单项选择题

1. 对幼儿如厕，教师最合理的做法是（　　）。（扫二维码领取答案）

A. 允许幼儿按需自由如厕　　B. 要求排队如厕

C. 控制幼儿如厕次数　　D. 控制幼儿如厕的间隔时间

2. 皮疹呈向心性分布（即躯干最多，面部、四肢较少，手掌、脚掌更少）的疾病是（　　）。（扫二维码领取答案）

A. 麻疹　　B. 水痘

C. 手足口病　　D. 猩红热

二、简答题

教师在户外体育活动中如何保障幼儿的安全？（扫二维码领取答案）

第四节　幼儿的营养需求常识

思维导图

幼儿的营养需求常识
- 为幼儿提供合理膳食
- 制定合理的膳食制度
- 创设健康适宜的膳食环境
- 开展营养教育活动
- 六大营养素

一、为幼儿提供合理膳食

（一）合理膳食

合理膳食指所摄入的食物不仅含有人体需要的各种营养素，而且各营养素的数量和比例也科学、合理。

学前儿童生长发育快，新陈代谢旺盛，每天必须摄入一定量的营养素和热量才能满足生长发育和活动的需要。如果膳食不合理，不仅会影响学前儿童生长发育，还可能引起其他身心疾病。

（二）合理调配膳食的基本原则

1. 膳食多样化

膳食中含有人体所需要的一切营养素和充足的热量。每种食物的营养价值不同，任何单一食物都不能满足人体的全部需要，只有食物多样化才能达到合理膳食的目的。

2. 膳食搭配合理

摄取多种食物的同时，还应注意食物之间的搭配，平衡膳食。各种营养素提供热能的合理配比是：蛋白质10%—15%，脂肪25%—35%，碳水化合物50%—60%。三餐之间的搭配应遵循早餐高质量，中餐高质量、高热量，晚餐清淡易消化的原则。

3. 烹调方法的适宜性

幼儿园食物的烹制方法应适合幼儿的年龄特点与喜好。烹调时尽可能地保存各种食物营养素的同时，应做到细、烂、软、嫩，便于幼儿消化。同时，还应做到味美色香、花样多，以增进幼儿的食欲。

4. 讲究饮食卫生

幼儿园应保证：提供给幼儿的食物、膳食制作过程、餐具等均合乎卫生标准，如膳食原料新鲜;杜绝腐败的食物上餐桌;厨房及其设备保持清洁卫生;餐具及时清洗消毒;工作人员注意个人卫生;等等。

二、制定合理的膳食制度

根据儿童胃的容积及其消化规律,膳食供应要定时定量。两餐之间的间隔时间以3.5—4小时为宜,每次进餐时间控制在半个小时以内。按照早餐吃好、午餐吃饱、晚餐吃少的原则,恰当分配食物。

早餐要提供高蛋白食物,脂肪、碳水化合物含量也要充足,早餐供给的热量应为一天摄入总热量的25%—30%;午餐应提供蛋白质、脂肪和碳水化合物含量较多的食物,供热量为一天摄入总热量的35%—40%,点心占一天摄入总热量的10%　15%;晚餐宜清淡些,可以安排一些易于消化的谷类、蔬菜和水果等,供热量占总热量的25%—30%。

三、创设健康适宜的膳食环境

餐厅应光线充足,空气新鲜流通,温度、湿度适宜,餐桌与餐具清洁美观,室内布置优雅整洁。进餐气氛和谐、组织有序,进餐前或进餐时不要体罚或批评儿童,使他们保持愉快的情绪进餐。可播放轻松、优美的音乐促进食欲,防止在儿童进餐时产生噪音。

四、开展营养教育活动

(一)营养教育的目标

营养教育的目标是让儿童初步了解食物的名称、种类及特点;纠正儿童偏食、挑食、过食及不注意饮食卫生的态度和习惯;培养儿童良好的饮食习惯,使其学会自己进餐,掌握使用餐具的技能;防止儿童营养不良,促进其生长发育和身心健康。

(二)营养教育的内容

(1)让儿童学习粗浅的营养和卫生知识,了解各类常见食物的名称及其作用,如奶类、谷物、蛋、鱼、肉、蔬菜、水果等;认识几种常见的调味品,并学习怎样调味;懂得有些食物不能吃,有些食物不能多吃的简单道理。

(2)让儿童有自我控制饮食的意识,认识到不良饮食习惯对身体有不好的影响,不暴饮暴食,防止厌食、过食。

(3)培养儿童良好的饮食习惯,如按时按量、细嚼慢咽、不挑食、不偏食、饭前便后洗手、安静进餐等。

(4)培养儿童独立生活的能力,如让儿童学会使用勺子、碗等餐具,掌握独立进餐的技能。

（三）营养教育活动的组织和指导

1. 注意随机教育

针对儿童进餐情况，及时、随机地进行教育。尤其对饮食习惯不好或体弱多病的儿童要进行个别教育，及时纠正其不良饮食习惯，并给予细致的帮助。对于过食引起肥胖的儿童，教师要适当控制其进食量，注意培养其节制食量的意识。

2. 重视儿童膳食心理卫生

掌握儿童膳食的心理特点，采取相应的措施，是进行儿童营养教育的关键。

3. 注意个体差异

儿童对营养需要存在个体差异，因此在教育、指导、评价个别儿童的膳食时，要结合营养、生长发育、遗传等多方面因素进行分析和判断。

4. 加强全方位合作

幼儿园教师、保教人员、保健医生、营养员、炊事员等必须密切配合，家庭、社会也应与儿童密切配合，这样才能保证对学前儿童的营养教育获得最佳效果。

五、六大营养素

营养素是指各种食物所包含的维持和促进人体生长发育和健康所需要的营养成分，主要包括蛋白质、碳水化合物、脂肪、无机盐、维生素、水等六种。这些营养素对人体的作用主要体现在以下三个方面：

一是为人体提供热能，以维持体温及人体正常的生理功能，保证人从事各种活动所需的能量。六大营养素中的蛋白质、脂肪和碳水化合物是机体热能的来源，被称为三大供热营养素。

二是构成和更新人体细胞组织，促进生长发育，帮助人体合成激素、抗体等重要物质。

三是调节人体生理机能，使机体各组织器官正常协调地运转。

（一）蛋白质

蛋白质是构成人体组织的重要物质，由氨基酸组成。迄今被发现的氨基酸有20余种，其中大多数可在人体内合成；还有一部分是人体不能合成的，需要从食物中获得，这些氨基酸被称为必需氨基酸。

1. 蛋白质的生理功能

（1）蛋白质能够构成和修补组织。人体全身每个细胞都由蛋白质组成，且每天都有一定的蛋白质被分解和排出体外，因而人需要摄取相应的蛋白质以弥补旧组织的消耗。

（2）蛋白质是人体内各种酶、激素和多种重要物质的基本原料，因此，蛋白质具有调节功能。

（3）蛋白质提供机体的抵抗力。由于抗体是由蛋白质组成的，所以蛋白质是机体产生抵抗力的营养素。

（4）蛋白质能够提供热能。1克蛋白质可以产生约4千卡的热量。若幼儿未摄取足够的蛋白质会导致身体发育迟缓、体重减轻、抵抗力下降，甚至会妨碍幼儿智力的发展。

2. 蛋白质的主要来源

含蛋白质较为丰富的食物有动物性食物，如乳类、鱼、虾、水产类、蛋类、瘦肉、动物内脏等，以及豆类及其制品等植物性食物。

（二）碳水化合物

碳水化合物又称糖类，内容十分广泛。严格来说，糖类包括三种，分别是单糖、双糖和多糖。单糖可直接透过肠壁进入血液，如葡萄糖；双糖有乳糖、蔗糖、麦芽糖等；多糖有淀粉、纤维素等。

1. 碳水化合物的生理功能

（1）碳水化合物具有供热功能，这是其最重要的生理功能。1 克碳水化合物可产生约 4 千卡的热量。它是一切内脏器官、大脑神经组织、四肢肌肉等发育和活动的强大动力。在幼儿的膳食中，碳水化合物供热量应占总热量的 50% 以上。

（2）碳水化合物能够提供纤维素。纤维素虽然不能被消化吸收，供热也极少，但却是人体不可缺少的营养物质。因为它能够刺激胃肠蠕动，增大食物残渣的体积，还能将食物残渣中有害物质包裹起来，缩短粪便在肠道的停留时间，有利于排便。但纤维素不能食用过多，否则会影响人体对其他营养素的吸收。幼儿不宜吃粗纤维，每天可从蔬菜、水果、谷薯类食物中摄取适量柔软的纤维素，如较嫩的蔬菜、去皮的水果或煮熟的谷物等。此外，碳水化合物还有构成身体组织、保护肝脏、节约蛋白质等功能。

2. 碳水化合物的主要来源

碳水化合物主要来源于谷类（如大米、小麦、玉米、高粱等）、干豆类、根茎类（如红薯、马铃薯、芋头等）食物，以及蔗糖、蜂蜜、蔬菜、水果等。

幼儿摄取碳水化合物要适量，若摄取过多，大量的葡萄糖会转化为脂肪堆积在体内，导致肥胖症；若摄取不足，则体内蛋白质消耗增加，体重减轻，导致营养不良。

（三）脂肪

脂肪由甘油和脂肪酸组成，可提供机体能量，在饥饿和饮食的情况下会有所变动，因此，脂肪又被称为“动脂”。

1. 脂肪的生理功能

（1）脂肪能够提供热能，是人体热能的重要来源之一。

（2）脂肪是构成人体细胞和组织的重要成分。

（3）脂肪具有保护作用的。脏器周围的脂肪能够减少运动所造成的摩擦，起着固定和保护内脏的作用；皮下脂肪还能减少体热散失，保持体温。

（4）脂肪能够提供必需脂肪酸。脂肪中的必需脂肪酸具有维持人体正常生理机能的作用，对幼儿的生长发育，尤其是中枢神经的发育十分重要。

（5）脂肪可促进脂溶性维生素的吸收。维生素 A、D、E、K 等都是脂溶性维生素，需溶于脂肪，从而被人体吸收。

2. 脂肪的主要来源

人体所需的脂肪应以植物性油脂为主，如葵花籽油、豆油、花生油、芝麻油等。幼儿摄取脂肪要适量，若摄取不足，则会体重下降，易发生脂溶性维生素缺乏症；若摄入过多，超过机体的消耗，则会在体内堆积，造成肥胖。

（四）无机盐

无机盐是构成人体的重要成分之一。无机盐的种类很多，其中钙、磷、钾、硫、钠、氯、镁等在人体内的含量较多，而铁、锌、锰、铜、碘等在人体内的含量较少。构成人体组织和调节平衡是无机盐主要的生理功能。下面对幼儿需要的几种主要的无机盐进行具体的介绍：

1. 钙

钙是构成人体骨骼和牙齿的重要物质。人体中的钙有99%存在于骨骼和牙齿中，1%存在于血液和细胞外液中。钙还有维持神经和肌肉兴奋的作用。

钙的主要食物来源是奶类及奶制品，豆类及豆制品，小虾米、紫菜等海产品，油菜、小白菜、芹菜等绿叶蔬菜。

幼儿生长发育旺盛，对钙的需求量较大，若供不应求就会引起缺钙，而日常膳食中含钙丰富的食物少，吸收率低，且易在烹饪过程中受到其他食物的干扰，因此在为幼儿提供膳食时，应尽量避开影响钙吸收的物质，多吃含钙丰富的食物；同时还应多晒太阳，适量补充维生素D，以提高钙的吸收率，增进幼儿骨骼和牙齿的健康。

2. 铁

铁是人体内的微量元素，是合成血红蛋白的重要原料，参与人体内氧的运输和利用。若未及时补铁，会出现缺铁性贫血。

铁的主要食物来源是动物肝脏、动物血、瘦肉、蛋黄等动物性食物，以及豆类、绿叶蔬菜、有色水果（如山楂、大枣、葡萄等）、菌藻类等植物性食物。

较大幼儿的贫血主要是因为膳食中缺铁或饮食习惯不良（如爱吃零食、偏食等）。幼儿园和家庭应积极帮助幼儿改变不良的饮食习惯，尽量提高膳食的质量，为幼儿提供足够的动物肝脏、动物血、瘦肉、豆类等含铁丰富的食物，同时还应多提供富含维生素C的蔬菜和水果，以促进铁的吸收。

3. 锌

锌是人体内一种重要的微量元素，是人体许多种酶的组成成分和激活剂，并能促进人体生长发育，维持上皮和黏膜组织的正常功能。幼儿缺锌会出现生长发育迟缓、体格矮小、创伤愈合慢、食欲不振、味觉与嗅觉减退、性腺发育不良等现象。

锌在动物性食物中含量较多，吸收率也较高，如动物肝脏、肉类、奶类及海产品等；在植物性食物中，豆类含锌也较为丰富。

4. 碘

碘是人体所必需的微量元素，是合成甲状腺素的原料，可促进人体正常的新陈代谢，促进幼儿生长发育。幼儿缺碘严重时，会出现碘缺乏症，导致身体发育迟缓或停滞、智力低下。

碘的主要食物来源是海产品中的海藻类,如海带、紫菜等。幼儿应多吃海藻类产品,以有利于补碘。日常生活中的含碘食盐,也是补碘的一个重要途径。

(五)维生素

维生素是调节人体生理机能所必需的一种营养素,它能够增强人体抵抗力,促进生长发育,参与机体新陈代谢,对人的健康至关重要。维生素分为两类,分别是脂溶性维生素(如维生素 A、D、E 和维生素 K 等)、水溶性维生素(如维生素 C、B_1 和维生素 B_2 等)。下面介绍几种较为重要的维生素:

1. 维生素 A

维生素 A 能够维持人体正常视觉,维生素 A 的缺乏会导致夜盲症。维生素 A 也能够保护上皮组织的健全,促进幼儿的生长发育,维持幼儿骨骼和牙齿的健康。

维生素 A 主要来源于动物性食物,如动物肝脏、蛋黄、乳类等。另外,胡萝卜素也是维生素 A 的一个来源,它可在人体肠道和肝脏内转化为维生素 A。胡萝卜素主要存在于深绿色、红黄色蔬菜和水果中,如杏、桃、红薯、胡萝卜、黄色玉米等。

2. 维生素 D

维生素 D 能够促进钙、磷的吸收,将钙、磷运送到骨骼内,促进骨骼和牙齿的正常发育。缺乏维生素 D 会导致佝偻病。

维生素 D 在食物中的含量很少,只在乳类、肝脏、蛋类中少量存在。乳类中母乳含维生素 D 略多。

此外,阳光中的紫外线照射在皮肤上,会使皮肤上的 7 - 脱氢胆固醇转化为维生素 D,从而促进钙和磷的吸收。因而晒太阳是获得维生素 D 最简便的方法。

3. 维生素 B_1

维生素 B_1 是水溶性维生素,参与糖的代谢。维生素 B_1 保证机体能量的供给,从而保持神经系统、肌肉、消化系统、循环系统的正常生理功能。缺乏维生素 B_1 易患脚气病,若母乳或婴儿的饮食中缺乏维生素 B_1 也会导致脚气病,严重时可危及婴幼儿的心血管系统,甚至危及生命。

维生素 B_1 的主要来源有谷类、豆类、硬果类、动物内脏、蛋黄等。其中,谷类的谷壳、谷胚中含维生素 B_1 较丰富,而精白米面中含维生素 B_1 较少,因此,为幼儿提供的膳食中,应注意粗、细粮的搭配。此外,还应注意对食物中维生素 B_1 的保护。维生素 B_1 适宜在酸性环境中保存,在碱性环境中极易被破坏,因此,蒸饭、煮粥、做馒头时不宜放碱,尽可能地保存其中的维生素 B_1。

4. 维生素 B_2

参与蛋白质、糖、脂肪的代谢是维生素 B_2 的主要功能。维生素 B_2 缺乏会导致口角开裂、发炎及患舌炎,并影响视觉功能。

维生素 B_2 广泛存在于各种食物中,如乳类、动物肝脏、肉类、鱼类、蛋类、豆类、绿叶蔬菜、粗粮等。

5. 维生素 C

维生素 C 能够促进细胞和细胞之间黏合物质的形成。维生素 C 缺乏易导致坏血病，故维生素 C 又称抗坏血酸。维生素 C 还能够促进铁的吸收，促使体内抗体的形成，提高机体免疫力。

维生素 C 主要来源于新鲜蔬菜和水果，如绿叶蔬菜、猕猴桃、草莓、枣、柑橘和山楂等。维生素 C 适宜在酸性环境中保存，在碱性环境、高温烹调或长时间存放在干燥空气中会受到破坏。因此，蔬菜、水果以新鲜的为好，不宜长时间存放。

（六）水

1. 水的生理功能

水是构成人体组织的重要物质，人体肌肉、血浆、骨骼、牙齿、脊髓、关节、眼球等器官都含有丰富的水分。人体内的水还能帮助人体进行一切生理活动和生物化学反应。

2. 水的需要量

幼儿对水的需要量主要取决于活动量的大小、外界的气温、食物的质与量等。通常气温越高，活动量越大，幼儿出汗就会越多，对水的需要量就会增加；而摄入的蛋白质、无机盐较多时，在排泄这些物质时需水较多，因而人体对水的需要量也会增大。

此外，幼儿年龄不同，对水的需要量也有所不同：2—3 岁的婴幼儿每天每千克体重应摄取 10—40 毫升水；4—6 岁的幼儿每天每千克体重应摄取 90—100 毫升水。

第五节　幼儿园常见安全问题及处理方法

思维导图

幼儿园常见安全问题及处理方法
- 幼儿园常见安全问题及处理方法
- 突发事件应急处理方法

幼儿是一个特殊群体，幼儿天性好奇，喜欢探索。但是，幼儿年龄小，动作不够协调，反应不够灵敏，缺乏生活经验，容易发生意外事故。近几年以来，幼儿园里发生的幼儿意外伤害事故日益成为人们关注的焦点。《幼儿园教育指导纲要（试行）》指出：幼儿园必须把保护幼儿的生命和促进幼儿的健康放在工作的首位。这明确了安全保护在幼儿园工作中的位置。这就要求教师和保育员有高度的责任心，严格遵守安全制度，对幼儿进行安全教育，使幼儿能够在幼儿园健康、快乐地成长。

知识拓展

幼儿发生意外事故的原因分析

（一）幼儿运动机能不完善

自幼儿学会独自走路时起，意外伤害事故便相伴相生。1岁时，幼儿刚学会走路，动作生硬、笨拙，头占身体的比例大而且重，常使幼儿摔倒。随着幼儿年龄的增长、动作能力的提高，幼儿受伤的部位扩展到了四肢。2—3岁的幼儿已行走自如，但跑步却不熟练，缓慢的反应速度，较差的平衡能力，较小的注意范围，常使幼儿在跌跌撞撞的小跑中摔伤身体。

（二）幼儿对危险因素缺乏认识

幼儿认识水平较低，缺乏对外界事物的理解和判断，更不会推理事物之间的因果关系。因此，经常由茫然无知的行为引来意外伤害事故。例如，幼儿突然从跷跷板上跳下；挥舞木棍玩耍时，幼儿丝毫不考虑会对别人造成什么危害；等等。

（三）幼儿有好奇、好动、活泼、易冲动的特点

幼儿具有强烈的好奇心，活泼好动，有时还会情绪激动和冲动，这些都有可能使他们忽略周围的环境因素，丧失理智和判断能力，从而出现各种事故。

（四）集体环境中，幼儿人数较多、教师人数较少

在集体环境中，易产生因看管不到位而引发的安全事故；保育者人数不足，师生距离比较远的情况下，会导致意外事故发生频率增加。

一、幼儿园常见安全问题及处理方法

幼儿意外伤害指突发事件、意外事故对儿童健康和生命造成的损害，包括物理、化学、生物等因素。幼儿由于其生理和心理特点，容易发生意外事故，因此，需要家长和幼儿园教师具备一些急救知识和技巧，在日常生活中，遇到幼儿烫伤、骨折等意外伤害时能及时进行救护，从而挽救生命、防止残疾、减少痛苦。

（一）小外伤

1. 切割伤

常见切割伤：幼儿玩耍小刀、剪刀等锋利物品造成的皮肤断裂、出血。

案例：某幼儿拿着水果刀玩耍，不小心在手指上划了一道口子，伤口处渗出血珠。

急救方法：

（1）对于较小、较浅的切割伤可采用直接压迫止血法；也可以先清洁伤口周围，用冷开水冲洗伤口处，要将异物冲洗干净，再用过氧化氯（双氧水）由里向外消毒，最后涂抹红药水或紫药水。

（2）伤口较大、出血较多时，必须先止血。止血后，在伤口周围用75%的酒精由里向外

消毒,敷上消毒纱布,用绷带包扎。如果是玻璃器皿扎伤,应先用清水清理伤口,用镊子清除碎玻璃片,消毒后进行包扎。包扎后将伤处抬高,立即送医院,请医生处理。

2. 刺伤

常见刺伤:常见于玻璃、竹刺、铁钉、木屑等锐利物刺入皮肤,伤口深而狭窄,容易感染。

案例:某幼儿在自由活动后告诉老师手指疼痛,老师检查发现,该幼儿食指尖有竹刺刺入,伤处周围皮肤又红又肿,按压疼痛。

急救方法:

(1) 用生理盐水或冷开水清洗伤口。

(2) 检查伤口是否留有异物,如果有,用消毒针顺着刺的方向将其拔除。

(3) 确认伤口无异物后,用碘酒或酒精涂抹伤口周围消毒,伤口涂红药水。

3. 扭伤

常见扭伤多发生在幼儿运动、游戏等活动中,多为关节处软组织受伤,伤处肿痛,运动不灵活,颜色发青。

案例:某幼儿穿上了妈妈给她买的新皮靴,鞋跟和鞋帮较高,该幼儿在奔跑中不小心扭到脚踝,感到剧烈疼痛,行动不便。教师发现幼儿的脚踝又肿又青。

急救方法:

(1) 检查是否骨折。

(2) 如果没有骨折,立即对伤处冷敷,使血管收缩止血,并达到止痛的目的。

(3) 可将扭伤处垫高,冷敷,固定后施压,避免患处活动。冷敷可减轻肿胀,同时用绷带包扎压迫扭伤部位,不仅可保护和固定受伤关节,而且可减轻肿胀。

(4) 伤后48小时,可对患部做热敷,改善血液循环,进一步减轻肿胀。

预防:

(1) 定期检查和维修幼儿园的滑梯、攀登架等游乐设施。

(2) 幼儿在户外游戏、活动时,注意观察、提醒。

(3) 遇到不安全的情况,及时给予幼儿适当的指导、帮助。

(4) 教育幼儿不打架、不拥挤,遵守活动规则,培养团结友爱的精神和遵守秩序的习惯。

(二) 骨折

1. 常见骨折

因外伤破坏了骨的完整性,称为骨折,骨折分为闭合性和开放性两种。闭合性骨折,骨折处皮肤不破裂,与外界不相通;开放性骨折,骨折处皮肤破裂,与外界相通。

幼儿常发生以下几种情况的骨折:重物打击;被弹簧门挤压;伸手玩弄电扇。挤压、跌倒等,也可能造成骨折。

知识拓展

一日生活中预防骨折等意外发生的措施

（一）教育幼儿保持正确姿势

为防止骨骼变形，形成良好体态，需注意以下几点：婴儿不宜过早坐、站，不宜睡软床和久坐沙发。负重不要超过自身体重的八分之一，更不能长时间单侧负重。托幼园所应配备适合幼儿身材的桌椅。教师要随时纠正幼儿坐、立、行中的不正确姿势，并为幼儿做出榜样。

正确站姿：头端正，两肩平，挺胸收腹，肌肉放松，双手自然下垂，两腿站直，两足并行，足尖略分开。

正确坐姿：前沿略向前，身体坐直，背靠椅背；大腿和臀部大部分坐在座位上；小腿与大腿成直角，两手自然放在腿上；脚自然放在地上。有桌子时，身体与桌子距离适当；两臂能自然放在桌子上，不耸肩或塌肩，保持两肩一样高。

（二）组织适当的体育锻炼和户外活动

体育锻炼和户外活动可使肌肉更健壮有力；还可刺激骨生长，使身体长高，并促进骨骼中无机盐的积淀，使骨骼更坚硬。户外活动时适量接受阳光照射，可使身体产生维生素D，预防佝偻病。锻炼时血液循环加快，可为骨骼、肌肉提供更多的营养。

（三）衣服要宽松适度

幼儿不宜穿过于紧身的衣服，以免影响血液循环；鞋子大小合脚，过小会影响足弓的正常发育。衣服、鞋宽应适度，过于肥大会影响运动，易造成意外伤害。

（四）供给充足的营养

骨的生长需要大量蛋白质、钙和磷等，同时需要维生素D促进钙和磷的吸收；肌肉生长及“能量”的贮存，需要大量蛋白质和葡萄糖。因此，合理膳食是保证骨骼肌肉发育的重要条件。

2. 骨折的症状

（1）剧烈疼痛，特别是活动伤肢或按压骨折部位时，疼痛更明显。

（2）骨折的肢体失去正常功能，如下肢骨折不能走路，上臂骨折不能抬高。

（3）骨折的部位出现变形。

幼儿骨骼成分和成人相比较，有机物占比相对较多，所以幼儿的骨骼韧性强、硬度小，容易发生变形，一旦发生骨折，可能出现折而不断的现象，称为“青枝骨折”；骨虽折但未断，伤肢还可以活动，因而幼儿骨折容易被忽略。如若骨折后没能及时送往医院进行治疗，伤肢则会出现畸形，从而影响肢体的正常功能。所以，幼儿一旦发生肢体伤害，应及时送医院检查是否发生骨折。

3. 急救方法

（1）未急救包扎前，不能轻易移动伤者。否则可能引起骨折移位，严重的还可能引起休克和血管、神经损伤，甚至由闭合性骨折变为开放性骨折，加重伤势。

（2）止血。幼儿发生骨折后，观察幼儿全身状况，如果是开放性骨折并伴有大出血，先要在伤口处覆盖敷料，包扎止血，再处理骨折。

（3）处理骨折的基本方法：使断骨不再刺伤周围组织，限制受伤肢体的活动，使骨折不再加重，这种急救方法叫“固定”。及时送医院，争取在骨折后2—3小时内将患儿送到医院进行复位处理。四种常见骨折的急救方法如下：

① 四肢骨折：幼儿四肢骨折后，观察骨折处是否有皮肤破损及断骨暴露，如果有断骨暴露在外，不要强行复位；可盖上干净纱布，简单固定，迅速送医院进一步治疗。如果骨折处没有上述情况，应立即用夹板固定。夹板一般选用薄木板，在紧急情况下也可用木棒、硬纸板、竹片等代替，甚至还可将伤肢固定于健肢。固定时，给伤肢垫上棉花或布，夹板的长度应超过伤处的上下两个关节，用绷带把伤肢的上下两个关节都固定住，露出幼儿手指或脚趾，以便观察肢体的血液循环，松紧以手指和脚趾尖不出现苍白、发凉、青紫为度。

② 颈椎骨折：将患儿平放，头部垫高。为避免震动，可在头部两侧放上沙袋或硬枕头，使头部固定。

③ 肋骨骨折：判断断骨是否伤及肺部，如果断骨刺伤肺，患儿呼吸困难，应尽快送医院急救。若没有伤及肺部，可让患儿深呼吸，用宽布带缠绕胸部断肋处，减少胸廓运动。

④ 腰椎骨折：处理这种骨折，稍有不慎，则可产生严重后果。患儿发生腰椎骨折以后，应严禁腰部活动，否则会加重脊髓的损伤。不能让患儿走动、弯腰，救护者也不能搀扶、抱持患儿。不可用软担架抬患儿，可用木板、门板等作为搬运工具，多个救护者动作一致地将患儿抬到硬担架上，让患儿俯卧，用宽布将身体固定在担架上，尽量平稳地将患儿送到医院。

4. 预防

（1）保教人员要加强责任心，防止发生导致骨折的伤害事故。

（2）幼儿进出的门不要安装弹簧，以免夹伤幼儿，引起指、趾骨的骨折。

（3）教育幼儿不做危险动作。

（三）出血

出血是儿童时期常发生的一种外伤现象，少量出血容易止住；严重损伤引起的大出血，可能危及患儿生命，应立即采取止血措施。

1. 常见的幼儿出血

（1）动脉出血：血色鲜红，血流量大，短时间内可大量失血，必须立即止血。

（2）静脉出血：血色暗红，血液均匀流出。

（3）毛细血管出血：血液像水珠样渗出，可自己凝固。

2. 急救方法

（1）动脉出血：采用指压止血法，这是动脉止血最快速、最有效的一种临时止血方法。即用单个或多个手指压住血管的上端（更靠近心脏），压闭血管，阻断血流，急送医院处理。

① 面部出血：压迫两侧下颌骨。救护者可用拇指在伤口同侧下颌骨前方2厘米触及动

脉搏动处按向下颌骨，使面动脉被压闭而止血。

② 前臂出血：压迫肘窝（偏内侧）动脉跳动处。

③ 手掌、手背出血：压迫腕动脉跳动处。

④ 手指出血：将手指屈入掌内，成握拳状。

⑤ 大腿出血：屈曲大腿，压迫大腿根腹股沟动脉跳动处。

⑥ 脚部出血：压迫脚背动脉跳动处。

（2）小伤口：由小伤口引起的静脉或毛细血管出血，可用一般止血法，用干净的纱布、棉花垫在伤口上，用绷带包扎，即可止血。

（3）较大伤口：由较大的伤口引起的出血，可将敷料（干净的棉花、纱布）盖在伤口上，用绷带包扎止血（对小伤口和较大伤口出血，还可将陈艾叶搓成艾绒点燃，用以灸伤口，止血效果很好）。

3. 预防

（1）将小刀等锐器放在幼儿拿不到的地方。

（2）经常检查幼儿口袋，如发现危险的东西，要交给教师妥善保管。

（3）教育幼儿不用带尖、带刺的东西做玩具、挖鼻孔。

（4）注意幼儿活动中的安全。

（四）烧、烫伤

1. 常见烧、烫伤

烧、烫伤是由火焰、蒸汽、热液体、电流、化学物质等作用于人体引起的损伤。幼儿皮肤的角质层薄，保护能力差，因开水、热汤、化学药品、火焰、电器等导致的烧、烫伤事故较多。烧伤按程度的不同可分为三度。

一度烧伤：仅表皮受损。表现为皮肤轻度红、肿、热、痛，没有水疱。

二度烧伤：伤及真皮。表现为伤处皮肤疼痛剧烈，有水疱。

三度烧伤：伤及皮下组织、肌肉。表现为受伤处皮肤感觉消失，无弹性，干燥，无水疱，皮肤颜色蜡白或焦黄。

2. 急救方法

烧、烫伤的急救原则是消除烧、烫伤的源头，保护创面，设法使伤员安静，止痛。

（1）消除烧、烫伤的源头。根据不同的情况采用不同的方法，如果是火焰，应设法将余火扑灭；如果是热液体，应立即将烫伤部位的衣服脱掉；如果是触电烧伤，应立即切断电源。

（2）保护创面。一度烧伤可在伤部涂抹獾油、烫伤膏等，一般3—5天可好转。二度、三度烧伤应用清洁的被单、纱布、毛巾等物覆盖创面，不要弄破水疱，也不要在创面上涂抹任何治疗烧伤的药品，避免加重感染和损伤，速送医院处理。

（3）设法使伤员安静止痛。若烧、烫伤面积大，病人烦躁口渴，可少量多次给予淡盐水饮用。

注意事项：如被腐蚀性药品烧伤，应立即用大量清水冲洗创面；如被生石灰烧伤，应将石灰颗粒揩去,再用水清洗,否则,生石灰遇水生热,会加重伤势。

3. 预防

(1) 成人端着热水或开水壶时要注意避开幼儿。

(2) 开水、烫饭菜、化学药品、电器等应放在幼儿够不着的地方。

(3) 刚烧好的饭菜应放置一段时间,待不烫时再让幼儿进食。

(4) 给幼儿洗头、洗澡时应先开冷水,后开热水。

(5) 教育幼儿不玩火、不触摸电器等危险物品。

(五) 煤气中毒

1. 常见煤气中毒

煤气中毒大多是由于冬季用火、洗浴、用煤炉取暖所致。如果居室无通风设备、风倒灌、烟囱漏气,常会发生煤气中毒。过量的一氧化碳进入人体,与血红蛋白的亲和力远大于氧气,血红蛋白失去携带氧的能力和作用,使人体因缺氧而窒息。

幼儿一氧化碳中毒,轻者头痛、恶心、呕吐、乏力,重者出现呼吸困难、昏迷、惊厥,皮肤出现樱桃般的红色等症状。

2.急救方法

(1) 救护者匍匐进入现场,立即打开门窗通风。

(2) 迅速把病人抬离中毒现场,转移到通风保暖处平卧,松开衣领、腰带。

(3) 给病人保暖,中毒严重者速送医院急救。

(4) 如呼吸、心跳已停止,立即进行口对口呼吸和胸外心脏按压急救。

注意事项:给病人灌醋、喝酸菜汤不能解除煤气中毒,反而会拖延时间。让病人受冻也不能解除煤气中毒,反而容易使其受凉,加重病情。

3. 预防

(1) 冬季不得在室内使用没有通风设施的煤炉取暖;洗浴时一定要有安全设施。

(2) 冬季注意提醒家长,千万不能将孩子单独留在甚至锁闭在用煤炉或煤气取暖的房间里。

(3) 养成使用完煤气即关闭阀门和总阀门的习惯。

(4) 幼儿园定期检查煤气管道有无泄漏之处,如有,必须立即修理。

(六) 误服毒物

1. 常见误服毒物

在日常生活中,由于对药片、药水、有毒物品管理不善,导致幼儿当作食物误食而中毒。

案例:某3岁幼儿与小朋友一起玩耍时,发现了喇叭花种子,该幼儿很好奇,把喇叭花种子吃了下去,引起中毒。

2. 急救方法

(1) 催吐。如果是2岁以下的幼儿,可一手抱着,另一手伸入幼儿口内刺激其咽部,使其将毒物呕吐出来。若是2岁以上的幼儿,先让其饮下清水,让孩子张大嘴用筷子或手指等物给予小儿咽部机械刺激使其呕吐；可反复让幼儿喝水、催吐，直到吐出全为清水为止。

（2）解毒。对于误服强酸强碱等化学液体的患儿，为保护其食道和胃的黏膜，可用牛奶、面糊、蛋清等作为洗胃剂，既可达到洗胃的目的，又能保护胃黏膜。误服有机磷农药中毒的幼儿，在患儿的呼气中能闻到大蒜味，可让其喝下肥皂水解毒，并立即送医院急救。

（3）对于吃进毒物时间较长的患儿，如超过 4 小时，毒物已进入肠道，应立即送医院急救。

（4）急救的同时，要搜集患儿吃剩的东西、呕吐物及可能在患儿口袋内残留的有毒物质，以供医生检验毒物的性质，为治疗提供依据。

3. 预防

（1）家庭和幼儿园对常备药品应加强管理，标签鲜明，放在小孩不易拿到的地方，不能与食物放在一起。

（2）给孩子服药要看清楚标签上的姓名、药品名称等。

（3）教育幼儿不随便吃东西。

（七）异物

1. 呼吸道异物

喉部气管或支气管内误吸入异物，统称为呼吸道异物。

（1）常见呼吸道异物。幼儿的咳嗽反射差，玩耍、嬉戏时口内含有异物，或进食时大声叫喊、哭闹，均可导致呼吸道进入异物。异物进入喉、气管，刺激黏膜引起剧烈呛咳、气急等症状，继而出现喉鸣、吸气困难、声嘶等症状。气管是呼吸的通道，当异物进入气管刺激黏膜，会立即剧烈地咳嗽。若异物较大将气管完全堵住，会出现呼吸困难、憋气，面色青紫。若异物较小，可能滑入右侧支气管内，使右肺无法呼吸，也会出现呼吸困难。

案例：妈妈催促正在吃果冻的孩子上幼儿园，孩子一着急，一下把果冻吸入了气管，顿时憋得面色通红，呼吸困难。

（2）急救方法。

① 若发生在年龄较小的幼儿身上，抓住幼儿双脚使其倒置，并大力拍击其背部，使异物从喉部落出；如果此法无效，速送医院急救。

② 若发生在年龄较大的幼儿身上，让幼儿坐在抢救者的腿上，面朝外，用两手的食指和中指形成一个“垫”，按在患儿的上腹部，快而轻地向后上方挤压，随后放松，使膈肌压缩肺产生气流，将气管中的异物冲出；如此法无效，须速送医院急救。

2. 消化道异物

（1）常见消化道异物。幼儿有时会玩弄棋子、纽扣、回形针、骨头等物，还可能含在口中，一不小心就可能咽进食道。这些异物有时会卡在食道里，有时会顺利进入胃里。

食道有异物，表现为疼痛，吞咽困难。大的异物会引起呛咳和呼吸困难，并发食道炎症，伴有发热等其他症状。

案例：某 4 岁幼儿有一个习惯，老爱咬自己的衣服纽扣，一天离园时老师和家长发现孩子的衣服纽扣少了一颗,一问才知道,孩子吞了一个纽扣到肚子里。

(2)急救方法。

① 如果幼儿吞食的异物是光滑的,幼儿无明显症状,可进食富含纤维素的食物,如韭菜、芹菜等,促使异物随大便排出。可密切观察幼儿大便,直到异物排出体外。若长时间未排出,应去医院治疗。

② 若幼儿吞食的是尖利的异物,最好用镊子取出,切不可采用大口吞饭的方法,否则会使异物越扎越深,出现危险。若无法取出,应立即前往医院处理。

3. 鼻腔异物

(1)常见鼻腔异物。幼儿玩耍时,无意间将小物件塞入鼻孔。以花生、豆子、果核最为多见。幼儿鼻腔异物可能引起长时间鼻塞,鼻涕带血丝。

案例:午睡的时候,某幼儿发现了一颗豆子并塞到鼻孔里玩,结果取不出来了。

(2)急救方法。

① 不可用镊子去夹异物,特别是圆形的异物,否则可能使异物深陷,落入气管,非常危险。

② 可让幼儿按住无异物的鼻孔,用力擤鼻,使异物排出;也可用棉花或纸捻刺激幼儿的鼻黏膜,使其打喷嚏,将异物排出。

③ 如上述方法无效,应送医院处理。

4. 异物入耳

(1)常见异物入耳。幼儿将小物件(豆、米、小珠子等)塞入耳中或有昆虫爬入耳道造成外耳道有异物。

(2)急救方法。

① 昆虫入耳,可把耳朵对着灯光,利用昆虫的趋光性,引诱昆虫爬出;可将食用油、甘油等倒入耳内,让患儿将有异物的耳朵侧向上静停几分钟,然后再侧向下,被淹死了的昆虫可随油一同流出。

② 小物件入耳,可嘱咐患儿将头偏向有异物一侧,用单脚跳,异物可能会掉出。

③ 难以排出的异物应去医院处理。在没有良好的照明条件、专用工具和技术不熟练的情况下操作,可能会加重损伤,后果严重。

5. 眼部异物

(1)常见眼部异物。多见于飞尘、小虫、沙粒入眼,引起灼痛、畏光、流泪。

(2)急救方法。

① 沙子、小虫入眼附于眼球表面,可用干净的棉签轻轻擦去;若异物嵌入眼睑结膜,需翻开眼皮后轻轻擦去。翻眼皮的方法:让幼儿眼向下看,用拇指和食指捏住其眼皮,轻轻向上翻转。

② 如异物嵌于角膜组织内或上述方法无效,应迅速送医院处理。

6. 异物入体的预防

(1)提醒幼儿进餐时不惊吓、不逗乐。

(2) 幼儿能吸入或吞入的物品不应作为玩具使用。

(3) 幼儿臼齿未长出时,应避免食用花生、瓜子及带核、带骨、带刺的食物。

(4) 培养幼儿良好的就餐习惯,进餐时不嬉戏、打闹。

(5) 教育幼儿不要把别针、豆子、玻璃珠等小物件塞进嘴、鼻孔、耳朵里。

(八) 蜇伤

1. 黄蜂蜇伤

较轻者只是伤口红肿、疼痛;伤重者还有气喘、呼吸困难等症状。

黄蜂的毒液呈碱性,可在伤口涂弱酸性液体,如食醋。有气喘等过敏症状,可服用氯苯那敏(扑尔敏)、苯海拉明等,并送医院治疗。若伤口有刺,应先将刺除去。

2. 蜜蜂蜇伤

蜜蜂的毒液呈酸性,伤口可涂弱碱性液体,如淡碱水、肥皂水等。

3. 蝎子蜇伤

蝎子的毒液呈酸性,可涂抹碱水。

4. 蜈蚣咬伤

蜈蚣体型较大,毒性较强,毒液呈酸性,被蜈蚣咬伤,应立即用淡碱水或肥皂水、石灰水冲洗伤口,然后在伤口处涂上较浓的碱水或30%的氨水。

(九) 溺水

溺水者因吸入大量的水,阻塞呼吸道,引起窒息。一旦发现溺水者要迅速施救。

1. 急救方法

(1) 水上救护。救助者如不会游泳不要贸然下水,可将救生圈、木块等漂浮物和绳索抛给落水儿童,同时迅速呼救。会游泳的救助者应迅速从落水儿童的后方接近他,乘其不备突然抓住并控制牢;然后使落水儿童的头部浮出水面,采取仰泳姿势,救其上岸。

(2) 倒水。清除溺水儿童口、鼻内的污泥、杂草等异物,同时解开其衣裤;救护者一腿跪地,一腿屈膝,将溺水儿童置于屈膝的大腿上,头朝下,拍其背部,使其呼吸道和胃里的水倒出来。

(3) 进行口对口吹气和胸外心脏按压。检查溺水儿童的呼吸和心跳情况,如呼吸和心跳停止,应迅速实施口对口吹气和胸外心脏按压,并急速转送医院。

2. 预防

(1) 幼儿园不能建在河边和粪池、池塘附近,以免幼儿失足淹溺。

(2) 教育幼儿不能自己去河边、池塘边玩水。

(3) 幼儿游泳要有成人看护。教育幼儿不在不明水情的地方游泳。

(十) 触电

1. 常见触电事故

儿童玩弄电源插座、电器、开关等引起触电;户外电线落地,幼儿随手拾取或在附近玩耍可能触电;雷雨天气,在大树下避雨也可能导致触电事故。轻度电击表现为面色苍白、呆滞,对周围失去反应，全身无力；重者可出现昏迷，呼吸、心跳停止而死亡。

2. 急救方法

（1）脱离电源。用最快的方式让伤者脱离电源。如幼儿摆弄电器开关、插座等触电，可迅速拔去电源插座或关闭开关、拉开电源总闸切断电流；如果幼儿触及了室外断落的电线而触电，救护者可站在干燥的木板或塑料等绝缘物上，用干燥的木棒、扁担、竹竿等绝缘物将接触幼儿身体的电线挑开；如果幼儿手部与电线连接紧密，无法挑开，可用大的干燥木棒将触电者拨离触电处。

（2）口对口吹气和胸外心脏按压。触电者脱离电源后，检查触电者的呼吸、心跳，对呼吸、心跳微弱或停止者，立即进行口对口吹气和胸外心脏按压。

（3）保护创面。在急救的同时，先洗净灼伤部位，然后用消毒敷料包扎。

3. 预防

（1）经常检查电器、电线是否符合安全标准，电器、电线是否漏电，特别是雷雨天气应更加注意。

（2）电插座、电器等应置于幼儿手摸不到的地方。

（3）教育幼儿不要用湿手插接电源，不玩弄电器，不要在供电线和高压线附近玩耍。

（4）教育幼儿雷雨天气不要在大树、电线杆、高大建筑物下避雨，要蹲伏在地势较低的地方。雷雨天气不看电视。

（十一）中暑

1. 常见中暑

幼儿长时间受到强烈阳光照射、停留在闷热潮湿的环境里，以及在炎热天气长途行走、过度疲劳等，均易导致中暑。其表现为大量出汗、口渴、头晕、胸闷、恶心、全身乏力等。

2. 急救方法

（1）将患儿迅速转移到阴凉通风处，解开其衣扣，扇风，用冷水或冰块冷敷，帮助散热。

（2）让患儿多喝清凉饮料，也可口服人丹、十滴水或藿香正气水等清热解暑药。

（3）如中暑严重，患儿昏迷不醒，应速送医院。

3. 预防

（1）炎热季节时，应避免幼儿长时间在户外活动。

（2）幼儿园教师应采取一些防暑、降温措施。

（3）教育幼儿感到不舒服时主动向教师说明。

二、突发事件应急处理方法

（一）火灾应急处理

（1）发现火灾立即拨打119报警，在报警电话中，要说明以下情况：起火单位、位置、着火物、火势大小、火场内有无化学物品及类型、着火部位、报警人姓名、单位及所用电话等，并派人员在醒目处等候接车。

（2）报警的同时，开启消防电源，打开应急照明设施和安全疏散标志。

（3）在消防人员到达前，由幼儿园灭火行动组尽力控制火势蔓延。

（4）若火场内有人，则应用灭火器具减弱火势对人员的威胁，全力疏散、抢救人员脱险逃生。

（5）对可能造成人员伤亡、发生爆炸事故、烧毁重要物资、形成大面积燃烧等影响全局的情况，应列为主要事项予以处理。

（6）灭火行动组应分秒必争，迅速行动，找准着火点，果断扑救，抓住时机，不等不靠，为继续开展全面深入的扑救工作打下良好基础。

（7）无关人员要远离火场，保持道路畅通，便于消防车辆驶入。

（8）扑救固体物品火灾，使用灭火器；扑救液体物品火灾，使用灭火器、沙土、湿的棉被等，不可用水。

（9）不得组织幼儿灭火。

（10）及时报告主管单位领导。

（二）地震应急处理

如发生轻微地震，处理如下：

（1）地震时如果幼儿在教室内，当班教师要教育幼儿不能慌张、哭闹或随意乱跑，要听从教师的指挥，马上组织幼儿有序疏散。

（2）如发生地震时在室外，立即组织全部幼儿蹲下，并注意避开电线、大树等危险物品。

如发生震动较大的破坏性地震，处理如下：

（1）如果幼儿在室内，不要试图跑出楼外，因为震动较大，时间来不及。最安全、有效的方法是立即组织幼儿躲到两个承重墙之间最小的房间，如洗手间（厕所）等；也可以躲在桌子、柜子等家具下面及教室内侧的墙角，并且注意保护好头部；趴下时，头靠墙，让鼻子上方双眼之间的凹部枕在横着的双臂上面，闭上眼和嘴，用鼻子呼吸；千万不要去窗下躲避；待地震减轻时，立即按疏散路线将全部幼儿疏散到一楼操场。

（2）地震时如果幼儿正在睡觉，要立即叫醒幼儿。在震动剧烈时，有序组织幼儿趴在午睡室的通道上、躲在桌子下或墙脚下，待震动减轻时立即组织幼儿疏散到一楼操场，疏散路线及要求同上。

（3）如果幼儿正在室外活动，教师要马上将幼儿集中到操场中间的空旷场地上蹲下，注意避开高大物体或建筑物，疏散幼儿到安全地方。

（4）如果地震发生后因不能迅速撤离而困于室内，或被建筑物挤压等千万不要惊慌，要就近检查幼儿身体状况，并尽量为幼儿找到饮食，同时不能盲目采取措施，要懂得发送报险信号，等待救援。

（5）时刻与幼儿在一起，消除幼儿的恐惧心理。

（6）做好地震后房舍安全检查及加固维修、环境物品消毒等工作。

【真题展示】

单项选择题

1. 幼儿在户外运动中扭伤，出现充血、肿胀和疼痛，教师应对幼儿采取的措施是(　　)。(扫二维码领取答案)

A. 停止活动，冷敷扭伤处　　B. 停止活动，热敷扭伤处

C. 按摩扭伤处，继续活动　　D. 清洁扭伤处，继续活动

2. 幼儿鼻中隔是易出血区，该处出血后，正确的处理方法是(　　)。(扫二维码领取答案)

A. 鼻根部涂抹紫药水，然后安静休息

B. 让幼儿头略低，冷敷前额、鼻部

C. 止血后，半小时不做剧烈运动

D. 让幼儿仰卧休息

3. 幼儿突然出现剧烈呛咳，伴有呼吸困难、面色青紫。这种情况最可能是(　　)。(扫二维码领取答案)

A. 急性胃肠炎　　B. 异物落入气管

C. 急性喉炎　　D. 支气管哮喘

4. 被黄蜂蜇伤后，正确的处理方法是(　　)。(扫二维码领取答案)

A. 涂肥皂水　　B. 用温水冲洗

C. 涂食用醋　　D. 冷敷

模块四 环境创设

第一节 幼儿园环境创设的原则和方法

思维导图

- 幼儿园环境创设的原则和方法
  - 幼儿园环境创设概述
    - 幼儿园环境的定义
    - 幼儿园环境分类
  - 幼儿园环境创设的意义
  - 幼儿园环境创设的原则
  - 幼儿园室内环境创设存在的问题
  - 幼儿园环境创设的方法
  - 幼儿园环境创设的总体策略
    - 户外环境的创设
    - 室内环境的创设
  - 教师在幼儿园环境创设中的作用

一、幼儿园环境创设概述

(一) 幼儿园环境的定义

幼儿园环境有广义和狭义之分。

广义的幼儿园环境是指幼儿园教育赖以进行的一切条件的总和。它既包括幼儿园内部环境,又包括幼儿园外的家庭、社会、自然、文化等大环境。

狭义的幼儿园环境是指在幼儿园中,对幼儿身心发展产生影响的物质与精神要素的总和。

(二) 幼儿园环境的分类

幼儿园环境可分为物质环境和精神环境两大类。幼儿园物质环境指影响幼儿身心发展的一切物质要素的总和,它是儿童生活、活动的物质条件与基础。如自然风光、空气、水、建筑、空间布局、装饰色彩、家具、教玩具、活动场地等。幼儿园的精神环境(心理环境),指幼儿在其生活的环境中感受到、接受到的人与人之间的社会关系及社会信息,包括人际关系、教育观念、生活方式、政治、经济、文化、艺术、风俗习惯、幼儿园园风等。

二、幼儿园环境创设的意义

1. 提供发展保障

幼儿要在幼儿园中吃饭、睡觉、游戏、如厕等,幼儿园只有具备相应功能的建筑和空间设备,才能使幼儿感到安全、方便、舒适、愉悦。

2. 促进身心健康发展

宽敞的空间、齐全的设备可以使幼儿肌体得到锻炼;整洁、优美的环境会带给幼儿美的享受;具有探索性的环境可满足幼儿的好奇心,激发幼儿的探究热情,培养幼儿的探究能力;文明、守纪、有序的集体活动环境有利于培养幼儿对环境的适应能力;融洽、和谐、健康的人际关系可使幼儿感到宽松、自由、被尊重、被接纳、能成功,从而乐观自信。

3. 激发创新潜能

幼儿不是环境创设的消极旁观者和享用者,而是环境创设的积极参与者和互动者。在环境创设的过程中,幼儿会参与设计构思、材料搜集、动手制作和布置的全过程,从而激发幼儿自我发展的主人翁意识。在与环境交互的过程中,幼儿会根据自己的需要自由选择环境,探索环境,控制和驾驭环境,其积极性、主动性、创造性可以得到最大限度的释放。

三、幼儿园环境创设的原则

(一) 安全性原则

《幼儿园教育指导纲要(试行)》明确指出,幼儿园必须把保护幼儿的生命和促进幼儿的健康放在工作的首位,所以,安全健康是指导整个学前教育的准则,也是学前教育环境创设的基本原则。幼儿园环境的安全主要包括物质环境的安全和心理环境的安全。物质环境的安全是保障幼儿人身安全的基础,如幼儿园器械设备、玩教具材料要安全、无毒,并要进行定期检修维护、清洗消毒;幼儿经常进行跑、跳等剧烈活动的户外活动场所,要以泥土、沙地、草地为主;室内装修采用坚固性比较好、不易破碎、无锐利边角、无毒无害、无细小零件的材料等。

(二) 环境与教育目标的一致性原则

环境与教育目标的一致性原则是指环境的创设要体现环境的教育性,即环境创设的目标要符合儿童全面发展的需要,与幼儿园教育目标相一致。幼儿园环境必须强调目标意识,要有利于幼儿体、智、德、美诸方面的全面发展。

（三）发展适宜性原则

发展适宜性原则是指幼儿园环境创设要符合儿童的年龄特征及身心健康发展的需要，促进每个儿童全面、和谐地发展。

教师首先要对幼儿身心发展特点有透彻的了解，既要了解不同年龄阶段幼儿的一般特征，也要了解幼儿的个别差异。不同年龄的幼儿发展水平不同，对环境的要求也有所不同。环境创设的内容，材料要体现层次性和递进性，各年龄班之间应有承上启下的过渡关系才能满足不同阶段幼儿的需要；在关注共性的同时，也要关注幼儿的个别差异，要让每个幼儿都能在不同的环境中得到最大限度的提高和发展。因此，教师要善于观察并评价每个幼儿的发展情况，为不同水平的幼儿创设不同的活动区域和游戏环境，满足每个幼儿发展的需要。特别是在摆放材料时，要考虑到层次性。其次，要对构成环境的各种因素的教育和发展价值有充分的了解。最后，教师要具有灵活的调控环境的能力，从而让环境不断满足每个儿童的需要。

（四）幼儿参与性原则

幼儿参与性原则是指环境的创设过程是幼儿与教师共同合作、共同参与的过程。

环境创设过程的教育意义主要体现为：发展幼儿的主体意识，培养合作精神，增强责任感。

（五）开放性原则

开放性原则是指创设环境时，考虑环境的使用者是幼儿，在环境的空间布置和使用规定上要方便幼儿，有利于幼儿的自主选择，最大限度地让幼儿与环境相互作用；同时考虑将大小环境结合，让幼儿园与家庭、社区密切合作，形成开放的教育系统。

（六）经济性原则

经济性原则是指创设幼儿园环境时应考虑实际情况，因地制宜办园；能够就地取材、废物利用、一物多用，不浪费资源，不盲目攀比。

四、幼儿园室内环境创设存在的问题

从表面上看，幼儿园室内环境布置普遍存在着“四少一多”的现象，即操作材料少，自主选择少，自由交往少，环境互动少，纪律约束多。

（一）室内环境布置缺乏目标导向

在室内环境布置上，教师通常依据个人喜好和方便进行规划和设计，而未依据目标统整规划，因此会导致出现以下问题：

1. 环境创设重装饰轻实用

环境创设追求的是成人视野中的“丰富、美和童趣”，没有深入探究其对儿童发展的价值，以及对儿童可能产生的教育影响。

2. 环境创设存在功利性、随意性

一方面,教师对室内环境区域的设置、物品的摆放等缺乏思考,随意性较大,没有根据课程进程有目的、有计划和循序渐进地投放和利用材料,教玩具材料使用率不高,目标性不强;另一方面,室内环境区域设置、材料的投放大多只是应付参观和检查,很少与孩子发生真正的互动。

3. 环境创设中废旧物品、半成品利用少,成品材料利用比较多

在环境设置中,大量使用成品材料,废旧物品、半成品只是一种装饰,对废旧物品和半成品的教育价值缺乏认识。

(二) 室内环境布置的内容整合性不强,缺乏联系

环境是重要的教育资源。要让环境与幼儿真正地进行对话。教师在创设环境时尽量把每一个环境创设和利用的细节与课程的目标和主题紧密结合,根据每一阶段的目标对孩子进行有计划的指导。活动空间的调整和利用、材料的增减、墙面的规划设计等都要服务于课程,统整于课程目标和主题目标下,真正发挥环境教育的整合功能。但是,有些班级室内环境布置明显呈现"责任田式"的特征,依据不同的教育主题对室内空间进行界线分明的划分,各个区域与主题环境之间缺乏系统、整合的联系,不仅各个区域的教育目标不明显,而且整个环境创设的主题目标不突出。

(三) 教师创设环境的观念存在偏差

首先,教师对"幼儿参与"环境创设的理解存在偏差。幼儿园环境创设从主题的确定到具体的布置,几乎都由教师一手包办,教师既是设计者、指挥者、策划者,也是组织者、实施者,极少发动和利用集体的智慧与力量共同完成。即使有时候儿童参与了环境布置,环境规划还是"教师为主,幼儿为辅;教师设计,幼儿点缀"。形式上以孩子为主,但在实施中却是老师引导,老师借助孩子的手来实现自己的意图,因此即使孩子们有所参与,也只是一种局部、被动和表面的参与。

其次,教师对环境的"丰富""有序"的理解存在偏差。很多教师在环境设置时,把所有与孩子有关的或孩子喜爱的物品都堆砌在墙上或各个区域里,以此来显示环境的"丰富性",而忽视了环境的实用和美观。另一个极端是有的班级非常"整洁",墙饰工整,室内各区域无独立的空间,站在门口就可以把室内环境布置"一览无遗"。这样的"有序"环境会使幼儿失去探索和创造的兴趣。

再次,教师对环境创设中"家园合作"的理解存在偏差。目前家长参与幼儿园环境创设越来越普遍,如让家长自带各种装饰物装点教室,让家长带植物到幼儿园丰富自然角,或者把家长请来一起布置教室,等等。这种家长参与还存在着诸多表面性。家长如何参与环境创设,充分发挥教师、家长、幼儿合作共同体的作用还需要深入探究。

五、幼儿园环境创设的方法

（一）讨论法

讨论法是指教师引导全班幼儿通过讨论的方法，选择或确定环境创设的主题和内容以及与环境材料互动的方法等。幼儿园环境创设的主题和内容往往是从一日生活中幼儿感兴趣的活动中派生出来的。

（二）探索法

探索法是让幼儿自己在环境中发现问题，独立地解决问题，同时获得经验。这种方法可以培养幼儿学习的内在动机，提高他们与环境和材料交往的积极性。幼儿在与环境的积极互动中，产生兴趣和问题，不断丰富环境的内容。

（三）操作法

操作法是幼儿通过自身操作各种材料，在摆弄物体的过程中进行探索，从而获得经验的方法。幼儿在参与环境创设时，自己动手操作材料，在摸摸看看、敲敲打打、拆拆弄弄、粘粘贴贴、拼拼装装等过程中，完成自己的环境创设，真正体验到自己是环境的主人。同时，幼儿在创设环境的过程中，了解了各种材料的特性，丰富了自己的经验。

（四）评价法

幼儿园环境的评价是对环境质量的评价，包括对幼儿适应环境的评价、对幼儿的环境创设和互动行为的评价、对环境创设效果的评价等。幼儿园环境评价贯穿环境创设的整个过程，它不仅能了解幼儿的发展状况，还能了解环境与幼儿行为的互相影响。同时，环境评价对教师的行为具有明显的导向作用，评价过程的信息反馈能强化教师的教育行为，从而更好地完善和优化环境创设。

六、幼儿园环境创设的总体策略

（一）户外环境的创设

我国幼儿园户外环境一般可以划分为三大区域：集体活动区、器械设备区、种植养殖区。集体活动区主要供幼儿集体做操、集体体育活动或其他大型集体活动，要求场地宽阔平整；器械设备区要能放置各种大中型体育活动器械与设备，如攀登架、爬网、平衡木、滑梯等；种植养殖区能供幼儿种植植物、饲养小动物。

1. 地面

户外环境的创设首先要注意地面的安全适用。地面以坚实平坦的土地、沙地、草地为宜。这种地面可以减少跑跳活动对脑部造成的震荡，同时比较安全。一般说来，水泥地面过于坚硬，不适合作为户外活动场地地面。

2. 器械设备

户外器械设备，其种类大约可分为运动器械和无固定结构的材料（沙、水），以及玩沙、水的玩教具等。在选购运动器械设备时,必须注意设备的安全、坚固耐用和可变组合。沙、水作为无结构的材料,可塑性强,富于变化,又可配合各种玩具开展游戏,可满足幼儿的创造力、想象力和成就感,并丰富幼儿的感觉经验。幼儿园应创造条件鼓励幼儿玩沙、玩水。有条件的幼儿园可造沙地和水池,无条件的幼儿园可用废旧木箱装入沙子或用水盆盛水供幼儿玩。幼儿园还需配备必要的玩沙、玩水的玩教具。

3. 游戏场地的结构

每班的游戏场地面积不应小于 60 平方米;室外共有的游戏场地面积为:$180+20(N-1)$平方米,其中 N 为班级数。游戏场地可设置不同的区域:大型器械区、种植区、养殖区、玩沙玩水区等。

4. 绿化

在安全、卫生的前提下充分地绿化、美化和自然化。

(二)室内环境的创设

1. 空间的设计与利用

活动室:活动室是幼儿一日生活中主要的活动场所,所以首先要有一个相对宽敞的区域供幼儿进行动作较大的活动。其次,活动室要有相对固定的位置摆放供幼儿使用的桌椅,便于幼儿在写、画、手工活动及就餐时使用。活动室的颜色不宜以绿色为主,因为绿色能使人的心跳减慢,使生理机能趋缓。

活动室的墙面是教育与互动相结合的场所和空间。活动室墙面环境展示的形式多种多样,不同形式的墙面环境功用各不相同,主要有以下几种分类:平面创设、半立体创设和立体创设、观赏性创设和操作性创设、填充式创设和满幅式创设、记录式创设和展览式创设、幼儿作品创设和教师作品创设。

寝室:寝室是幼儿休息的地方,绝大多数幼儿园都要求幼儿中午在幼儿园休息 2 小时左右,所以,寝室是幼儿在园的重要物质环境,需要教师精心布置。寝室的整体色彩可以使用暗红、蓝色等深色的窗帘,有助于幼儿心跳减缓,血压下降,较快地进入梦乡。寝室的墙面装饰画可以使用较淡的色彩,画面表现安静的活动,以保证幼儿能尽快安静下来。幼儿的床之间要间隔 30—50 厘米,以避免某些疾病通过飞沫传染。寝室应该有较好的通风条件,同时保证紧急疏散通道畅通。

盥洗室:一般面积较小,当幼儿集中使用时会比较拥挤。教师可在饮水处、洗手池等较容易拥挤的地面上画上小脚印,要求幼儿按照脚印排队,从而有助于培养幼儿良好的一日生活常规。盥洗室的墙面上可以通过文字、图画宣传节约用水,培养幼儿的环保意识。

走廊:走廊可以成为幼儿园教育环境的重要部分和最好的家园互动平台。门厅、楼梯等公共走廊一般由全园统一布置,一般会根据季节或幼儿园的特色布置相应的主题。活动室门前的走廊一般由教师根据本班的特点布置,通常是家园互动的内容。

2. 班级设备

幼儿园班级设备主要包括班级使用的家具(桌椅、床、玩具柜、书柜、衣柜等)、教学设备

（钢琴、电脑、电视机、录音机等）、生活卫生设备（饮水机、消毒柜、洗衣机、空调、照明灯、消防设备等）。

在选择家具时要注重家具的实用性，教室的桌、椅、床、柜等家具的尺寸要符合幼儿的身高；颜色要鲜艳明快，设计要符合童趣；家具的材料要无毒无味；椅子的重量不要超过幼儿体重的十分之一。教学设备宜选用优质的品牌设备。

3. 班级活动区的创设

活动区是幼儿在幼儿园中学习的重要场所。具体创设要求见本章第三节。

七、教师在幼儿园环境创设中的作用

（一）准备环境

准备一个与教育相适宜的环境是教师的职责。教师在准备环境时的作用主要表现为：

1. 让环境蕴含目标

教师必须带着明确的目标来准备环境，将周围的物质条件和人际因素精心地加以组织，让环境中负载的教育信息去告诉幼儿该做什么。

2. 让幼儿感兴趣，增加其兴趣

环境要体现教育目标，也必须符合幼儿的需要和兴趣，但幼儿现有的兴趣无论广度和深度都有限，他们对自己的需要往往也意识不到。因此，只要是幼儿发展所必需的，都应当纳入环境中，并引导和发展幼儿的兴趣。

3. 尽可能让幼儿感到环境是由自己而不是教师决定的

环境是幼儿活动的条件，因此贯彻幼儿参与的原则是教师准备环境时最重要的内容之一，也是教师发挥作用的最重要的一个方面。

（二）控制环境

教师对环境的控制，使得教师能够利用环境来激发和保持幼儿活动的积极性，能帮助幼儿利用环境的条件发展自己。

（三）调整环境

环境不是凝固、僵化、一成不变的，它必须随着幼儿的兴趣、需要、能力的变化，以及教育目标、客观条件的变化而不断变化。经常调整环境，使它保持适合幼儿发展的最佳状态，是教师需注意的问题。

【真题展示】

材料：

大一班开展了识字比赛，教师为此创设了班级墙面环境，如图 4-1 所示。

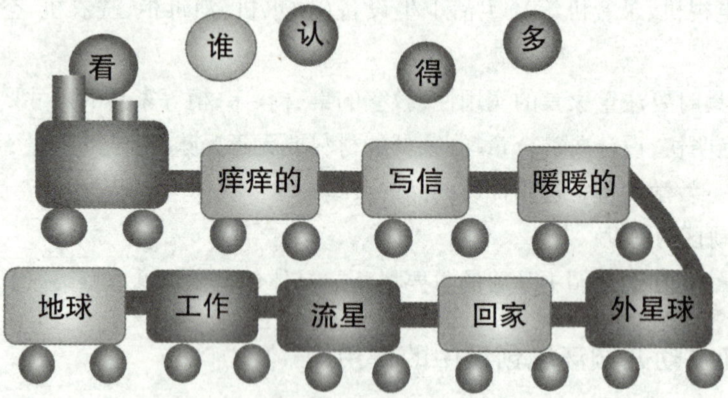

图 4-1　班级墙面

问题：请根据环境创设的基本原则，对案例中为识字比赛创设的墙面环境进行评析。（扫二维码领取参考答案）

第二节　幼儿心理环境创设

思维导图

幼儿心理环境创设
- 幼儿心理环境创设的意义
- 幼儿心理环境创设的要求
- 心理环境对幼儿发展的影响
- 教师言行在幼儿心理环境形成中的重要作用

一、幼儿心理环境创设的意义

（一）有利于幼儿适应幼儿园生活

从家庭步入幼儿园，是幼儿踏出的人生第一步，这一步关键而且重要。教师为新入园的幼儿做好全方位的准备，尤其是心理准备，至关重要。教师要营造一个安全、温馨、愉快的心理环境，用爱心、耐心及宽容接纳每一个孩子，稳定幼儿的情绪，帮助幼儿消除第一次离开家人的紧张、焦虑和不安，使其形成安全感和信任感，从而有助于幼儿适应并喜欢幼儿园的集体生活。

(二) 有利于形成幼儿积极的情绪、情感和良好的个性品质

良好的心理环境可以调动幼儿学习的兴趣,使幼儿变得充满自信、喜欢探索、乐于交往,敢于面对失败。

(三) 有利于幼儿园员工的成长与发展

良好的心理环境有利于形成协调的人际关系,使员工乐于从事自己的学习和工作;相反,不良的心理环境使人感到处处受压抑,导致各种不良个性品质的形成,使员工情绪低落,养成消极的思想方法和行为习惯。

二、幼儿心理环境创设的要求

(一) 创设优美、整洁的幼儿园物质环境

优美、整洁的幼儿园物质环境是创设良好心理环境的前提和基础,能唤起幼儿对生活的热爱,充实幼儿的生活内容,陶冶儿童的性情和情感,培养儿童的良好习惯,激发其求知欲,让他们能自由地探索世界的奥秘。

创设优美、整洁的幼儿园物质环境包括两方面的要求:(1) 应该符合安全、舒适、卫生、实用等要求;(2) 在环境的布置上应做到绿化、美化、净化、儿童化和教育化。

(二) 发挥园长管理职能,创设幼儿园成人之间和谐的人际关系

幼儿园中成人之间的人际关系会直接影响到幼儿园的心理环境。园长作为幼儿园的管理者,在营造幼儿园和谐人际关系方面起核心作用。园长要创设一种尊重、信任、关心、积极向上的精神环境,对全园教职工产生强烈的感染力,形成同事之间团结、友爱、理解、体谅、互助、和谐的氛围。这种氛围,会导致成人与儿童之间亲密和谐关系的形成。

(1) 园长应该了解教职工的能力和个性特点,充分发挥各人的长处,知人善任。对不同岗位的人员应一视同仁,激发他们热爱本职工作和增强责任感的热情,使他们心情愉快地贡献自己的知识和才能。

(2) 园长应该建立一套公平、合理、科学的奖惩及管理制度。尊重每个教职工,客观、全面地评价他们的劳动,做到以制度约束人,一视同仁,为教师创造一个平等的环境,使其能发挥创造能力,积极探讨科学的学前教育方法。

(3) 倡导在教职员工间建立文明的行为规范,强调人与人之间的真诚相待。关心教职员工的身体健康和心理健康,让员工能合理休息。定期组织教职工文体娱乐活动,使其在紧张工作之余精神得到放松,将饱满的激情和精力投入到工作中,增强集体凝聚力。

(三) 建立安全、温暖、互相信任的师幼关系

1. 教师要热爱并尊重幼儿

教师对儿童的爱,可以通过点头、微笑、注视、鼓励及身体的接触等不同的方式传递给幼儿。教师要最大限度地理解、宽容和善待幼儿。同时,教师要公平地对待每位幼儿,对幼儿一视同仁,并能针对幼儿的个别差异,施加有益的、有差别的影响。教师对幼儿的尊重表现

为尊重儿童的人格,尊重儿童的主体性。教师不要以高高在上的权威者自居,要把自己放在与幼儿平等的位置,教师和幼儿应成为相互尊重、共同成长的亲密伙伴。

2. 教师要学会调节自己的情绪

教师要将个人的不良情绪自觉排除在与幼儿接触的过程之外,保持良好的教态与理智的行为,用稳定的情绪感染幼儿。教师要以身作则,发挥幼儿教师本身的教育价值,直接影响幼儿的发展,从而形成良好的师幼关系。

(四) 建立幼儿之间良好的同伴关系

同伴关系是指年龄相近的儿童之间在共同生活、共同游戏中建立起来的相互协作关系。良好的同伴关系有助于幼儿正确认识自己,理解、关心、帮助他人,学会如何坚持自己正确的主张或放弃自己不好或不正确的意见,以及在平等的基础上协调各种关系,尤其在培养儿童分享、公正、好感等社会性行为方面有着特殊的意义。

为帮助学前儿童建立良好的同伴关系,在教育中应注意:

(1) 教师的教育方式是影响儿童建立良好的同伴关系的重要因素,因此,教师应该公平地对待每一位儿童,采取民主的、科学的教育方法,既不可溺爱或过度保护儿童,也不能专横或放任。

(2) 积极开展游戏活动,尤其是集体游戏。游戏活动可以创造自然的儿童之间相处的机会,更好地培养幼儿尊重别人和进行协商、友好互助的精神。

(3) 引导幼儿习得基本的社会交往技能和方法。

(五) 重视幼儿园文化建设

幼儿园文化由物质文化、精神文化、制度文化和行为文化构成。幼儿园文化建设是一个长期积淀的过程。幼儿园应做好规划,把物质环境和精神环境有机结合,落实办园理念,形成幼儿园核心价值观,形成自己的品牌。

三、心理环境对幼儿发展的影响

良好的心理环境能使幼儿产生积极愉悦的情绪,有助于幼儿形成活泼、开朗、信任和自信的性格特征,有助于幼儿思维的活跃和智力的开发,有助于幼儿身心健康发展,增强对疾病的抵抗能力;反之,不良的心理环境会使幼儿情绪不佳,整天生活在紧张和恐惧的气氛中,从而导致生理功能的障碍和紊乱,影响幼儿的身体健康,更重要的是会使幼儿形成孤僻、抑郁、胆怯、不信任等性格特征,极大地扼杀了儿童的天真和天性,扼杀幼儿的想象力和创造力,甚至对其今后一生的健康和幸福产生深远影响。

四、教师言行在幼儿心理环境形成中的重要作用

首先,幼儿教师的观念、态度、言行是影响幼儿心理环境质量的决定性因素。如果幼儿园教师拥有正确的教育观念、稳定的心理素质、良好的生活态度及娴熟的专业技能,就能营造一个让幼儿感到宽松、祥和、舒适的环境,能够使幼儿的个性特点得到充分发挥,自如地进

行探索、想象和创造。

其次，如果教师有正确的教育观念，态度、言行得当，就可以敏锐地发现幼儿的各种需要，协调各方面的因素，为幼儿创设一个良好的心理环境，促进其健康全面的发展。如拥有正确观念的教师，会想方设法地加强与家长的联系，了解幼儿在家里的各方面情况，影响家长对幼儿的态度，指导家长正确地育儿，从而使家长共同配合，形成教育合力。

【真题展示】

作为幼儿教师，如何在保教活动中营造更好的心理氛围？（扫二维码领取答案）

第三节　常见活动区

思维导图

- 常见活动区
  - 常见活动区的分类
  - 幼儿园活动区的创设
    - 活动区域的设计
    - 活动区域材料选择及投放要点

活动区就是利用活动室、睡眠室、走廊、门厅及室外场地，提供、投放相应的设施和材料，为幼儿创设的分区活动的场所。

活动区的主要功能包括：① 适应幼儿个别差异的需要，扩充幼儿学习的领域；② 激发幼儿学习动机，培养幼儿独立探索的精神；③ 为幼儿提供相互学习与观摩的机会，培养幼儿想象力、创造力、观察力和动手操作的能力；④ 为幼儿创设互动的学习环境；⑤ 为幼儿提供个别化的学习机会；⑥ 为幼儿提供静态和动态相平衡的课程；⑦ 为教师提供观察与评价幼儿的机会。

一、常见活动区的分类

幼儿园常见的室内活动区有语言区、美工区、科学区、建构区、角色区、益智区、音乐表演区等。室外可有玩沙区、玩水区、种植区、饲养区等。

（一）语言区

语言区是通过丰富的语言环境，激发幼儿语言表达与运用的兴趣，提高幼儿语言表达能力的区域。在语言区中，幼儿可以进行阅读、听故事、朗诵、演讲、语言游戏等活动。

语言区设置目标：培养幼儿的语言表达及欣赏能力；培养幼儿对文字的兴趣。

（二）美工区

美工区是幼儿进行美术和手工创作的活动区。美工区的活动内容有画画、涂色、平面造型、立体造型、自然材料造型、利用废旧材料制作玩具等。

美工区设置目标：尝试用不同的材料，表达自己的想法和感受；锻炼小肌肉能力；培养审美能力；开发创造力和想象力。

（三）科学区

科学区是幼儿进行科学探索的活动区。探索的内容包括动植物、物理现象、化学现象等，使幼儿通过观察和实验发现问题、提出问题和解决问题。

科学区设置目标：激发幼儿的好奇心和探究欲望，发展其认知能力；培养幼儿喜欢观察、乐于动手动脑、发现和解决问题的态度；培养幼儿愿意与同伴共同探究，能用适当的方式表达各自的发现，并相互交流的能力；鼓励幼儿用多种方式来表现自己的探索过程和结果，并与他人交流、分享。

（四）建构区

建构区是让幼儿操作各类积木的活动区。在这里，幼儿能利用积木自由地进行建构和组合。

建构区设置目标：发展幼儿的建构能力，使其学习建构技法；发展幼儿空间知觉，使其认识基本形状、数量关系；通过尝试各种不同的建构材料、方法、设计，激发幼儿的创造力及想象力；引导幼儿分工合作，共同设计、建构；培养幼儿的社会性，发展其交流、表达的能力，使其掌握自行解决问题的方法。

（五）角色区

角色区是让幼儿进行角色扮演游戏的活动区。角色扮演区包括餐厅、超市、医院、理发店、娃娃家等。角色区的场景都是幼儿日常生活中的内容。

角色区设置目标：帮助幼儿了解人际关系，通过扮演不同的角色发展幼儿的社会性；帮助幼儿学习友好交往技能，如轮流、分享、协商、互助、合作等；培养幼儿大胆表达个人意愿、情感、见解的能力，以及沟通、交流的能力，让幼儿尝试自己解决问题；发展幼儿的表征能力；帮助幼儿学习适度表达个人情绪，了解他人情感，能自我控制，调整伙伴间的相互关系等。

（六）益智区

幼儿操作益智类玩具的活动区。这些益智类玩具包含一定的问题或任务，要求幼儿在游戏过程中解决问题，完成任务。益智区的活动内容有计数、计算、分类等数学内容，还有拼图、棋类和扑克牌等。

益智区设置的目标：锻炼幼儿的思维能力；锻炼幼儿的小肌肉能力；培养专注、细致、有序等学习习惯。

（七）音乐表演区

音乐表演区是通过音乐元素的运用和音乐氛围的营造，引导幼儿进行表演和创作的区域。音乐表演区的内容有音乐舞蹈表演、打击乐演奏、故事表演等内容。

音乐表演区设置的目标：发展想象力和创造性表达、表现的能力；发展语言表达和交往能力；体验舞台表演的满足感和自豪感。

二、幼儿园活动区的创设

（一）活动区域的设计

活动区域的设计包括选择与确定活动区的内容和数量、对活动室进行区域规划与布置、制定区域活动规则等内容。

1. 活动区的内容和数量

活动区的设置应考虑教育目标，要紧密结合教育目标和教育活动内容来设置区域的内容。活动区的数量根据活动室的大小来确定，一般在4—5个为宜。活动区的实用性应该是设计时需要重点考虑的内容。选定了活动区内容以后，还要精心为每个活动区命名。

2. 活动区的规划与布置策略

（1）干湿分区：美工区、科学区的活动需要用水，而图书区不需要，应该分开。

（2）动静分区：建构区、表演区、音乐区等属于热闹的“动”区，而图书区、数学区等需要安静。这两类区宜离得远些，以免相互干扰。

（3）相对封闭性：教师要利用各种玩具柜、书架、地毯等现有设施作为活动区之间的分界线。界限不明晰，会导致儿童无目的地“乱窜”。不同的活动区、不同年龄的幼儿有不同的要求。图书区的封闭程度要高一些，而美术区、娃娃家则可以开放一些，以方便幼儿取水、换水和出入。小班幼儿因为注意的有意性和稳定性较差，很容易被外界的刺激影响，所以需要封闭程度高的环境；大班则应加大开放性，以利于活动内容的丰富和区域之间的交流。

（4）就近：美工区的活动由于经常需要用水，最好离水源近一些；科学区、运动区需要自然的光线，而且经常需要将活动延伸到户外场地，最好选择向阳和接近户外的一面。

（5）方便通畅：教师要合理利用活动室的每个角落，充分发挥室内设施的作用，保证活动室内的“交通”畅通无阻。活动室的中央和各个门口最好不要设置活动区。

3. 活动区的规则制定

规则是保证区域活动顺利开展的重要因素。一方面，教师要善于用环境来暗示规则，如整齐有序的材料摆放；另一方面，教师要明确制定一些规则，如每个活动区的人数、进入活动区的标志、在每个活动区应当如何开展活动、活动后如何收拾整理等。

（二）活动区域材料选择及投放要点

材料是教育意图的物质载体，它本身的特性及由这些特性所规定的活动方式决定着幼儿可能获得什么样的学习经验，获得哪些方面的发展。活动区材料的投放要满足幼儿活动的需要，符合幼儿的年龄特点，支持每个幼儿有效的探索和学习活动。当然，也要考虑活动内容的需要。所以，活动区材料的投放要具有操作性、启发性、引导性、丰富性和针对性。

第四节　幼儿园与家庭、社区

思维导图

- 幼儿园与家庭、社区
  - 幼儿园与家庭合作
    - 幼儿园与家庭合作的概念
    - 幼儿园与家庭合作的重要性
    - 家园合作的主要内容
    - 家园合作的方法
    - 家园合作存在的问题
    - 家园合作中存在问题的解决措施
  - 幼儿园与社区合作
    - 幼儿园与社区合作的意义
    - 幼儿园与社区合作的内容
    - 幼儿园与社区合作的问题
    - 幼儿园与社区合作中存在问题的解决措施

一、幼儿园与家庭合作

《幼儿园教育指导纲要（试行）》指出：家庭是幼儿园重要的合作伙伴，应本着尊重、平等、合作的原则，争取家长的理解、支持和主动参与，并积极支持、帮助家长提高教育能力。

（一）幼儿园与家庭合作的概念

家园合作是指幼儿园和家庭都把自己当作促进儿童发展的主体，双方积极主动地相互了解、相互配合、相互支持，通过幼儿园和家庭的双向互动，共同促进幼儿的身心发展。

（二）幼儿园与家庭合作的重要性

1. 家园合作有利于充分利用家长资源

家庭是孩子的第一所学校，父母是孩子的第一任老师，家长与孩子之间特有的血缘关系、亲情关系与经济关系，使家长对孩子的教育具有感染性、长期性和针对性，教育内容复杂丰富且教学方法灵活多样。所以，家长是幼儿园重要的教育力量，这表现为：① 家长的参与有利于幼儿的发展；② 家长是教师最好的合作者，是教师了解幼儿的最好信息源；③ 家长参与幼儿在园的活动能够大大提高幼儿活动的兴趣和积极性；④ 家长与教师的配合使教育计划的可行性、幼儿园课程的适宜性、教育的连续性和有效性等都能更好地得到保证；⑤ 家长本身是幼儿园宝贵的教育资源。

2. 家园配合一致，有助于促进幼儿健康、全面的发展

幼儿园教师要充分发挥主导作用，充分重视并主动做好家园合作工作，使幼儿园与家长在教育思想、原则、方法等方面取得统一认识，形成教育的合力，促进幼儿的健康、全面发展。

（三）家园合作的主要内容

（1）鼓励和引导家长直接或间接地参与学前教育，同心协力培养儿童。家长直接参与，指家长参与到幼儿园教育过程中，如参与课程设置、加入儿童活动等；家长间接参与，指家长为幼儿园提供人力、物力支持，或通过家长会、家长联系簿等将有关意见反映给幼儿园和教师，而自己不参与幼儿园的决策和活动。

（2）幼儿园帮助家长树立正确的教育观念，引导采用正确的教育方法。

（四）家园合作的方法

（1）家长直接参与的方法：家长开放日——定期让家长来园参观或和儿童一起活动；爸爸妈妈老师制度——家长可以不定期地来园和教师一起组织活动；亲子游戏——家长来园与自己的孩子一起参加各种活动；夏令营活动——幼儿园和家长一起组织的野外活动。

（2）家长间接参与的方法：

① 个别联系的方法，如家访、家园联系簿、个别谈话等。

② 集体联系的方法，如家长专栏、家长委员会、家长学校等。

（五）家园合作存在的问题

（1）家园合作不够深入，较多地停留在表面，表现为“二多”和“三少”。家长虽然进入了幼儿园，但参观的多，参与的少；间接参与的多，直接参与的少，家长很少深入幼儿园教育过程的深层次环节中；一次性的直接参与多，经常性的直接参与少。

（2）家庭与幼儿园的教育内容脱节，表现为家长来园参与活动不过是和幼儿一起玩玩，但是回家后不大可能把这些和家庭教育联系起来。与之相对，幼儿园教育又常常是在家长看不到幼儿活动的情况下进行，因此难以产生有针对性的效果。

（六）家园合作中存在问题的解决措施

幼儿园与家庭合作共育中所产生的问题，既有幼儿园方面的原因，也有家庭方面的原因。因此，问题解决是双方的事情。

（1）幼儿园要积极创造条件开辟各种沟通渠道，争取家长的参与。

① 教师要以诚相待，放下权威，把“支持每个家庭在学校里找到归属感和幸福感，家长和教师共同思考家庭参与的途径，不断丰富和支持家长参与学校教育”作为宗旨，实现与家长真正意义上的沟通和交流。

② 引导家长对自己孩子在幼儿园中的表现进行观察。

③ 利用现代科学技术和网络技术，建立幼儿园网站，为家园双方提供相互交流的平台，

加强家园交流的双向互动和信息共享。

④ 定期就儿童的家园表现进行交流。

⑤ 家访工作要落到实处。

⑥ 在家长每日接送孩子时，教师应尽可能地和家长交流。

2. 家长要积极参与幼儿园保教活动。

（1）在家园合作中家长要谨记，在教育孩子的问题上家长和教师是平等、共育和合作的关系。

（2）家长要有参与幼儿园教学的积极性和兴趣。如在幼儿园家长活动专栏里，积极贡献自己的育儿经验，利用自己优势支持和援助幼教活动等。

二、幼儿园与社区合作

（一）幼儿园与社区合作的意义

1. 幼儿园与社区合作是世界幼儿教育发展的必然趋势

社会经济、文化、科技的发展，使社会对教育的影响越来越大，也使教育与社会的关系越来越密切。1981 年联合国教科文组织指出，幼儿教育必须从学校这个封闭的范围中解放出来，扩展到家庭与社区。这一精神现已成为世界幼儿教育共同发展的方向。

2. 社区对学前教育具有重要的意义

（1）社区环境的重要性。社区的自然环境和人文环境在儿童成长中有着特殊的意义，充分利用社会环境中富有教育意义的自然和人文景观、革命历史文物、遗迹等，不仅可以扩大教育的空间，而且可以深化和丰富教育的内容。

（2）社区资源对学前教育的意义。社区生产功能、生活功能、文化功能兼备，能为幼儿园提供教育所需要的人力、物力、财力、教育场所等多方面的支持。幼儿园在与社区的合作中，可直接利用社区丰富的教育资源，让儿童走进社会大课堂，使幼儿教育变得更生动、更富有时代气息。

（3）社区文化对学前教育的意义。文化和文明程度高的社区，幼儿园的园风、教育质量也都不错，社区的影响无疑是一个重要因素。

（二）幼儿园与社区合作的内容

1. 整合社区资源，促进儿童发展

幼儿园所在社区的自然环境和社区生活氛围、社区设施等，都是幼儿园可以利用的宝贵教育资源，因此幼儿园要主动与社区合作，通过“走出去”和“请进来”，积极发掘和利用社区的各种教育资源，与幼儿园的教育整合。

（1）带儿童到社区去开展教育活动。每一所幼儿园都坐落在一定的社区之中，不同的园所所处的社区、周边的环境不可能完全相同，教师应从实际出发，借助和运用社区的教育资源，发挥社区的有利因素，避开不利因素，拓展教育途径，丰富教育形式，让儿童作为社区的一分子，与社区的自然环境和社会环境亲密接触。

① 散步与玩耍。教师可以利用社区里的自然景观，如小区花园、街心广场等作为儿童散步、观察、玩耍、游戏的场所，使儿童感受不同于幼儿园内部的环境，从而亲近自然、亲近社会，以陶冶身心。

② 感受社区文化。教师可带领幼儿到社区内的文化机构，如图书馆、美术馆、展览馆等场所去参观，使之初步感知民族文化、艺术、历史、体育等方面的知识，扩大儿童的视野。

③ 认识和关心周围的人。教师可以让儿童去访问社区工作人员，如保安、清洁工等，让儿童了解社区中不同岗位上的人，了解到正是这些不同岗位上的人的辛勤工作才有社区的整洁、美丽和安全。

④ 参加社会实践。教师可以引导儿童为社区的环境保护等做一些力所能及的事情，从中体验关心小区、为他人服务的快乐；有条件的还可以引导其参加一些安全卫生方面的劳动实践，培养幼儿的劳动意识、社会服务意识。

(2) 把社区的人力资源请进幼儿园。幼儿园可以采用“请进来”的形式，把社区里不同职业的人士适当适时地请到幼儿园来参与幼儿教育，与幼儿一起活动。如请交警同志为幼儿演示指挥交通的手势并讲解其含义，增强幼儿的交通规则意识等。社区人员参与幼儿教育，将拓展幼儿的生活和学习范围，使他们的学习更加具有真实性，而在真实的环境中，人的情感也最容易得到感染，有效地增强了活动的时效性。

2. 发挥幼儿园的教育优势，为社区建设出力

教师可发挥自己的专业特长，为社区群众举办教育讲座，开设学前教育、家庭教育等各种宣传专栏。节假日幼儿园可以协助社区开展文娱活动，还可以利用幼儿园的资源在双休日向社区开放，让社区的儿童来活动，充分发挥其服务社区教育、为建设社区出力的作用。

(三) 幼儿园与社区合作的问题

幼儿园与社区合作是一个新的课题，如何合作还缺乏经验。合作中的主要问题是：较多流于形式，实质性教育效果不大；或打乱幼儿园的生活常规，加重了教师和幼儿的负担；或将与社区合作的活动和幼儿园教育活动分离开来，不能有效地利用社区环境来深化幼儿园教育。另外，对与社区合作还存在一些不正确的认识，如认为自己幼儿园周围的社区环境不好，所以不能合作；或认为与社区结合太麻烦，搞一次活动费好大劲等。

(四) 幼儿园与社区合作中存在问题的解决措施

(1) 幼儿园与社区结合并不是要求幼儿园一定要在工作之外去搞什么大型活动，参与社区的活动也并不一定是增加教师与幼儿负担的额外工作，幼儿园完全能将与社区结合的活动纳入自己的教育内容中，二者应有机结合。

(2) 幼儿园把与社区结合的活动深入幼儿园教育过程中，将大大扩展教育的深度和广度。

(3) 应明确与社区结合的活动不仅对幼儿社会性发展等方面有重大意义，在智力、分析和解决问题的综合能力方面也有独特的作用。

(4) 是否能开展与社区结合的活动，社区环境条件不是主要的，关键是教师能否敏锐地抓住问题，发现有教育价值的事情或现象，并有效地加以利用。

第五节　幼小衔接

思维导图

- 幼小衔接
  - 幼小衔接的含义和意义
    - 幼儿衔接的含义
    - 幼小衔接的意义
  - 幼儿进入小学后面临的困难
  - 幼小衔接的策略
    - 培养幼儿对小学生活的热爱和向往
    - 培养幼儿对小学生活的适应性
    - 帮助幼儿做好入学前的学习准备
    - 转变观念，双向改革

一、幼小衔接的含义和意义

（一）幼小衔接的含义

幼小衔接是指幼儿园教育与小学教育两个阶段的衔接；是指幼儿园与小学根据身心发展的阶段性和连续性规律及儿童可持续发展的需要，做好两个阶段的衔接工作，使幼儿尽快地适应新的学习生活，避免或减少因两个学习阶段间存在的差异给幼儿身心发展带来的负面影响，为其入小学后的发展及终身发展打好基础。

（二）幼小衔接的意义

1. 做好幼小衔接工作，是幼儿身心健康发展的需要

尽管幼儿园和小学是两个不同性质、不同教育任务和不同教育要求的独立教育机构，但儿童身心发展的内在规律决定了教育应从连续性、整体性出发，从生理、心理等各方面做好充分准备，实现从一个教育阶段到另一个教育阶段的自然、顺利过渡。

2. 做好幼小衔接工作，是儿童入学适应不良现状的实践要求

幼儿园阶段和小学阶段在主导活动、生活环境、规章制度、师生关系和社会要求等方面均存在较大差异。这些差异带来了儿童入学后出现的诸多身体、精神、社会适应等方面的不良反应和不适应状态。这些现实决定了学前儿童从幼儿园进入小学并开始新的生活之前应该进行一定的调整和准备工作，建立一系列过渡性的行为方式，以满足新的教育阶段的新要求。

3. 做好幼小衔接工作，是幼儿园教育内容的重要组成部分

《幼儿园工作规程》（简称《规程》）与《幼儿园教育指导纲要（试行）》都曾指出，做好幼儿园与小学的衔接工作，是幼儿园阶段的一项基本教育任务，是教育内容的重要组成部分，而不是额外增加的工作。

二、幼儿进入小学后面临的困难

从幼儿园进入小学，包含着一系列重大的转折和变化。

（一）社会要求的提高

幼儿园是启蒙教育，保教并重，以游戏为主要活动形式，幼儿在游戏中学习，不觉得有压力，也没有评分标准。而小学是义务教育，以上课为主要形式，必须系统地掌握关于自然或社会的基础知识、基本技能，儿童必须努力学习，不仅要学习自己感兴趣的内容，还要学习自己不关心和不感兴趣的内容。学习成绩以分数衡量，分数的高低会受到周围人的评价和成人的奖惩。这些都会使儿童感到压力。

（二）生活作息制度的变化

幼儿园各项活动动静交替，每天上课不超过 1.5 小时，其他时间以游戏为主，午睡 2 小时；小学生除早读外，上午 4 节课，下午 2 节课，课间休息和游戏时间很短，午睡也得不到保证。

（三）师生关系不同

幼儿教师的工作是保教并重，全天参加幼儿的游戏、上课、日常生活等各项活动，对幼儿的冷暖、饮食、如厕、卫生等各个方面都照顾备至，个别接触与谈话的机会较多，师生之间亲密融洽。而小学教师的主要精力放在教学上，重视完成各科教学，注意教材进度、批改作业及课堂纪律，对学生生活较少过问。

（四）生活环境的不同

幼儿园的活动室都布置得美观生动，桌椅可移动，游戏材料丰富多样，有自然角、美工区、建构区等各种活动区，供幼儿自主游戏、观察、娱乐，活动空间较大，幼儿每天接触新鲜、有挑战性的玩教具，生活充满乐趣；而小学教室布置比较单调，座位固定，排列密集，几乎没有活动的空间，对幼儿缺乏吸引力，且教室外的设施、设备大多是全校合用的，低年级学生享用的机会较少。

（五）教学内容和教学方法的改变

幼儿园教学从幼儿思维的具体形象性出发，常用游戏、故事、角色扮演等直观形象、灵活多样的方法，以发展口头语言为主，学习周围环境和日常生活中的粗浅知识技能，不强调系统性。而小学强调文化知识系统的教育和读写算等基本技能的训练，小学生要面对许多术语和比较概括的指令，可能会产生不适应。

三、幼小衔接的策略

我国幼小衔接的指导思想和原则是：(1) 长期性而非突击性；(2) 整体性而非单项性；

(3)培养入学的适应性而非小学化。具体可以采取以下策略：

(一) 培养幼儿对小学生活的热爱和向往

幼儿对小学生活的态度、看法和情绪状态等，对入学后的适应关系很大。所以，幼儿园阶段应注意培养幼儿愿意上学的意愿，使之对小学生活怀着兴趣和向往，培养其为做一名小学生感到自豪的积极态度，并让幼儿有机会获得对小学生活的积极情感体验。为此，幼儿园应当通过多种教育活动，特别是加强与家长、小学的合作，来让幼儿逐步了解小学，喜欢小学，渴望上小学，最后愉快、自信地跨进小学。

(二) 培养幼儿对小学生活的适应性

幼儿入学后，是否适应小学的新环境，适应新的人际关系，对其身心健康影响很大。培养幼儿的社会适应性，特别是主动性、独立性、人际交往能力等，不仅关系着幼儿入学后的生活质量，也关系着他们在小学的学习质量，是幼小衔接的重要内容。

1. 培养主动性

主动性就是在幼儿园教育中，培养幼儿的自信心、对周围事物和人的积极态度，激发儿童对活动的参与欲望和兴趣，给他们提供自己选择、自己计划、自己决定的机会和条件，鼓励他们去探索、去尝试，并使他们尽量获得成功的体验。

2. 培养独立性

儿童的独立性、生活自理能力与入学后的适应关系很大。很多幼儿因为不能自己管理好学习用具和生活用品、不能自己按情况穿脱衣服、不能记住喝水或害怕独自上厕所等，而影响身体和学习，难以适应小学生活。

3. 发展人际交往能力

幼儿入学后对新的人际环境的适应非常重要。适应能力差的儿童胆小，不能主动与同伴交往，或与同伴不能友好相处，遇到问题也不敢去找老师反映或寻求帮助等，导致没有新朋友，从而感到孤独、心情沮丧，学习的兴趣大大降低，学校的吸引力也会消失。

4. 培养幼儿的规则意识和任务意识

幼儿园应当注意培养儿童的规则和任务意识，特别是在大班阶段，可以通过开展规则游戏或其他活动，让儿童逐步懂得生活、游戏、学习等都是有规则的，并让他们有机会体验到如果不遵守规则会造成怎样的后果，有意识地发展他们的自我控制能力。

(三) 帮助幼儿做好入学前的学习准备

1. 培养良好的学习习惯

从小养成好的学习习惯，将使儿童终身受益，如爱看图书的习惯、做事认真的习惯、注意力集中地听老师讲话的习惯、保持文具和书本整洁的习惯等。

2. 培养良好的非智力品质

非智力品质指影响智力活动的各种个性品质，主要是认识兴趣、学习积极性、意志、自信心等。应当培养幼儿的好奇心、对外部世界的兴趣和探索的积极性，培养他们做事坚持到底、不怕困难的品质。

3. **发展思维能力等多方面能力**

幼小衔接不是提前学习小学的学习内容，不是在入学前教孩子拼音、认字、做算术等，而是要从根本上发展儿童的智力，特别是智力的核心——思维能力。

（四）转变观念，双向改革

解决幼小衔接问题的关键在于转变观念、加强研究，根据幼儿身心发展的规律，做好过渡期的教育工作。幼儿园和小学都应该做好全面发展教育的改革工作。

1. **转变观念，提高教师素质，有的放矢地做好过渡期的教育工作**

提高广大教师的素质是幼小衔接工作取得成功的保证。而提高教师素质的关键则在于转变旧观念，提高教师对衔接意义的认识，加深广大教师对幼儿过渡期特点的理解，从而使广大教师能够自觉研究过渡期每个幼儿不同的发展特点和需要，有计划、有针对性地开展衔接工作。

2. **加强家、园、小学之间的合作**

幼儿园、小学、家长必须互相配合，形成影响幼儿成长的教育合力。目前，不少家长在儿童入学准备问题上，存在各种不正确的认识，如认为幼儿在幼儿园游戏中不能学到东西，认为入学准备就是学拼音、认字、做数学题，对幼儿入学前的健康准备及社会适应能力的培养重视不够，由此形成的来自家长的压力可能对幼儿园的衔接工作构成冲击。因此，做好家长工作，转变家长观念，使家长掌握正确的态度和方法，与幼儿园、小学共同配合，对搞好过渡期的教育十分必要。

3. **推进幼儿园和小学教育的双向改革**

幼儿园和小学双方都应把培养儿童的基本素质作为幼小衔接工作的着眼点，共同创造合理的过渡期的外部教育环境与条件，搞好衔接工作，加强园、校间的沟通与协作，进行幼儿园与小学教育的双向改革。

【真题展示】

幼儿园为什么要为幼儿入小学做准备？应做哪些准备？（扫二维码领取参考答案）

【模拟试题】

1. 材料分析题：一所幼儿园的大型体育器械场地原先长满厚实绿草，由于当时的眼光认为这些植物过于“土气”，于是在某一年的暑假，幼儿园全体教师牺牲了休息时间对这些野草进行“挖地三尺”的清剿，甚至为了彻底“斩草除根”，还采用了开水深灌的战术。最后，艰苦的奋战终于迎来了场地沙土化和水泥化的成果。可接下来又流行起“园林化”，但引进的高级草坪只能看不能踩，常种常秃，再换成人造地毯，还是不能解决弹性差、不安全的问题，且费用昂贵。最后不得不任由其还原成沙地。这时，许多人开始时常主动地怀念起那些曾经覆盖在场地上的厚实野草来……

问题：

（1）分析案例中幼儿园环境创设违背了哪些原则。

（2）请提出相应的改进建议。（扫二维码领取参考答案）

2. 简述活动区的功能。（扫二维码领取参考答案）

3. 图4-2是一个小班的区域设置图，请分析说明该小班游戏空间设计有哪些不合理的地方，并提出你的修改建议。（扫二维码领取答案）

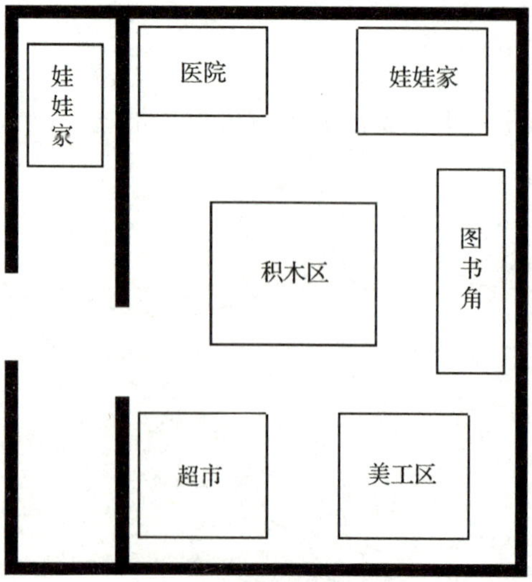

图4-2　小班区域设置图

4. 材料:星期一,A 老师埋怨说:“孩子在家过了一个双休日,再回到幼儿园后,许多良好的行为习惯都退步了,不认真吃饭,乱扔东西,活动时喜欢说话,真不知孩子在家时,家长是怎么教育的!”站在一旁的 B 老师颇有同感地说:“是啊,如果家长都能按我们的要求去教育孩子,我们的工作就好做多了!”A 老师接着说:“可这些家长不按我们的要求做倒也罢了,还经常给我们提这样那样的意见,好像我们当老师的还不如他们懂得多,真拿这些家长没有办法……”

问题:请你运用幼儿园与家庭相互配合的有关理论,具体谈谈家园合作对幼儿发展的重要意义,以及目前存在的误区。(扫二维码领取参考答案)

模块五 幼儿游戏概述

第一节 幼儿游戏的理论及基本特征

思维导图

幼儿游戏的理论及基本特征
- 相关的游戏理论
- 学前儿童游戏的基本特征

一、相关的游戏理论

（一）剩余精力说

该学说由英国哲学家斯宾塞提出，他认为生物都有保护自己生存的能力（精力），身体健康的儿童除了维持正常生活以外，还有剩余精力需要发泄。游戏活动是剩余精力的最好表现，是发散体内过剩精力的方法，剩余精力越多，游戏活动便越多。

（二）练习说或生活准备说

该学说由德国生物学家、新达尔文主义者格罗斯提出。他从生物进化论出发，认为游戏不是无目的的活动，而是为将来生活做准备的。游戏是人与动物都有的一种天赋的本能活动。游戏时间的长短随动物进化的程度而异，越是高级的动物，在成年后维持生存所必需的基本技能越复杂，需要练习的时间越长；幼年期越长，游戏的时间越长。最初是实验性游戏，包括感觉运动游戏，这种游戏逐渐发展到建造游戏和高级智能的练习。然后是社会经验游戏，包括争斗、追逐、模仿、社会和家庭游戏等。实验游戏的目的是发展自制能力，社会经验游戏的目的是发展人际关系。

（三）游戏欲望说

荷兰生物学家拜登代克反对格罗斯的观点，认为游戏是儿童操作某些物品而进行的一种活动，游戏不是本能，而是一种欲望的表现。引起儿童游戏的欲望有：发展个体主动性的欲望、适应环境的欲望、重复练习的欲望等。

（四）复演说

美国心理学家霍尔认为，儿童游戏反映了从史前的人类祖先到现代人的进化过程。游戏是祖先最早活动遗迹的再现，儿童的游戏无非是复演祖先的动作和活动，如儿童的攀爬和荡秋千的游戏是人类处于动作阶段生活的复演，团体游戏是部落时期人类生活的复演，等等。

二、学前儿童游戏的基本特征

游戏是学前儿童的基本活动和权利，是学前儿童喜爱的、主动的活动，是学前儿童反映现实生活的活动。儿童游戏具有以下特征：

（1）游戏是儿童自主自愿的活动。

（2）游戏是儿童感到快乐的活动。

（3）游戏是充满想象和创造的活动。

（4）游戏是虚构与现实统一的活动。

（5）游戏是具体的活动。

【真题展示】

单项选择题

幼儿学习的主要方式是（　　）。（扫二维码领取参考答案）

A. 操作尝试学习　　B. 观察模仿学习

C. 言语理解学习　　D. 游戏

第二节　幼儿游戏的分类

幼儿游戏的分类
- 按认知发展分类
- 按社会性发展分类
- 按体验形式分类
- 按教育目的（作用）分类
- 按游戏与教育教学关系分类

人们的研究角度不同,对游戏本质的理解也不同,因此游戏分类标准各异,比较典型的有以下几种:

一、按认知发展分类

皮亚杰根据游戏与认知发展的关系,把游戏分为四类。

(1) 感觉运动游戏:也称机能性游戏、练习性游戏或实践性游戏,产生动因是感觉或运动器官在使用过程中所获得的快感,主要由简单的重复动作或运动组成。这是游戏的最初形式。

(2) 象征性游戏:幼儿阶段最常见的典型游戏形式,带有“好像”和“假装”特点,因此也叫想象游戏。在游戏中完成以物代物、以人代人为表现形式的象征过程。

(3) 结构性游戏:儿童利用各种结构材料(如积木、积塑、泥、沙、雪等)来建构物体的游戏。

(4) 规则游戏:两个以上儿童在一起按照一定规则进行的、往往具有竞赛性质的游戏。这是游戏的最高形式。

二、按社会性发展分类

这种分类以帕登的研究为代表。帕登认为儿童之间的社会性互动随着年龄的增长而增加,他把游戏分为六种。

(1) 偶然的行为:东游西逛,行为缺乏目标,注视碰巧引起兴趣的事情,玩弄身体,在椅子上爬上爬下。

(2) 游戏的旁观者:观看同伴的游戏,偶尔同他们交谈,有时向他们提出问题,但行为上并不介入他人的游戏。

(3) 独自游戏:指儿童用与其他孩子不同的玩具独自玩耍,很少注意或关心他人的接近或他人的游戏。

(4) 平行游戏:指儿童相互模仿,操作相同或相近的玩具或开展同类的活动,相互交往时有发生,但主要仍是独自游戏,没有合作行为。

(5) 联合游戏:指和同伴一起游戏,谈论共同的活动,但没有围绕具体目标进行组织,也没有建立起集体的共同目标,虽然借还玩具时有发生,但每个儿童仍以自己的兴趣和愿望为中心。

(6) 合作游戏:指以集体共同的目标为中心活动,有达到目标的方法和严格的组织分工,常有较明显的组织者或领导者。

三、按体验形式分类

(1) 主动性游戏,儿童的游戏体验是主动的,分为以下几种。

① 机能游戏:以刺激婴幼儿各种感官、机能发展为主的游戏;

② 想象游戏：以再现、模仿成人生活、劳动为主要内容的游戏；

③ 制作游戏：以积木、泥、沙等制作材料进行的具有创造性的结构游戏。

（2）被动性游戏：又称接受游戏，是儿童作为观众或听众，以理解为主的游戏。儿童的游戏体验是被动的。

四、按教育目的（作用）分类

这种分类按游戏的教育作用来分类，是我国较多采用的一种分类方法。按照这种分类方法，幼儿园游戏可以分为创造性游戏（角色游戏、结构游戏、表演游戏）、规则游戏（体育游戏、智力游戏、音乐游戏）和娱乐游戏等。

（1）角色游戏：以模仿和想象为主，通过角色扮演创造性反映周围生活的游戏。

（2）结构游戏：利用结构材料进行建造的游戏。

（3）表演游戏：按照童话、故事中的角色、情节和语言进行的游戏。

（4）智力游戏：使幼儿在自愿和愉快情绪下增长知识、发展智力的游戏。

（5）体育游戏：以发展基本动作为主的游戏。

（6）音乐游戏：在音乐伴奏或歌曲伴唱下进行的游戏。

（7）娱乐游戏：以娱乐为主的游戏。

五、按游戏与教育教学关系分类

（1）本体性游戏：指儿童自发、自主表现出的一种活动，游戏本身即目的，也称目的性游戏。

（2）工具性游戏：指作为教育教学的手段或工具的游戏，也称手段性游戏、教学游戏，其直接目的在于保证教育教学活动的有效进行、任务（或目标）的顺利完成。

【名师指导】

幼儿游戏的分类是考试中的重点和难点，其中有三对游戏比较容易混淆，希望各位考生注意区分。独自游戏与平行游戏：区分点在于玩的材料是否相同或相似。联合游戏与合作游戏：区分点在于是否有共同的目标，是否有明确分工。角色游戏与表演游戏：区分点在于游戏是反映现实生活还是文学作品。

【真题展示】

1. 儿童拿一根竹竿当马骑，竹竿在游戏中属于（　　）。（扫二维码领取答案）

A. 表演性符号　　B. 工具性符号

C. 象征性符号　　D. 规则性符号

2. 儿童最早玩的游戏类型是(　　)。(扫二维码领取答案)

A. 练习游戏　　B. 规则游戏

C. 象征性游戏　　D. 建构游戏

3. 幼儿反复敲打桌子,在房间里跑来跑去,在椅子上摇来摇去,这类游戏属于(　　)。(扫二维码领取答案)

A. 结构游戏　　B. 象征性游戏

C. 规则游戏　　D. 机能性游戏

4. 幼儿以积木、沙、雪等材料为道具模仿周围现实生活的游戏是(　　)。(扫二维码领取答案)

A. 表演游戏　　B. 结构游戏

C. 角色游戏　　D. 规则游戏

第三节　幼儿游戏的发展价值

思维导图

幼儿游戏的发展价值
- 在身体发展中的作用
- 在智力发展中的作用
- 在社会性发展中的作用
- 在情感发展中的作用

游戏是儿童最喜爱的活动,儿童在游戏中学习和成长,游戏对儿童的身体、智力、创造力、情感、社会性的发展都具有重要的积极作用。

一、游戏在身体发展中的作用

(一) 促进儿童身体的生长发育

游戏既有全身的运动也有局部的运动,可以使儿童的各种生理器官和生理系统得到锻炼,从而促进骨骼肌肉的成熟,加速机体的新陈代谢,有利于内脏和神经系统的发育。

(二) 发展儿童的基本动作和技能

游戏锻炼了儿童大、小肌肉的活动能力,能够促进儿童对于肌肉运动的控制和协调。

(三) 增强儿童对外界环境变化的适应能力

在户外进行的游戏可以使儿童接触充足的阳光和新鲜的空气等自然因素,从而促进儿童的身体健康。

（四）有利于儿童的身心健康

游戏的内容和形式丰富多彩、灵活多变、引人入胜，能够带给儿童愉快和满足，有利于儿童的身心健康。

二、游戏在智力发展中的作用

（一）游戏扩展和加深儿童对周围事物的认识，增长儿童的知识

游戏使儿童直接接触周围的各种事物，获取物理知识、数理逻辑知识、社会性知识，并在外部动作操作和内部理解、巩固的心理活动中发展感知觉能力、注意力、记忆力等智力因素。

（二）游戏促进儿童语言的发展

儿童在游戏中发展了口头语言，在与同伴的交流中锻炼语言组织和表达能力。此外，拼音游戏、数数游戏等则直接锻炼儿童对书面文字的理解力。儿童在游戏中发展了语言，并以语言为中介建构对现实世界的理解与认知，发展了智力。

（三）游戏促进儿童想象力的发展

虚拟性或象征性是游戏的普遍特征，并以“假装”或“好像”为标志或条件给儿童提供了想象的充分自由与空间，也为儿童思维的创造性、流畅性、灵活性的发展打下了基础。

（四）游戏促进儿童思维能力的发展

积极参与游戏的儿童需要不断思考，解决一个又一个问题，任何一种游戏活动的进行都蕴含着锻炼和发展儿童思维能力的条件。

（五）游戏为儿童智力活动提供了轻松愉快的心理氛围

在游戏轻松愉悦的心理背景下，儿童的觉醒水平适当或处于最佳的平衡状态，可以最大限度地发挥思维活动的积极性、主动性和创造性。

三、游戏在社会性发展中的作用

（一）游戏提供了儿童社会交往的机会，发展了儿童的社会交往能力

游戏及玩具是学前儿童交往的媒介。通过游戏，儿童实现与同伴的交往，并形成社会性活动。

（二）游戏有助于儿童克服自我中心化，学会理解他人

在游戏中儿童出于扮演角色的需要，学会发展自我，认识到自我与他人的区别，由自我为本位的社会认知向以他人为本位的社会认知过渡。

（三）游戏有助于儿童社会角色的学习，增强社会角色扮演的能力

游戏中，对角色多样化与稳定性的理解和体验，有助于儿童现实生活的角色扮演和转

换，增强社会适应能力。

（四）游戏有助于儿童行为规范的掌握，形成良好的道德品质

儿童在游戏中模仿、学习的社会行为规范会迁移到他们的实际生活中去，有助于他们对现实生活中道德行为规范的理解和遵守。

（五）游戏有助于儿童自制力的增强，锻炼儿童意志

游戏中儿童乐于抑制自己其他的愿望，使自身行为服从游戏要求，这个过程就是锻炼意志的过程。

四、游戏在情感发展中的作用

（一）游戏中的角色扮演丰富了儿童积极的情绪、情感体验

游戏时儿童体验各种情绪、情感，学习表达和控制情感的不同方式，发展友好、同情、责任心等积极情感。

（二）游戏中的自由自主发展了儿童的成就感和自信心

儿童在轻松愉快的游戏氛围中学习解决疑难问题，可以享受成功的快乐，产生自豪感，增强自信心。

（三）游戏中的审美活动发展了儿童的美感

游戏就是儿童感受美、创造美的一种特殊活动，这些活动有助于培养他们对自然、社会、艺术的审美能力，发展他们的美感。

（四）游戏中的情绪宣泄有助于儿童消除消极的情绪、情感

游戏（尤其是角色游戏）为儿童提供了表现自己各种情绪的机会，不愉快情绪可以在游戏中得到排解和缓和，因此具有心理诊断和治疗上的应用价值。

【模拟试题】

1. 游戏不要求务必达到外在任务和目标，也没有严格的程序和方式，儿童完全可以自由自在地进行游戏，玩什么、怎么玩均由儿童自己决定。这体现了游戏的（　　）特点。（扫二维码领取参考答案）

A. 感到快乐　　B. 自主自愿

C. 具体的　　D. 虚拟的

2. 体育游戏是一种（　　）。（扫二维码领取参考答案）

A. 创造性游戏　　B. 有规则的游戏

C. 角色游戏　　D. 表演游戏

3. 幼儿园老师在组织"开心小厨房"游戏的时候，有的小朋友扮演厨师给顾客做饭，有的小朋友扮演服务员，还有的小朋友做顾客等，那么这种游戏的类型是（　　）。（扫二维码

领取参考答案)

A. 角色游戏　　B. 语言游戏

C. 智力游戏　　D. 结构游戏

4. 结构游戏属于(　　)的范畴。(扫二维码领取参考答案)

A. 有规则的游戏　　B. 活动性游戏

C. 创造性游戏　　D. 安静性游戏

5. 游戏既有全身的运动也有局部的运动,使儿童的各种生理器官和生理系统得到锻炼,促进骨骼肌肉的成熟,加速机体的新陈代谢,有利于内脏和神经系统的发育。这体现了游戏对(　　)有积极作用。(扫二维码领取参考答案)

A. 身体　　B. 智力

C. 社会性　　D. 情感

6. 游戏有助于儿童克服自我中心化,学会理解他人,所以游戏对人的(　　)有积极作用。(扫二维码领取参考答案)

A. 身体　　B. 智力

C. 社会性　　D. 情感

模块六 幼儿游戏指导

第一节 幼儿游戏的条件创设

思维导图

幼儿游戏的条件创设
- 游戏的时间
- 游戏的环境与材料
- 丰富知识经验

为了更好地发挥游戏在幼儿发展中的作用，教师应为幼儿创设良好的条件，包括充足的时间、良好的游戏环境与材料等。

一、游戏的时间

（一）充足的时间是幼儿游戏的前提

游戏时间指幼儿一日生活中游戏活动所占的时间，充足的游戏时间是幼儿开展游戏活动的首要前提。游戏时间的多少直接影响游戏的数量和质量。所以，教育者一定要保证幼儿每天有足够的时间自由自在地开展各种游戏活动，不能随意侵占幼儿的游戏时间。幼儿每次游戏的时间不能太短，应保持在30—50分钟。

《规程》规定，在幼儿园，幼儿每日户外活动时间不得少于2小时，寄宿制幼儿园不得少于3小时，高寒地区在冬季可以酌情减少。此外，要使室内游戏时间与室外游戏时间基本均等。

（二）减少过渡环节，提高单位时间内幼儿游戏的有效时间

有些幼儿园虽然能够严格执行作息制度，不挤占幼儿的游戏时间，但活动室布置不够合理，不创设游戏角，没有专门的游戏空间。所以，一到游戏时间，教师就手忙脚乱地指挥幼儿搬桌子、挪椅子、铺地毯，临时准备游戏环境和材料，把本该属于幼儿游戏的时间浪费在准备

环节上。要解决这个问题，首先要在观念上打破桌椅板凳排排坐的“上课”模式，同时要在活动室的布置上动脑筋想办法，创设相对固定的游戏场地，以提高单位时间内幼儿游戏的有效时间。

归纳点拨

《指南》中明确指出，幼儿每天的户外活动时间一般不少于2小时，其中体育活动的时间不少于1小时，季节更替时要坚持。

二、游戏的环境与材料

（一）游戏的环境

游戏环境是指为幼儿游戏提供的条件，包括游戏的空间环境和心理环境。

1. 游戏的空间环境包括户外游戏场地和室内游戏环境

空间是开展游戏所必需的基本条件，空间的密度及空间的安排都制约着幼儿游戏的水平和质量。

维持适当的空间密度。空间密度是指幼儿在人均场地所占的面积，空间密度越大，表明越宽敞。教师应为幼儿游戏选择适当的空间密度。

开辟各种游戏区域。一般而言，教师在室内要设立4～6个游戏区，可运用暂时性游戏区和永久性游戏区相结合的方式，防止游戏区过多、游戏空间狭窄的现象。

游戏场地要有吸引力。游戏场地要多种多样，空间开阔。

保证游戏场地的安全。

2. 游戏的心理环境

（1）教师应建立与幼儿民主、亲切、平等、和谐的关系；

（2）建立互助、友爱的伙伴关系。

（二）游戏的材料

（1）要为幼儿提供足够的游戏材料。

（2）根据幼儿的年龄特点提供游戏材料。

（3）提供与阶段教育目标、内容相匹配的游戏材料。

（4）尽量提供无固定功能的游戏材料。

（5）多提供中等熟悉和中等复杂程度的游戏材料。

（6）将游戏材料放在可见位置。

知识拓展

玩具的种类

1. 专门化玩具

专门化玩具主要是指由设计者和专门的生产厂家生产出来的有一定教育指向的玩具。常见的有主题玩具、表演玩具、结构玩具、智力玩具、体育玩具、音乐玩具、手工玩具和娱乐玩具等。

2. 民间玩具

民间玩具是在社会历史的长河里，在代代相传的生活里积淀下来备受人们青睐的玩具。如七巧板、华容道、九连环、毽子、风筝、陀螺、铁环、秋千、弹弓、翻绳等。

3. 自制玩具

利用废旧物自制的玩具在游戏中发挥着巨大的作用，能促进幼儿发散性思维、想象力与创造力的发展。运用这些材料，还可以培养幼儿的环保意识。常见的自制玩具的废旧材料如瓶子类、纸盒类、纸张类等。

三、丰富知识经验

1. 发挥园内教育资源的作用

教师可以通过讲故事、看图片、看电视、开展科学小实验等形式，拓宽幼儿的生活面。

2. 利用园外教育资源的优势

教师可以定期组织幼儿外出参观、郊游、野餐，或邀请社区有关人士来园介绍不同职业的工作特点。

3. 调动家长参与教育的积极性

教师可鼓励家长利用空余时间经常带领孩子外出活动。

第二节　幼儿游戏中的教师指导

思维导图

幼儿游戏中的教师指导
- 教师对幼儿游戏的指导策略
- 教师对幼儿游戏的介入

一、教师对幼儿游戏的指导策略

教师对幼儿游戏的指导应当把握以下策略或基本要求。

（一）指导以观察为依据

只有通过观察，了解幼儿对当前活动的兴趣、已有的经验或问题，才能准确地做出是否介入及如何指导的判断。

（二）确定指导的方式方法

1. 以自身为媒介

（1）游戏者。教师通过游戏的语言和行为对幼儿进行游戏指导，可采取平行游戏（教师通过模仿幼儿的游戏来对游戏施加影响）和共同游戏（教师直接参与到幼儿的游戏中，与其共同玩耍）两种方式。

（2）旁观者。教师站在幼儿游戏之外，以现实的教师身份干预幼儿游戏。

2. 以材料为媒介

教师通过提供材料的方式来影响幼儿，支持和引导幼儿在游戏中的学习和发展。

3. 以幼儿伙伴为媒介

教师利用幼儿伙伴互动这一因素，支持和引导幼儿的游戏和发展。

（三）确定指导的时机

当幼儿在活动中遇到困难无法继续游戏或幼儿之间出现纠纷和其他行为问题时，教师需给予恰当的指导。

（四）把握好指导的对象范围

应将重点与一般、个别与集体、局部与整体结合起来，针对具体情境去灵活把握。

（五）把握好互动的节奏

教师应站在幼儿的角度，以“假如我是孩子”的心态体验幼儿的兴趣与需要，给幼儿时间和空间去探索、思考，提供条件，鼓励、支持幼儿去验证自己的想法，哪怕是“错误”的想法。

二、教师对幼儿游戏的介入

（一）介入的角色定位

1. 非支持性角色

（1）不参与者。在幼儿园里我们经常看到，当幼儿游戏时，一些教师会利用这段时间忙其他的事。在没有成人参与的情况下，幼儿游戏往往类型单一、社会性水平不高、情节简单，且常常十分吵闹。

（2）导演者。如果教师以导演角色介入游戏，告诉幼儿在游戏中应该做什么、不应该做什么，完全控制了幼儿游戏，就很可能破坏幼儿游戏，变成“游戏幼儿”而不是“幼儿游戏”。

2. **支持性角色**

(1) 旁观者。教师在一旁观察幼儿游戏,并用语言或非语言信号(如点头、微笑)来表示对幼儿游戏的关注,让幼儿感受到来自教师的支持和赞同。

(2) 舞台管理者。教师不参与游戏,但积极地帮助幼儿为游戏做准备,并随时为正在进行的游戏提供帮助,如回应幼儿关于材料的要求,协助幼儿布置环境,提出适当的建议以延伸幼儿的游戏,等等。

(3) 共同游戏者。成人作为孩子们的平等游戏伙伴积极参与幼儿游戏,通常扮演小角色,并通过一些策略进行暗示,间接对游戏产生影响。这时成人一般遵循游戏的原有进程,让幼儿主宰游戏。

(4) 游戏带头人。通常在幼儿很难自己开展游戏或正在进行的游戏难以拓展下去的时候,成人积极地参与幼儿游戏,通过提议新的游戏主题、介绍新的道具或情节元素等方式以拓展已有主题,对幼儿游戏施加更多的影响。

(二) 介入的时机

(1) 当幼儿游戏出现困难时介入。

(2) 当必要的游戏秩序受到威胁时介入。

(3) 当幼儿对游戏失去兴趣或准备放弃时。

(4) 在游戏内容发展或技能方面发生困难时。

(三) 介入的方式

成人介入游戏的方式主要有以下两种。

(1) 外部干预:指成人并不直接参与游戏,而是以一个外在的角色,引导、说明、建议、鼓励游戏中幼儿的行为。

(2) 内部干预:指成人以游戏中的角色身份参与幼儿的游戏,以游戏情节需要的角色动作和语言来引导幼儿的游戏行为。

(四) 介入的注意点

1. **分层次指导**

不同年龄段,幼儿游戏的发展水平各不相同,教师指导的侧重点也应有所不同。

2. **慎扮"现实代言人"角色**

当幼儿游戏与现实不太吻合时,成人往往会介入提出一些现实性的问题,或试图加入教育因素,即扮演"现实代言人"角色。这种成人以现实为导向的评议和提问有时不太会影响幼儿的游戏,但有时会严重破坏假装游戏的"框架",致使幼儿停止游戏,因此要慎用。

3. **及时退出**

无论采用何种干预方式,一旦幼儿开始表现出所期望的游戏行为,成人就应转而扮演无指导性的共同游戏者,或完全从游戏中退出,以便让幼儿重新控制游戏,从而培养幼儿的独立性和自信心。

第三节　幼儿园各类游戏活动的指导

思维导图

- 幼儿园各类游戏活动的指导
  - 角色游戏的指导
  - 建构游戏的指导
  - 表演游戏的指导
  - 规则游戏的指导

一、角色游戏的指导

（一）幼儿园角色游戏的共同特点

（1）创造性——对社会现实生活的一种创造性再现。

（2）过程性——从开始到结束有完整过程，所占时间较长，条件较复杂。

（3）变化性——内容随社会生活变化而变化。

（二）小班角色游戏

1. 特点

处于独自游戏、平行游戏的高峰时期；角色意识差，游戏内容主要是重复操作，摆弄玩具，主题单一，情节简单；幼儿之间交往少，主要是与玩具发生作用，与同伴玩相同或相似的游戏。

2. 指导

教师要根据幼儿的生活经验为其提供种类少、数量多且形状相似的成型玩具，避免其为争抢玩具而发生纠纷，满足其平行游戏的需要；以平行游戏法指导游戏，也可以将游戏中的角色身份加入游戏，在与幼儿游戏的过程中达到指导的目的；注意规则意识的培养，让幼儿在游戏中逐渐学会独立。

（三）中班角色游戏

1. 特点

游戏内容、情节比小班丰富；处于联合游戏阶段，想尝试所有的游戏主题，游戏主题不稳定；有了与别人交往的愿望，但还不具备交往的技能，常与同伴发生纠纷；有较强的角色意识，有了角色归属感。

2. 指导

教师应根据幼儿需要提供丰富的游戏材料，鼓励幼儿玩多种主题或相同主题的游戏；注意观察幼儿游戏的情节及发生纠纷的原因，以平行游戏或合作游戏的方式指导；通过游戏讲评引导幼儿分享游戏经验，以丰富游戏主题和内容；指导幼儿学会并掌握交往技能及规范，促进幼儿与同伴交往，使幼儿学会在游戏中解决简单问题。

（四）大班角色游戏

1. 特点

游戏主题新颖，内容丰富，能主动反映多种生活经验和较为复杂的人际关系；处于合作游戏阶段，喜欢与同伴一起游戏，能按自己的愿望主动选择并有计划地游戏；在游戏中独立解决问题的能力增强。

2. 指导

教师应根据幼儿游戏的特点，引导幼儿一起准备游戏材料和场地，多用语言指导游戏，在游戏中培养幼儿的独立性；观察幼儿游戏的种种意图，给幼儿提供开展游戏的练习机会和必要帮助；允许并鼓励幼儿在游戏中的点滴创造，通过讲评让幼儿相互学习，拓展思路，不断提高角色游戏水平。

二、建构游戏的指导

（一）积木建构的发展阶段

（1）搬弄：只是把积木拿来拿去，并不搭建什么东西。

（2）重复：只是重复堆叠、平铺等简单动作。

（3）搭建：可以搭成“桥”“楼房”等结构。

（4）围封：用积木围成封闭空间。

（5）再现：为所建造的东西命名，使其成为现实世界中某种物体的象征。

（二）小班建构游戏

1. 特点

（1）材料选用盲目而简单。

（2）建构技能简单。

（3）易中断，坚持性差。

（4）无主题建构计划。

2. 指导

（1）引导幼儿认识建构材料，引发活动兴趣。

（2）为幼儿安排游戏场地和足够数量的建构游戏材料。

（3）在游戏中指导幼儿学习建构技能，鼓励其尝试独立建构简单物体。

（4）引导幼儿理解和明确建构的目的，发挥其想象力，使主题逐渐稳定。

（5）建立游戏规则。

（6）教会幼儿整理和保管玩具最简单的方法，让其参与部分整理工作，培养其爱护玩具的习惯。

(7) 提供小型木质积木、大型轻质积木、小动物玩具、交通工具模型、平面板、小筐等辅助材料。

(三) 中班建构游戏

1. 特点

(1) 能按建构物体的特性来选择材料。

(2) 建构技能以“架空”为主。

(3) 与同伴交流,坚持性增强。

(4) 有建构主题,易变化。

2. 指导

(1) 设法丰富幼儿的生活经验,为建构活动打下基础。

(2) 培养幼儿设计建构方案,学会有目的地选材,看平面结构图。

(3) 着重指导幼儿掌握建构技能并运用其塑造各种物体。

(4) 组织幼儿评议建构活动,鼓励其独立、主动地发表意见和创造发明。

(5) 提供大积木、中小型积木和人偶、小动物、交通工具模型、废旧材料、橡皮泥等各种建构材料及辅助材料。

(四) 大班建构游戏

1. 特点

(1) 建构的目的性、计划性和持久性增强。

(2) 能合作选取丰富多样的材料。

(3) 建构技能日趋成熟。

(4) 能根据游戏情景需要,不断产生新的建构主题。

2. 指导

(1) 培养幼儿独立建构的能力,要求其按计划、有顺序地建构。

(2) 让幼儿围绕一个主题进行建构时,引导幼儿学习表现物体的细节和特征,能准确表现游戏的构思和内容,会使用建构材料和辅助材料。

(3) 引导幼儿在欣赏自己和同伴作品的过程中,逐渐发展自我评价和评价他人的能力。

(4) 鼓励幼儿集体进行建构活动,共同设计方案,确定规划,分工合作,开展大型建构游戏。

(5) 提供大积木、中小型积木、平面板和更多形状的辅助材料。

三、表演游戏的指导

(一) 表演游戏的分类

(1) 桌面表演:用各种玩具和游戏材料在桌面上扮演文艺作品中的角色,用口头语言和对玩具的操控来再现文艺作品内容的一种游戏形式。

(2) 木偶表演:也称木偶戏。

（3）影子戏表演：根据光学原理，通过光的作用，利用物体阴影来表演故事。

（4）戏剧表演：幼儿以自己创编的或来自文学作品的故事为线索，通过自身扮演其中的角色来再现故事情节的一种游戏活动。

（二）中班表演游戏

1. 特点

（1）能独立进行角色分配，但进入游戏过程较慢。

（2）嬉戏性强，目的性弱。

（3）一般性表现为主，以动作为主要表现手段。

2. 指导

（1）为幼儿准备封闭或半封闭的空间，且最好在一定时间内是固定的。

（2）保证幼儿有不少于30分钟的游戏时间。

（3）提供简单易搭的材料，以2—4种为宜。

（4）最初开展阶段帮助幼儿做好分组工作，讲解角色更换原则，不急于示范，耐心等待幼儿协商、讨论，提醒其坚持游戏主题。

（5）在游戏展开阶段，应提高幼儿的角色表现意识，可参与游戏，为幼儿提供适当示范。

（三）大班表演游戏

1. 特点

（1）能独立完成角色分配任务，有很强的角色更换意识。

（2）游戏的目的性、计划性较强，能自觉表现故事内容。

（3）具有一定表演意识，但尚待提高。

（4）具备一定表演技巧，能灵活运用多种表现手段，但表现水平尚待提高。

2. 指导

（1）可为幼儿提供较多种类的游戏材料，鼓励和支持他们进行多样化探索。

（2）在游戏最初阶段应尽可能少地干预。

（3）随着游戏的展开，及时给幼儿提供反馈，提高其表现故事、塑造角色的能力，侧重点放在帮助幼儿运用语气、语调、生动的表情和夸张的动作来塑造角色上。

（4）通过反思性谈话和小组讨论来帮助幼儿丰富游戏情节。

四、规则游戏的指导

（一）规则游戏的特点

1. 竞争性

竞争性是规则游戏的重要特征，其强弱与不同的游戏者有关，母子之间和年幼的伙伴之间发生的规则游戏往往不具有竞争性。

2. 文化传承性

规则游戏往往以代代相传的方式流传于民间，并以“言传身教”的方式获得传播。

（二）规则游戏的指导要点

（1）尽可能选择可以让大多数幼儿参与而不是旁观、等待的游戏。

（2）游戏如需分组，最好采用随机的方式帮助幼儿分组，不要让幼儿因性别、能力、性格等的差异而体验来自同伴的“忽视”或“拒绝”的压力。

（3）让幼儿体验到游戏成功的快感而不是挫折感。

① 选择适合幼儿年龄特点和发展水平的规则游戏。

② 游戏过程中不要常常让幼儿停下来被“纠错”。

③ 在参与游戏的幼儿年龄和技能水平不同的情况下，适当增加游戏的“碰运气”因素，使每个幼儿都有“赢”的机会。

（4）保持规则的灵活性。

① 由简单到复杂，逐渐加大游戏规则的难度。

② 如果幼儿要求且他们都同意改变规则，则应允许幼儿改变规则。

（5）降低游戏的竞争性。

① 把重点放在游戏过程而不是“赢”的结果上。

② 不要为“赢者”提供奖品或给予奖赏。

③ 把幼儿的注意力引导到“赢者”所用的有效策略上，引导幼儿学习伙伴的策略，意识到他人的想法和观点。

（6）注意幼儿的年龄特点。

① 3—5 岁的幼儿喜欢非竞争性的猜谜游戏、简单的拼图或匹配游戏、棋牌游戏、简单的追跑等大肌肉活动，指导要点放在提醒幼儿如何玩和注意游戏的技能上。

② 5 岁以上的幼儿会就游戏规则进行协商、谈判，并改变规则以增强游戏的新颖性和挑战性，成人不要轻易干预。

（7）幼儿参与游戏基于自愿原则，允许个别幼儿在集体游戏时间里独自玩耍。

【真题展示】

单项选择题

当教师以“病人”身份进入小班“医院”时，有六位“小医生”同时上来询问病情，每个孩子都积极地为教师看病、打针，忙得不亦乐乎，结果教师一共被打了六针。对小班幼儿这种游戏行为最恰当的理解是（　　）。（扫二维码领取答案）

A. 过于重视教师的身份

B. 角色游戏呈现合作游戏的特点

C. 在游戏角色的定位中出现混乱

D. 角色游戏呈现平行游戏的特点

【模拟试题】

单项选择题

1. 几个幼儿正在玩“银行”的游戏。“取款员”要求“储户”刷卡取钱，但只能取“1元”“2元”“5元”。大家很感兴趣，游戏进行得也很顺利。这时，教师走过来扮演“顾客”，要求取“9元”。这使得“取款员”紧张起来，想了好一会儿，她才拿出一个“5元”、两个“2元”给了“顾客”。在这一过程中，教师以(　　)身份参与了幼儿的活动。(扫二维码领取参考答案)

A. 引导者　　B. 支持者

C. 合作者　　D. 干预者

2. 以下哪个不是教师对幼儿游戏指导的方式方法？(　　)(扫二维码领取参考答案)

A. 以自身为媒介　　B. 以材料为媒介

C. 以幼儿伙伴为媒介　　D. 以游戏为媒介

3. 建构的目的性、计划性和持久性增强，能合作选取丰富多样的材料，建构技能日趋成熟，能根据游戏情景需要，不断产生新的建构主题。这是(　　)班的建构游戏的特点。(扫二维码领取参考答案)

A. 托　　B. 小　　C. 中　　D. 大

4. 教师应根据幼儿游戏的特点，引导幼儿一起准备游戏材料和场地，多用语言指导游戏，在游戏中培养幼儿的独立性，这是针对(　　)班的指导。(扫二维码领取参考答案)

A. 托　　B. 小　　C. 中　　D. 大

5. 教师对幼儿游戏的指导必须以(　　)为前提。(扫二维码领取参考答案)

A. 发挥幼儿的自主性　　B. 保证幼儿游戏的特点

C. 保证游戏的目的性　　D. 实现游戏的多样化

模块七 教育活动的组织与实施

第一节　幼儿园教育活动设计的基本原理

思维导图

- 幼儿园教育活动设计的基本原理
  - 幼儿园教育活动的含义与特点
    - 幼儿园教育活动的含义
    - 幼儿园教育活动的特点
  - 幼儿园教育活动的类型
    - 按幼儿园教育活动的组织形式划分
    - 按幼儿园教育活动的内容领域划分
    - 按幼儿园教育活动的结构划分
  - 幼儿园教育活动的方法
    - 观察法
    - 实验法
    - 游戏法
    - 操作法
    - 参观法
    - 谈话、谈论法
    - 讲解、讲述法
  - 幼儿园教育教学的手段
    - 实物
    - 图书
    - 挂图、图片、照片
    - 幻灯片、录像带
    - 自制教具
    - 多媒体信息技术
  - 幼儿园教育教学的途径
    - 教师专门组织的教育教学活动
    - 游戏
    - 日常生活活动
    - 其他类型活动
    - 家、园、社区的合作

一、幼儿园教育活动的含义与特点

(一) 幼儿园教育活动的含义

2001 年教育部颁布的《幼儿园教育指导纲要(试行)》第三部分“组织与实施”第二条指出,幼儿园教育活动是教师以多种形式有目的、有计划地引导幼儿生动、活泼、主动活动的教育过程。作为幼儿园教育的基本形式及幼儿园课程的实施载体,它是以幼儿为主体,在教师创设以适合幼儿身心发展需要和特点的多种形式的活动与环境材料的互动过程中,引发幼儿积极参与、主动探索并大胆表现的教育活动系列,旨在促进幼儿全面、健康、和谐、整体的发展。

(二) 幼儿园教育活动的特点

1. 整合性

(1) 幼儿园教育活动的目标本身就是一个完整的体系,是由多个领域、多种层级整合而成的目标结构系统。

(2) 幼儿园教育活动的内容也体现出整体性的特点:① 同一活动领域内的整合,即在一个相对独立的领域内容中体现前后内容上的纵向整合或不同内容的横向整合;② 不同活动领域间的整合,即突破领域相对划分的界限,实现跨领域的内容整合。

(3) 整合性也体现在幼儿园教育活动的资源和方法、形式、手段方面。

2. 生活性

首先,幼儿园教育活动的内容具有生活性。幼儿园教育活动首先应立足于幼儿的现有生活,关注幼儿的现实生活,在教育活动的内容上注重让现有知识与幼儿的生活经验、需要相结合,而不是纯粹从知识或学科本身的结构出发。

其次,幼儿园教育活动的途径与环境、场所方面也具有生活性。幼儿园教育活动的实施是渗透于幼儿一日生活之中的,幼儿园生活的各个环节都是贯彻和实施教育活动的有效途径。

3. 趣味性

活动具有趣味性容易引起幼儿的注意,进而投入教育活动中去。幼儿园教育活动的趣味性体现在两个方面:活动内容及活动形式;活动环境和材料的丰富多样。

4. 动态性

(1) 幼儿园教育活动的动态性首先反映为活动过程中的动态。幼儿园教育活动的开展需要师幼互动,而幼儿的反应具有动态性。这种动态性和互动特征不仅是作为活动主体的幼儿和教师最基本的活动形式,也是帮助幼儿实现知识建构并保证教育活动最终促进幼儿发展的重要条件。

(2) 动态性也体现在幼儿园教育活动环境上的动态。幼儿园教育活动环境上的动态性的具体表现为:① 动态的环境是不完备的,能给予幼儿充分发挥想象力和自主性的环境。② 动态的环境是顺着幼儿活动的进程进行的环境。③ 动态的环境是在教育活动的引导性和幼儿活动的自主性之间形成平衡的环境。

二、幼儿园教育活动的类型

（一）按幼儿园教育活动的组织形式划分

根据幼儿园活动的不同组织形式可分为集体活动、小组活动、个别活动。

1. 集体活动

集体活动是指全班一起进行活动的形式。这种活动的特点是集中性和统一性，即活动是全员参与的，并有统一的活动目标和活动要求。集体活动是一种高效的教学组织形式。这种形式对培养幼儿的集体意识、组织纪律性和自控力等有特殊的意义。

2. 小组活动

小组活动是指部分幼儿一起进行活动的形式。这种组织形式有利于教师对幼儿活动情况的了解和指导，有利于因材施教，有利于幼儿之间的相互交往与合作。教师可按幼儿发展水平分组，也可根据幼儿兴趣分组，还可按照操作材料分组。分组活动不同于集体教学的方面在于，学习的主动权掌握在幼儿手中，幼儿通过主动探索获得结果。

3. 个别活动

个别活动可以是由一个教师面对一两个幼儿进行指导，也可以是幼儿的自发、自由活动。教师的指导一般在幼儿自选活动时间进行，教师作为同伴参与到幼儿的活动中去，与个别幼儿互动，或是针对个别幼儿的特殊情况进行专门辅导。

（二）按幼儿园教育活动的内容领域划分

《幼儿园教育指导纲要（试行）》明确指出：幼儿园的教育内容是全面的、启蒙性的，可相对划分为健康、语言、社会、科学、艺术等五个领域，也可作其他不同的划分。

（三）按幼儿园教育活动的结构划分

根据幼儿园教育活动的不同结构，可以分为学科领域结构的教育活动（它通常包括语言活动、数学活动、科学活动、音乐活动、美术活动和体育活动六种类型）和主题单元结构的教育活动两大类。

三、幼儿园教育活动的方法

（一）观察法

观察法是教幼儿学会运用视觉、听觉、味觉、嗅觉、触觉等感官去认识所选定的观察对象，是幼儿获得感性经验的主要途径。在使用观察法的过程中，重点是教幼儿学会运用自己的感官去观察事物的方法，而不是只知道观察的结果“是什么”。如小班幼儿认识水果的活动，幼儿通过活动不仅认识了各种各样的水果，更重要的是知道可以用不同的感官去多方面地认识事物。

（二）实验法

实验法是利用一些生活中常见的物品或材料，让幼儿通过自己的操作，进行尝试和探索。如幼儿进行"沉和浮"实验时，为了帮助他们探索什么东西能沉下去、什么东西能浮起来，就必须提供不同比重的材料，让幼儿在实验中去发现，从而自己得出结论。

（三）游戏法

游戏法是把幼儿的学习寓于游戏活动中，这种方法很适合幼儿活泼、好动及思维具体、形象性的特点。如在计算教学中运用游戏法，特别是智力游戏，能激发幼儿的学习兴趣和积极性，集中幼儿的注意力，使幼儿轻松愉快地掌握数学知识，并使他们的智力得到发展。

（四）操作法

操作法是供给幼儿足够的实物材料，创设一定的环境，引导他们按一定的要求和程序，通过自身的实践活动进行学习的方法。幼儿的认知特点是在相当程度上还要依靠直觉行动进行思维，他们获得数、形的初步知识不能靠成人灌输，而是靠他们自身的操作活动。同时，双手操作活动也促进了大脑的积极思维。所以说，操作法是发展幼儿智力的有效方法。

（五）参观法

参观法是教师根据教育目标的要求，组织幼儿到园外，如自然界、生产现场、社会生活场所等去学习的活动。参观能使幼儿通过对实际事物和现象的观察、探究而获得较丰富的直接知识和经验。

组织参观时要注意：① 参观要有明确的目标；② 参观前要做好充分的准备，要取得被参观方的合作与支配；③ 参观时，要特别注意幼儿的安全；④ 参观后，要组织幼儿谈话和讨论，并提供机会和条件让幼儿用各种方式表现自己的所见所闻，如绘画、手工制作等。

（六）谈话、谈论法

谈话与谈论法是教师和幼儿双方围绕一个问题或主题，自由地发表自己的想法、意见，表达自己的感受、体验，进行相互交流的过程。教师应鼓励幼儿大胆地说出自己想说的话，充分尊重幼儿的说法，帮助幼儿形成正确的、科学的概念。

（七）讲解、讲述法

讲解法是运用口头语言向幼儿说明、解释事物或事情。在教学中，人们很少单独使用讲解的方法，因为幼儿注意力难以持久，不可能长时间聚精会神地听讲解，而且他们对言语的理解能力也有限。如果将讲解与其他方法结合起来运用，则可以得到较好的效果。

讲述法是运用语言向幼儿叙述事实材料或描绘所讲的对象。教师讲述时要善于运用语言表达技巧，注意语速的快慢、停顿，音调的高低，音量的强弱等。

四、幼儿园教育教学的手段

教学手段是师生在教学中相互传递信息的工具、媒体或设备。目前在幼儿园普遍使用的视听媒体（教具）主要有以下几种：实物、图书、挂图、图片、照片、幻灯片、录像带、自制教具及多媒体信息技术等。

(一) 实物

实物是最能让幼儿有真实感受的教具,对幼儿发展来说,这是最有价值的与环境互动的媒体。幼儿用眼睛看、用耳朵听、用鼻子嗅、用舌头尝、用皮肤来感觉物质的冷热、软硬、光滑与粗糙等,获得对真实世界的认识与感受。

(二) 图书

幼儿图书包括故事书、科普书,以及其他各种反映幼儿生活或供幼儿学习的画册等。

(三) 挂图、图片、照片

在确实没有实物或是实物无法带到教室的情况下,可以用挂图、图片、照片来代替,但要注意恰当地使用。

(四) 幻灯片、录像带

幻灯片是使用较多的电化教具。它的特点是制作简单、价格低廉,使用时可以依据实际情况自由控制画面。另外,还可以通过放映录像带给幼儿提供真实的画面,但时间不宜过长。

(五) 自制教具

教师根据教育教学需要,可以自己设计和制作一些教具。

(六) 多媒体信息技术

采用电脑、实物投影仪等集声、光、电影于一体的现代信息技术作为教育手段,幼儿非常喜欢,合理使用效果很好。

五、幼儿园教育教学的途径

幼儿园教育活动是通过多种途径来实施的,具体来说至少包括以下几种:

(1) 教师专门组织的教育教学活动。

(2) 游戏。

(3) 日常生活活动。

(4) 其他类型活动。

(5) 家、园、社区的合作。

第二节　幼儿园教育活动方案的设计与指导

思维导图

- 幼儿园教育活动方案的设计与指导
  - 幼儿园教育活动设计概述
  - 幼儿园教育活动设计流程
    - 设计活动名称
    - 设计意图
    - 活动目标
    - 活动准备
    - 活动过程
    - 活动延伸
  - 具体活动设计应注意的问题
    - 活动目标
    - 活动准备
    - 活动过程
    - 活动延伸

一、幼儿园教育活动设计概述

幼儿园教育活动设计有预先设计、临时设计、反思设计三种类型，应遵循活动性原则、发展性原则和综合性原则。

二、幼儿园教育活动设计流程

（一）设计活动名称

活动名称的设计要求如下：

（1）从活动名称能大概了解本次教育活动的主要内容和目标。如“想喝水就去喝”“一年四季我知道”等。

（2）在确定名称时要尽量符合儿童化的特点。如“我升中班啦！”等。

（3）书写内容要完整。一个完整的教育活动名称应包括活动类型、活动名称、年龄班。如“中班体育活动：好玩的球”“中班语言诗歌活动：伞”等。

（二）设计意图

设计意图是从活动内容、幼儿和纲领文件等多个角度分析活动产生的原因，通过分析所选活动主题的内容特点，指明它在主题教学中的地位，并说清楚此次活动的内容是什么及为什么要选择这些内容，阐述自己对活动内容的理解和感悟，充分展示自己对教材的把握能力和驾驭分配能力，做到既说得准确又说出特色，既说出共性也说出个性，从中体现剖析教材及对教材做出课时安排的能力。

（三）活动目标

活动目标是教育总目标及年龄阶段目标的细化，活动目标应包括知识技能、能力、情感与社会性等三个方面。

活动目标的确定应注意以下几个方面：第一，活动目标应具体、明确、便于操作。活动目标的表述应简明清晰、准确具体，目标内涵不要过大，条目不要过多，一般2—3条，目标过大或过多都意味着无法达成。第二，活动目标表述中应突出重点。第三，活动目标应符合幼儿的实际水平和能力，切实可行。第四，活动目标中行为主体应一致，都是教师或都是幼儿，即主语一致。第五，活动目标应表述结果，避免表述过程。

（四）活动准备

活动准备包括两方面：第一，教育、学具和环境创设等方面的准备。第二，幼儿知识经验方面的准备。

（五）活动过程

活动过程包括开始部分、基本部分和结束部分。

1. 活动的开始部分（活动导入）

（1）导入的要求：精练、巧妙、准确。

（2）导入方式：教具导入、演示导入、作品导入、游戏导入、歌曲导入等。

2. 活动的基本部分

在设计基本部分时，主要考虑以下几点：

（1）大体分为哪几个步骤？

（2）每个步骤必须完成哪些内容，采用什么方式、方法？

（3）哪一个步骤是重点、难点，怎么突出？

（4）每个步骤的时间大体怎样分配？

（5）每个步骤如何进行清楚的陈述，采用什么指导策略？

（6）用什么方式来进行步骤之间的过渡？

3. 活动的结束部分

（1）结束的策略要求：① 首尾照应、结构完整；② 水到渠成，适可而止。

（2）结束方式：在幼儿教育活动中，教师常用的结束方式有总结归纳、自然结束、游戏表演、操作练习等。

（六）活动延伸

活动延伸的方向：可以延伸到游戏活动，使半日活动或者一日活动成为一个有机联系的整体；可以延伸到区域活动中去，使区域活动成为教学活动的自然延伸；可以延伸到家庭和社会活动中，真正实现幼儿园与家庭、社会的密切配合。

例如，大班健康活动“一拳一尺一寸”活动延伸：

（1）区域活动：区角活动中，投放幼儿制作的学具，每次书写时，可以提醒一些书写姿势不正确的幼儿使用学具，督促幼儿养成良好的书写习惯。

（2）家园共育：家长注意在家中督促幼儿用正确姿势书写；同时，家长在家中也要培养幼儿良好的生活、学习习惯，比如早睡早起、不赖床，到家先做作业再玩等，为入小学做好准备。

（3）领域渗透：与社会领域的活动“我当小学生”相结合，引导幼儿了解小学生的学习生活，为进入小学做好过渡准备。

三、具体活动设计应注意的问题

（一）活动目标

（1）目标内容过于狭隘。三维目标，即认知目标、能力目标和情感目标，三者缺一不可，这有利于教育者对同一活动的教育价值的深入挖掘，以及活动本身的趣味性得以扩展。

（2）目标重点不突出。比如大班“手绢真干净”活动目标之一“让学前儿童知道自己长大了，做力所能及的事，会管理自己的物品”，未能体现该活动应有的重点，可修改为“知道每天更换手帕，保持手帕干净”。

（3）目标超难度。受学前儿童身心发展特点等限制，有些目标是难以实现的。比如，小班“学会穿鞋子”活动目标“学会系鞋带”对小班幼儿来说目标超难度，可修改为“学会穿一脚蹬的鞋子”。

（4）目标要求偏低。学前儿童可能已经掌握的知识、技能或已经形成的态度和行为等一般不应再作为目标。比如，将“通过演示，使学前儿童学习正确的刷牙方法”作为大班健康教育目标有可能导致目标要求偏低，导致幼儿的学习兴趣和参与程度都不高。

（5）表述过于笼统。比如小班“今天你喝了没有”活动目标之一“喝牛奶有利于身体健康”，没有能够揭示牛奶的特殊营养价值是有利于骨骼和牙齿的生长。

（6）表述不精练。比如大班“少吃冷饮身体好”活动目标之一“让学前儿童知道冰棍、冰激凌、冰镇饮料等冷饮吃多了会腹痛、腹泻，引起消化不良、食欲不振，对人体有害”，可修改为“知道多吃冷饮对肠胃的害处”。

（7）表述方式不统一。有的活动目标为发展目标，行为主体是学前儿童，常以“学习（学会）……”“知道……”“认识……”“理解……”“体验……”“感受……”等方式表述；有的目标是教育目标，行为主体是教师，常以“引导……”“鼓励……”“帮助……”“培养……”“教给……”“让学前儿童……”等方式表述。无论以何种方式表述，都应前后主体一致，提倡使用以学前儿童为主体的目标表述方式。

（二）活动准备

活动准备包括两方面：第一，物质的准备。第二，幼儿知识经验的准备。

（三）活动过程

（1）三个部分：开始部分、基本部分和结束部分。

（2）开始部分：用什么方式导入，目的是什么？比如，谜语导入，激发幼儿兴趣。

（3）基本部分：

① 教学的每一个环节都要围绕完成目标进行设计。

② 突出重点、解决难点。

③ 教师的角色。

④ 幼儿的表现。

⑤ 在活动过程中掀起高潮的一般策略主要有悬念策略、启发诱导策略、参与表演策略和竞赛策略。

（4）结束部分：注意要进行总结归纳，尽量自然结束。

（四）活动延伸

可以从三方面进行活动延伸：家园共育、领域渗透、区角活动。

第三节　幼儿园健康教育

思维导图

- 幼儿园健康教育
  - 幼儿园健康教育的内涵
  - 幼儿园健康教育的目标
    - 幼儿园健康教育的总目标
    - 各年龄班具体的健康教育目标
  - 幼儿园健康教育的内容
    - 身体保健活动的主要内容
    - 身体锻炼活动的主要内容
  - 幼儿园健康教育的组织形式
    - 身体保健教育的组织形式
    - 身体锻炼的组织形式
  - 幼儿园健康教育的教育方法
    - 身体保健活动常用的方法
    - 身体锻炼的教育方法

一、幼儿园健康教育的内涵

幼儿园健康教育是指根据幼儿身心发展特点，以提高幼儿健康认识、改善幼儿健康态度、培养幼儿健康行为、保持和促进幼儿健康为目的的系统的教育活动。

二、幼儿园健康教育的目标

健康教育是传播健康知识,改善健康态度,促使人们自愿地采取有利于健康的行为,从而提高生命质量的教育活动。《幼儿园健康指导纲要(试行)》明确要求,幼儿园必须把保护幼儿的生命和促进幼儿的健康放在工作的首位。可见,健康教育对幼儿发展具有独特的价值和意义。《3—6 岁儿童学习与发展指南》提出健康是指人在身体、心理和社会适应方面的良好状态。幼儿阶段是儿童身体发育和机能发展极为迅速的时期,也是形成安全感和乐观态度的重要阶段。发育良好的身体、愉快的情绪、强健的体质、协调的动作、良好的生活习惯和基本生活能力是幼儿身心健康的重要标志,也是其他领域学习与发展的基础。

(一) 幼儿园健康教育的总目标

《幼儿园教育指导纲要(试行)》明确提出了幼儿园健康领域的总目标:

(1) 身体健康,在集体生活中情绪安定、愉快。

(2) 生活卫生习惯良好,有基本的生活自理能力。

(3) 知道必要的安全保健常识,学习保护自己。

(4) 喜欢参加体育活动,动作协调、灵活。

《3—6 岁儿童学习与发展指南》中有关健康领域的目标(表 7-1):

表 7-1 有关健康领域的目标

维度	身心状况	动作发展	生活习惯与生活能力
目标	1. 具有健康的体态 2. 情绪安定愉快 3. 具有一定的适应能力	1. 具有一定的平衡能力,动作协调、灵敏 2. 具有一定的力量和耐力 3. 手的动作灵活协调	1. 具有良好的生活与卫生习惯 2. 具有基本的生活自理能力 3. 具备基本的安全知识和自我保护能力

(二) 各年龄班具体的健康教育目标

表 7-2 为各年龄班具体的健康教育目标。

表 7-2 各年龄班具体的健康教育目标

班级	健康教育目标
小班	1. 了解盥洗的顺序,初步掌握洗手、刷牙的基本方法;学习穿脱衣服;会使用手帕或纸巾;坐、站、行、睡的姿势正确;能及时排便;有良好的作息习惯 2. 进餐时保持愉快的情绪,愿意独立进餐;认识常见的食物,爱吃各种食物,主动饮水 3. 了解身体的外形结构,认识并学习保护五官;能积极配合疾病预防与治疗 4. 知道过马路、乘坐交通工具、玩大型运动器械时要注意安全;了解日常生活中的安全常识 5. 知道自己的性别 6. 喜欢并愿意参加体育活动;能自然地走、跑、跳、爬、投掷;学习听口令和信号并做出相应动作;知道玩滑梯,爬攀登架、转椅等大型体育活动器械时要注意安全,能合作收拾小型体育器材

续表

班级	健康教育目标
中班	1. 会穿脱衣服,学习整理衣服;学习整理活动用具,能保持玩具清洁;有初步的生活自理能力 2. 结合品尝经验,进一步认识各类常见食物,在爱吃各类食物的同时,懂得要科学合理地进食,逐步形成良好的饮食习惯 3. 进一步认识身体的主要器官,逐步形成接受疾病预防与治疗的积极态度和行为;知道快乐有益于健康 4. 认识常见安全标志,能够在成人提醒下遵守交通规则;不接触危险物品;遇到危险时能告诉成人,有初步的自我保护意识 5. 愿与父母分床而眠 6. 喜欢并较积极地参加体育活动;能听信号按节奏协调地走和跑;能按要求跳、投掷、抛接,能左右手拍球;能随音乐节奏做徒手操和轻器械操 7. 能注意活动中的安全与合作,爱护公物,能及时收拾小型体育器材
大班	1. 保持个人卫生,关心周围环境的卫生;独立生活能力进一步提高,初步形成良好的学习习惯 2. 初步理解不同的食物有不同的营养,身体需要各种营养;会使用筷子;进一步养成独立进餐的习惯 3. 进一步认识身体的主要器官及重要功能,并懂得简单的保护方法;了解有关预防龋齿及换牙的知识;注意用眼卫生 4. 获得应对意外事故(如火灾、雷击、地震、台风等)的常识,具有粗浅的求生技能 5. 知道男女厕所,初步理解性别角色的不同 6. 喜欢锻炼身体并感到体育活动的有趣;能轻松自如地走、跑、跳、攀爬、滚爬,会肩上挥臂投掷轻物并投准目标;能熟练地听取多种口令和信号并做出相应的动作;能随音乐节奏有精神地做徒手操和轻器械操,动作有力、到位 7. 能注意安全,自觉遵守体育活动规则,合作谦让;体验到克服困难取得胜利的愉悦;能独立收拾各种小型体育器材

健康教育的年龄阶段目标是以幼儿健康教育的总目标和各阶段幼儿的年龄特点为依据而确立的,故年龄阶段目标是对总目标的细化,又是制订具体活动目标的直接依据。

三、幼儿园健康教育的内容

幼儿园健康教育活动涉及的内容很广,大致可以分为身体保健和身体锻炼两方面的活动内容。

(一)身体保健活动的主要内容

生活习惯和能力、饮食与营养、人体认识与保护。

(二)身体锻炼活动的主要内容

身体活动的知识与技能、身体素质练习、基本体操和队列队形练习。

四、幼儿园健康教育的组织形式

(一)身体保健教育的组织形式

幼儿健康教育必须通过集体教学形式,传播健康知识,培养健康态度,训练健康行为,解决幼儿普遍存在的健康问题。此外还可通过日常教育形式对幼儿进行健康教育。

(二) 身体锻炼的组织形式

最常见的幼儿身体锻炼的组织形式是幼儿体育教学、幼儿早操活动和幼儿户外体育活动。幼儿体育教学是一种有目的、有计划、有组织的体育活动。幼儿早操活动内容丰富多彩,包括做操和开展晨间其他身体锻炼活动。幼儿户外体育活动是非正规性教育活动,指除幼儿早操活动外的其他户外体育活动形式。

除了上述三种最常见、最基本的幼儿身体锻炼的组织形式外,幼儿园还可以开展幼儿体育活动区活动、幼儿室内体育活动、幼儿运动会、幼儿远足或短途游览等其他形式的活动。

五、幼儿园健康教育的教育方法

(一) 身体保健活动常用的方法

1. 讲解演示

教师具体而形象地向幼儿讲解粗浅的健康知识,并结合身体动作或实物、模型加以演示,从而帮助幼儿尽快掌握有关技能、技巧,提高幼儿对健康的认识水平。

2. 动作和行为练习

教师引导幼儿对已经学过的基本动作、基本技能、健康行为与生活技能等进行反复练习,从而加深理解,形成稳定的动作、行为习惯。

3. 情境表演

教师或幼儿就特定的生活情境加以表演,或通过录像向幼儿展示生活情境,让幼儿观察和分析情境中所涉及的健康问题。由于情境表演的主题源于幼儿的现实生活,因而能激发幼儿的兴趣,较好地帮助幼儿认识生活中可能遇到的同类问题和冲突,使幼儿树立正确的健康态度和行为。

4. 感知体验

幼儿通过感觉器官认识、辨别事物的特性。这种方法能有效激发幼儿参与活动和在活动中探究的兴趣,加强他们对事物的认识。

5. 讨论评议

在幼儿参与健康教育的过程中,让他们提出问题,发表自己的意见和看法,最后得出结论,形成共识。这种方法能有效地帮助幼儿表达自己的真实想法,在讨论、评议中提高辨别是非的能力和对健康的认识水平。

(二) 身体锻炼的教育方法

1. 讲解法

教师用语言组织儿童活动,激发儿童学习和锻炼的兴趣,指导儿童掌握活动的名称、动作、练习的内容,对动作的要领和游戏活动方式进行论述的一种方法。

2. 示范法

教师以个体的动作为范例,使儿童看到所要练习的动作、要掌握的动作技能的动作结构及动作和游戏完成的先后顺序等。

3. 练习法

儿童在教师的指导下，有目的地进行反复的身体练习的方法，是体育活动中最基本、最重要的方法。

4. 游戏法

以游戏的形式组织幼儿进行身体锻炼的方法。

5. 比赛法

在比赛条件下进行练习的方法，一般在中、大班采用。

6. 领做法

教师边示范讲解，边组织幼儿按教师要求进行练习的方法。

7. 信号法

用口令、哨音、音乐、鼓声、拍手等声响来帮助和指导幼儿进行身体锻炼的方法。

8. 语言提示和提醒法

儿童在做练习时，教师用简短明确的语言指导儿童活动的方法。

【真题展示】

1. 根据下面案例，设计一份亲子运动会方案，要求写出亲子运动会的设计意图、2个运动项目（须写出运动项目的名称，材料和玩法）、家长工作要点及实施注意事项。（扫二维码领取参考答案）

2. 以下面这组图片（图7-1）为内容，设计一个大班安全防火教育活动，要求写出活动名称、活动目标、活动准备、活动过程及延伸。（扫二维码领取参考答案）

图7-1 看图写活动

3. 大一班自由活动时间，个别幼儿用泡沫板（30 厘米 ×30 厘米）当滑板玩（图 7-2），许多孩子也想玩，但有的幼儿滑不起来，有的只能滑一点点。请根据幼儿利用泡沫板滑行的兴趣，为大班幼儿设计一个体育活动。要求写出活动名称、活动目标、活动准备、活动过程和活动延伸。（扫二维码领取参考答案）

图 7-2 左：儿童双脚踩一块拼板滑行

图 7-2 右：儿童坐在一块拼板上滑行

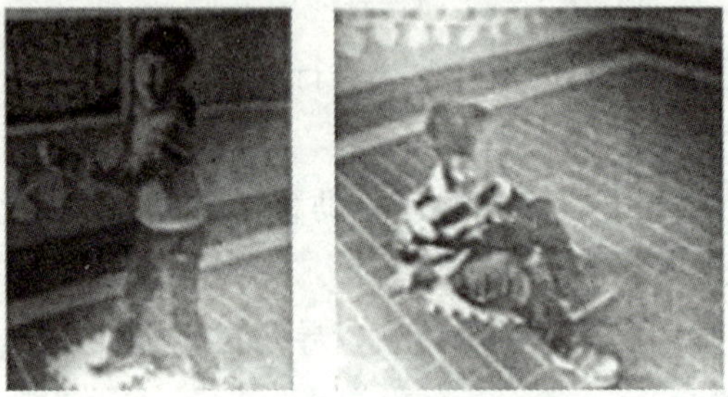

图 7-2　看图写活动

【模拟试题】

1. 以好玩的轮胎为主题，设计一个大班体育活动，要求写出活动名称、活动目标、活动准备、活动过程及延伸。（扫二维码领取参考答案）

2. 以足球为主题，设计一个大班体育活动，要求写出活动名称、活动目标、活动准备、活动过程及延伸。（扫二维码领取参考答案）

第四节　幼儿园语言教育

思维导图

- 幼儿园语言教育
  - 幼儿园语言教育的内涵
  - 幼儿园语言教育的目标
  - 幼儿园语言教育的内容与要求
  - 幼儿园语言教育的指导要点
  - 幼儿园语言教育活动的内容
  - 幼儿园语言教育活动的类型
  - 幼儿园语言教育活动的方法

一、幼儿园语言教育的内涵

幼儿语言教育活动，是有目的、有计划、有组织地对幼儿进行语言教育的过程。

《3—6岁儿童学习与发展指南》(2012年10月9日由教育部颁布)提出语言是交流和思维的工具。幼儿期是语言发展，特别是口语发展的重要时期。幼儿语言的发展贯穿于各个领域，也对其他领域的学习与发展有着重要的影响：幼儿在运用语言进行交流的同时，也在发展着人际交往能力、理解他人和判断交往情境的能力、组织自己思想的能力。通过语言获取信息，幼儿的学习逐步超越个体的直接感知。

二、幼儿园语言教育的目标

《幼儿园教育指导纲要(试行)》规定了幼儿语言教育的目标：

(1) 乐意与人交谈，讲话礼貌；

(2) 注意倾听对方讲话，能理解日常用语；

(3) 能清楚地说出自己想说的事；

(4) 喜欢听故事、看图书；

(5) 能听懂和会说普通话。

《3—6岁儿童学习与发展指南》将语言领域目标划分为倾听与表达(认真听并能听懂常用语言、愿意讲话并能清楚地表达、具有文明的语言习惯)、阅读与书写准备(喜欢听故事、看图书，具有初步的阅读理解能力，具有书面表达的愿望和初步技能)两大方面。

三、幼儿园语言教育的内容与要求

《幼儿园教育指导纲要(试行)》规定了幼儿语言教育的内容与要求：

(1) 创造一个自由、宽松的语言交往环境，支持、鼓励、吸引幼儿与教师、同伴或其他人交谈,体验语言交流的乐趣,学习使用适当的、礼貌的语言交往。

（2）养成幼儿注意倾听的习惯,发展语言理解能力。

（3）鼓励幼儿大胆、清楚地表达自己的想法和感受,尝试说明、描述简单的事物或过程,发展语言表达能力和思维能力。

（4）引导幼儿接触优秀的儿童文学作品,使之感受语言的丰富和优美,并通过多种活动帮助幼儿加深对作品的体验和理解。

（5）培养幼儿对生活中常见的简单标记和文字符号的兴趣。

（6）利用图书、绘画和其他多种方式,引发幼儿对书籍、阅读和书写的兴趣,培养前阅读和前书写技能。

（7）提供普通话的语言环境,帮助幼儿熟悉、听懂并学说普通话。少数民族地区还应帮助幼儿学习本民族语言。

四、幼儿园语言教育的指导要点

《幼儿园教育指导纲要(试行)》提出了幼儿语言教育的指导要点:

（1）语言能力是在运用的过程中发展起来的,发展幼儿语言的关键是创设一个能使他们想说、敢说、喜欢说、有机会说并能得到积极应答的环境。

（2）幼儿语言的发展与其情感、经验、思维、社会交往能力等其他方面的发展密切相关,因此,发展幼儿语言的重要途径是通过互相渗透的各领域的教育,在丰富多彩的活动中去扩展幼儿的经验,提供促进语言发展的条件。

（3）幼儿的语言学习具有个别化的特点,教师与幼儿的个别交流、幼儿之间的自由交谈等,对幼儿语言发展具有特殊意义。

（4）对有语言障碍的儿童要给予特别关注,要与家长和有关方面密切配合,积极地帮助他们提高语言能力。

《3—6岁儿童学习与发展指南》指出幼儿的语言能力是在交流和运用的过程中发展起来的。幼儿园应为幼儿创设自由、宽松的语言交往环境,鼓励和支持幼儿与成人、同伴交流,让幼儿想说、敢说、喜欢说并能得到积极回应。教师为幼儿提供丰富、适宜的低幼读物,经常和幼儿一起看图书、讲故事,丰富其语言表达能力,培养阅读兴趣和良好的阅读习惯,进一步拓展学习经验。

幼儿的语言学习需要相应的社会经验支持,教师应通过多种活动扩展幼儿的生活经验,丰富其语言的内容,增强其理解和表达能力;应在生活情境和阅读活动中引导幼儿自然而然地产生对文字的兴趣。用机械记忆和强化训练的方式让幼儿过早识字不符合其学习特点和接受能力。

五、幼儿园语言教育活动的内容

（一）普通话教育

推广普通话是我国的语言政策之一，幼儿期是进行普通话教育的关键期，因而，普通话是幼儿语言学习的重要内容。语言教育的具体内容有：教幼儿按照普通话的语音规范正确发音；帮助幼儿丰富词汇，正确理解和运用词汇；指导幼儿按照普通话的表达方式说话。

（二）口语交际教育

幼儿口语交际的内容可以分为对话训练和独自训练两部分。对话训练主要通过日常会话、谈话活动两种方式进行训练。独自训练主要通过看图讲述、实物讲述、情境讲述等方式进行训练。

（三）文学作品教育

幼儿很喜欢文学作品，所以文学作品教育一直是幼儿语言教育的一项重要内容。文学作品教育对幼儿身心发展的促进作用是全方位的，教师要从多个角度挖掘其教育功能，充分发挥文学作品教育的作用。

（四）早期读写教育

幼儿的早期读写教育不包括识字、写字。幼儿早期读写教育主要是为幼儿提供一些读写书面信号的经验，如阅读和理解书面图画或符号的经验，翻书看书的经验，将书面信息和口头语言相互转换的经验、执笔运笔的经验等。其直接目的是为幼儿入学后正式学习读写书面文字做准备。

六、幼儿园语言教育活动的类型

（一）谈话活动

谈话活动是帮助幼儿学习围绕一定话题，运用语言与他人进行交流的活动。谈话活动可以激发幼儿与他人交谈的兴趣，帮助幼儿学习基本的谈话规则，提高幼儿言语交往水平。

（二）讲述活动

讲述活动是帮助幼儿学习运用比较规范的语言讲述某一事物的活动。讲述活动可以培养幼儿的讲述能力，使幼儿学会清楚、完整、连贯地讲述某一事物，对培养幼儿的语言表达能力、提高幼儿的语言水平具有特别的作用。

（三）听说游戏活动

听说游戏活动是指用游戏的方式组织的语言教育活动。这种语言教育活动含有较多规则游戏的成分，有明确的语言学习目标和具体的语言学习内容，因而又称为语言教学游戏。听说游戏以培养幼儿倾听和表述能力为主要目的，能够较好地吸引幼儿参与到学习语言的活动中，并在积极愉快的活动中完成语言学习任务。

（四）文学活动

文学活动是以文学作品为基本教育内容而设计的语言教育活动。文学活动从一个具体的文学作品入手，围绕这个作品开展一系列相关活动，为幼儿创造学习运用文学语言的情境，帮助幼儿理解文学作品所展示的丰富而有趣的生活，体会语言艺术的美，为幼儿提供全面的语言学习机会。

（五）早期阅读活动

早期阅读活动是有计划、有目的地培养幼儿学习书面语言的教育活动。早期阅读活动向幼儿提供集体学习的环境，帮助幼儿接触书面语言，指导他们学习书面语言的行为，培养他们对书面语言的敏感性，为正式学习书面语言打下良好基础。早期阅读是幼儿语言学习不可缺少的部分，对促进幼儿语言发展具有重要作用。

七、幼儿园语言教育活动的方法

（一）示范法

示范法是教师通过自身规范化的语言，为幼儿提供学习语言的样板，让幼儿始终在良好的语言环境中自然地模仿学习。有时也可以由语言发展较好的幼儿来示范。

运用示范法时要注意：教师的示范语言一定要规范到位，要把握好示范的时机和力度，恰当地运用“显性示范”和“隐性示范”的手段。

（二）视、听、讲、做结合法

视听结合法是依据“直观法”和“观察法”及幼儿学习的特殊性提出来的。

所谓“视”是指教师提供具体形象的讲述对象，如实物、图片、图书、情景表演等，让幼儿充分观察。

所谓“听”是指教师用语言描述、启发引导、暗示、示范等，让幼儿充分地感知与领会。

所谓“讲”是指幼儿在感知理解的基础上，充分地表述个人的认识。

所谓“做”是指教师给幼儿提供一定的想象空间，通过幼儿的参与或独立操作，帮助幼儿充分进行构思，从而组织更加丰富、连贯、完整、富有创造性的语言进行表述。

这四个方面必须有机地结合，“视”“听”“做”都是为“讲”服务的，在“讲”的过程中，促进幼儿语言能力发展。教师提供给幼儿感知的物体应该是幼儿熟悉的，教师讲解的语言要通俗易懂。

（三）游戏法

游戏法是指教师运用有规则的游戏训练幼儿正确发音，丰富幼儿词汇和句式的一种方法。游戏法是符合幼儿年龄特点的活动，能够提高幼儿的兴趣、集中幼儿的注意。

游戏法的运用有时需要配合教具（实物、图片）来进行，有时就是纯语言的游戏，如练习发音、学习反义词、练习组词和造句等。随着幼儿年龄的增长，应逐渐减少直观材料。

（四）表演法

表演法是指在教师的指导下，幼儿学习表演文学作品以提高口语表达能力的一种方法。如朗诵、故事表演等。

运用表演法要注意：必须在幼儿理解、熟悉文学作品的基础上进行表演，鼓励幼儿在表演中大胆地创作，要为全体幼儿提供参与表演的机会。

（五）练习法

练习法是指有意识地让幼儿多次使用同一个言语因素（如语音、词汇、句子等）或训练幼儿某方面技能技巧的一种方法。在幼儿语言教育中，口头练习是大量的。

运用练习法需注意：练习的方式要多样化，要求要逐步提高。

以上是几种比较常见的语言教育方法，教师在实际应用中，需要根据幼儿园具体条件、本班幼儿语言学习的特点和实际水平，选择恰当的教育方法，有针对性地进行语言教育。另外，各种教育方法还可以互相配合，交叉使用或互相补充，综合运用，以共同促进幼儿语言的发展，达到最佳的教育效果。

【真题展示】

单项选择题

教师在幼儿书写准备的指导中，不恰当的做法是（　　）。（扫二维码领取答案）

A. 用图画和符号表达自己的愿望和想法　　B. 书写自己的名字

C. 养成正确的写画姿势　　D. 学习书写常见汉字

第五节　幼儿园社会教育

幼儿园社会教育的指导要点
幼儿园社会教育活动的内容 } 幼儿园社会教育 { 幼儿园社会教育的内涵
幼儿园社会教育活动的方法
幼儿园社会教育的目标
幼儿园社会教育的内容与要求

一、幼儿园社会教育的内涵

社会教育的核心在于发展幼儿的社会性。个体社会性发展主要包括社会认知、社会情感和社会行为技能三个方面。幼儿社会教育活动就是增长幼儿的社会知识，激发幼儿的社会情感，培养幼儿社会行为习惯的活动。

《3—6岁儿童学习与发展指南》提出幼儿社会领域的学习与发展过程是其社会性不断完善并奠定健全人格基础的过程。人际交往和社会适应是幼儿社会学习的主要内容，也是其社会性发展的基本途径。幼儿在与成人和同伴交往的过程中，不仅学习如何与人友好相处，也在学习如何看待自己、对待他人，不断发展适应社会生活的能力。良好的社会性发展对幼儿身心健康和其他各方面的发展都具有重要影响。

二、幼儿园社会教育的目标

《幼儿园教育指导纲要(试行)》规定了幼儿社会教育的目标：

(1) 能主动地参与各种活动，有自信心；

(2) 乐意与人交往，学习互助、合作和分享，有同情心；

(3) 理解并遵守日常生活基本的社会行为规范；

(4) 能努力做好力所能及的事，不怕困难，有初步的责任感；

(5) 爱父母长辈、老师和同伴，爱集体、爱家乡、爱祖国。

《3—6岁儿童学习与发展指南》将社会领域目标分为人际交往(愿意与人交往，能与同伴友好相处，具有自尊、自信、自主的表现，关心尊重他人)和社会适应(喜欢并适应群体生活、遵守基本的行为规范、具有初步的归属感)两方面。

三、幼儿园社会教育的内容与要求

《幼儿园教育指导纲要(试行)》规定了幼儿社会教育的内容与要求：

(1) 引导幼儿参加各种集体活动，体验与教师、同伴等共同生活的乐趣，帮助他们正确认识自己和他人，养成对他人、社会亲近、合作的态度，使其学习初步的人际交往技能。

(2) 为每个幼儿提供表现自己长处和获得成功的机会，增强其自尊心和自信心。

(3) 提供自由活动的机会，支持幼儿自主地选择、计划活动，鼓励他们通过多方面的努力解决问题，不轻易放弃克服困难的尝试。

(4) 在共同的生活和活动中，以多种方式引导幼儿认识、体验并理解基本的社会行为规则，学习自律和尊重他人。

(5) 教育幼儿爱护玩具和其他物品，爱护公物和公共环境。

(6) 与家庭、社区合作，引导幼儿了解自己的亲人，以及与自己生活有关的各行各业人们的劳动，培养其对劳动者的热爱和对劳动成果的尊重。

(7) 充分利用社会资源，引导幼儿实际感受祖国文化的丰富与优秀，感受家乡的变化和发展，激发幼儿爱家乡、爱祖国的情感。

(8) 适当向幼儿介绍我国各民族和世界其他国家、民族的文化，使其感知人类文化的多样性和差异性，培养理解、尊重、平等的态度。

四、幼儿园社会教育的指导要点

《幼儿园教育指导纲要(试行)》提出了幼儿社会教育的指导要点:

(1) 社会领域的教育具有潜移默化的特点。幼儿社会态度和社会情感的培养尤应渗透在多种活动和一日生活的各个环节之中,要创设一个能使幼儿感受到接纳、关爱和支持的良好环境,避免单一呆板的言语说教。

(2) 幼儿与成人、同伴之间的共同生活、交往、探索、游戏等,是其社会学习的重要途径。应为幼儿提供人际间相互交往和共同活动的机会和条件,并加以指导。

(3) 社会学习是一个漫长的积累过程,需要幼儿园、家庭和社会密切合作,协调一致,共同促进幼儿良好社会性品质的形成。

《3—6岁儿童学习与发展指南》指出家庭、幼儿园和社会应共同努力,为幼儿创设温暖、关爱、平等的家庭和集体生活氛围,建立良好的亲子关系、师生关系和同伴关系,让幼儿在积极健康的人际关系中获得安全感和信任感,发展自信和自尊,在良好的社会环境及文化的熏陶中学会遵守规则,形成基本的认同感和归属感。

幼儿的社会性主要是在日常生活和游戏中通过观察和模仿潜移默化地发展起来的。成人应注重自己言行的榜样作用,避免简单生硬的说教。

五、幼儿园社会教育活动的内容

(一) 人际交往

幼儿在与周围环境中人(家长、教师、小朋友等)的交往过程中形成相互关系。人际交往方面的教育内容,主要包括交往态度、交往规则、交往技能,以及交往中形成的自我意识、他人意识和相互关系。

这些教育内容主要存在于各种各样的交往活动中。如,幼儿在园一日生活中同伴间的交往、与教师的师生交往,以及教师与教师、教师与家长间的交往所提供的榜样方式对幼儿产生的影响。幼儿园与家庭相比,有着进行人际交往教育的诸多有利条件。教师应充分利用这些条件,帮助幼儿从小学习如何积极地对待别人、认识自己,如何与人和睦快乐相处,如何懂得分享和尊重别人,如何正确处理分歧和纠纷。

(二) 社会环境

幼儿生活中经常接触的一些社会组织形态、社会机构和其中的社会角色,如家庭和家庭成员,幼儿园和幼儿园工作人员、小朋友,商店和售货员、顾客,医院和医生、病人,以及家乡(城市、农村)、祖国和她的建设者、保卫者等。

选择这方面内容,是为了帮助幼儿了解和熟悉自己的生活环境,了解和熟悉与自己生活有关的人及他们的劳动,从而丰富其生活经验,扩大其视野,使幼儿初步感受人们(包括自己)之间、人与社会之间的相互依存关系,进而提高幼儿的社会适应性。

（三）社会行为规范

幼儿在社会生活和社会交往中需要了解和掌握的各种行为准则，包括公共规则、集体规则、交往规则和基本道德准则等。

选择这方面的社会行为规范作为教育内容，是为了使幼儿从小就懂得社会生活是有一定的规则的。通过学习，使幼儿习惯于按照这些准则去行动，从而逐渐培养他们的道德意识和按道德标准行动的自觉性。

（四）社会文化

幼儿需要了解人类在社会历史发展过程中所创造的物质财富和精神财富，主要包括：社区文化，我国主要的文化精品、民间节日、民间艺术，世界著名的人文景观、优秀的艺术作品，等等。

选择社会文化作为教育内容，为的是引导幼儿从小熟悉民族的优秀文化，认同它们，使爱国主义情感不知不觉、自然而然地深深扎根于他们幼小的心灵之中。同时，世界优秀文化是全人类的共同财富，了解各种不同的文化，学会尊重它们，鉴赏它们，有利于开阔幼儿的视野，培养其广阔的胸怀。

六、幼儿园社会教育活动的方法

（一）幼儿园社会教育活动的一般方法

1. 语言传递教育法

语言传递法是教师有目的地运用语言与幼儿交流，让幼儿了解社会行为规范，增强意识，以使幼儿获得某种社会行为的方法。它包括讲解法、谈话法和讨论法。

（1）讲解法。讲解法是教师向幼儿说明一些简单的道理、规则及其意义，使幼儿明辨是非，懂得应该怎样做和为什么要这样做的方法。讲解法是社会教育活动中运用得非常普遍的方法，幼儿无论是对人际关系的了解、对社会环境的认知，还是对社会行为规范的学习和社会文化的吸取，都需要教师用生动浅显、富有感染力的语言进行讲解、启发和引导。

（2）谈话法。谈话法是教师与幼儿相互提问、对答的教育方法。谈话法的运用可以使教师借助恰当的问题，帮助幼儿分拣、提炼原有的社会知识经验，使之系统化、明确化。谈话法中幼儿的提问与回答是其真实思想活动的反映，有利于教师把握其思想实质。

（3）讨论法。讨论法是教师指导幼儿在教育活动中，就某些具有社会性的问题、观点及认识相互启发、相互学习、交流意见的教育方法。这种方法的运用，有利于幼儿自由发表意见和感受，帮助幼儿养成独立思考的习惯和能力，使幼儿懂得不同的人对待问题的看法不同的道理，有利于幼儿摆脱自我中心的思想。

2. 直接知觉教育法

（1）演示法。演示法是指教师将实物、教具直接展示给幼儿看，或者引导幼儿通过实际表演，思考或表现对社会知识的理解，从而明白一些道理的方法。社会教育活动中常用情景演示法，由教师展示一些社会情景，让幼儿对其中的社会问题进行思考，明白社会规范。展示给幼儿的情景可以是图片中的情景，也可以是幼儿或幼儿与教师共同表演的情景。这种方法的运用，能增强幼儿对社会教育活动的兴趣，提升活动的效果。

（2）参观法。参观法是指根据社会教育的目的和内容，组织幼儿在园内或园外通过对实际事物和现象的观察、思考，获得新的社会知识与社会规范的教育方法。它能使幼儿将社会教育活动与其实际生活紧密联系起来，通过身临其境、耳闻目睹、接触社会、得到教育。

3. 行为训练法

行为训练法是一种组织幼儿按照正确的社会行为规范去进行实践的方法，这是幼儿形成和巩固良好社会行为习惯的基本方法。这种方法的特点是充分利用现实生活，在生活事件、生活活动中，充分利用一切可以利用的机会，让幼儿练习、实践。

运用行为训练法时要注意，教师要让幼儿明确行为练习的内容和要求；练习的内容应是幼儿可以接受的，做到循序渐进；行为练习的要求应前后一致，长期坚持以便幼儿能持之以恒，形成习惯；无论以何种形式进行行为练习，都要注意激发幼儿练习的愿望，发挥其主动性；活动中应给每个幼儿提供练习的机会，练习的时间不宜太仓促，要让幼儿真正在练习中体验到快乐，达到练习的目的和效果。

4. 强化评价法

强化评价法是指在社会学习过程中，利用他人对幼儿的行为评价，强化幼儿的积极行为，抑制幼儿的消极行为直至最后消退的一种方法。

评价可分为肯定性评价和否定性评价。前者对幼儿社会性言行有着强化作用，能提高幼儿的积极性，激发幼儿亲社会的言行出现；后者能纠正和制止幼儿不良的社会行为和后果。无论采用哪种评价方式，都应尊重幼儿、信任幼儿、理解幼儿，注意用发展的眼光纵向评价，注意及时评价。

5. 陶冶法

陶冶法主要利用人际关系、行为环境、社会风气、情感气氛等来陶冶幼儿的性情，培养幼儿良好的社会公德、社会行为和亲社会情感。它包括环境陶冶法和艺术感染法。

（1）环境陶冶法。环境陶冶法是通过优美的自然环境、良好的社会环境和教师有意识创设的教育情境，对幼儿进行社会化培养的一种教育方法。基于年龄特点，幼儿对事物、问题尚未形成积极稳定、正确的认识，容易受外界环境的影响，所以教师有必要引导幼儿感受与体验外部环境的熏陶，并有意识地创设良好的教育环境，使幼儿社会性情感和社会习惯得到良好的培养和陶冶。

（2）艺术感染法。艺术感染法是利用音乐、绘画等艺术形式的感染力，渗透幼儿心灵，使幼儿得到心灵的感染与熏陶，激发幼儿的情感，并使之化作行动的一种教育方法。艺术感染法主要运用于社会领域教育的社会文化教育活动中，因为社会文化中的人文景观、文化精品、优秀的艺术作品等，本身就体现了较高的艺术性。幼儿在学习、观赏中获得了直接积极的情感体验，有利于其社会情感的激发与培养。

运用这种方法时，应注意选择有利于幼儿社会性发展的有潜力的作品，努力创造机会，让幼儿参与艺术实践活动，从而获得与社会性发展有关的积极的情感体验。

（二）幼儿园社会教育活动的特殊方法

1. 移情训练法

移情指设身处地地站在他人的位置和立场上考虑问题，理解他人的感情和需要。移情训练法是通过故事、情景表演等形式使幼儿理解和分享别人的情绪体验，使幼儿在日后生活中会主动地、“习惯性”地对他人类似的情绪体验产生理解和分享的教育方法。它在幼儿社会教育活动中是一种很重要的教育方法。在移情训练中，教师往往通过让幼儿想象、表演，以及实际地作用于被理解对象的行为等方式，使幼儿介入对被理解对象特殊情绪反应的关心、安慰等过程。这样，一方面强化对特定情绪的理解和分享，另一方面使移情训练在一定程度上导出良好的社会行为。

2. 角色扮演法

角色指社会中有相应职位、承担一定责任且遵守特定社会规范的个体。角色扮演法即教师创设现实社会中的特定情景，让幼儿扮演一定的社会角色，使幼儿表现出与这一角色一致的且符合这一角色规范的社会行为，并在此过程中感知角色间的关系，感知和理解他人的感受、行为经验，从而掌握自己承担的角色所应遵循的社会行为规范和道德要求。

3. 观察学习法

观察学习法指幼儿通过模式模仿或观察学习，直接学会新的行为模式，获得相应的社会行为的方法。这种方法可以使幼儿立即学习新的行为模式，可以激励其将隐藏在内心的行为倾向变为外部的实际行动，可以通过对行为模式的模仿，改变、消除或强化个体原有的行为模式。它的核心是替代性学习和替代性强化。替代性学习即幼儿通过观察模仿直接习得新的行为模式；替代性强化是指学习者通过观察对示范者——榜样的强化及其引起的行为变化来改变自己的行为，使自己的行为趋于正强化，避开负强化。即如果学习者看到别人的行为受到奖励，就会产生并增强与他人出现相同行为的欲望；如果看到别人的行为受到惩罚，则会削弱或抑制产生这种有可能受罚行为的欲望。

运用这种方法时要注意，教师应根据幼儿社会性发展水平和特点选择观察、模仿的内容，还要根据模仿内容所涉及的行为规范，确定强化形式。

4. 价值澄清法

价值澄清法是美国心理学家、教育家路易斯·拉斯教授在对传统的价值观教育法进行研究分析的基础上提出的一种新的价值观教育法。价值澄清理论的基本内容是：每个人都有自己的价值观，而且每个人都按照自己的价值观行事。尽管价值是相对的、个人的，不能被他人灌输的，但是有理智的人类应该有能力学会通过“评价过程”运用此法。该方法灵活、方便、简单，而且生动、有趣，是当前对幼儿进行价值观教育的一种非常有效的方法。“价值澄清”就是通过对幼儿内部心理活动进行价值选择、价值确定，然后付诸外部行动的过程。

幼儿社会教育的方法多种多样，在实际操作中，要做到正确选择与灵活运用，从而有效地推动幼儿社会教育活动的开展，达到较好的教育效果，有力地实现幼儿社会教育的目标。

第六节　幼儿园科学教育

思维导图

- 幼儿园科学教育
  - 幼儿园科学教育的内涵
  - 幼儿园科学教育的目标
    - 幼儿园科学教育的总目标
    - 各年龄段幼儿科学教育目标
  - 幼儿园科学教育的内容
  - 幼儿园科学教育的方法
    - 观察法
    - 实验法
    - 劳动和实践操作法
    - 分类法
    - 测量法
    - 信息交流法
    - 游戏法
    - 早期科学阅读
  - 幼儿园科学教育活动设计的原则
  - 幼儿园科学教育活动的设计与指导
    - 幼儿园科学教育途径
    - 幼儿园集体科学教育活动的设计与指导

幼儿园科学教育是指幼儿在教师的指导下，通过自身的活动，对周围的自然界（包括人造自然）进行感知、观察、操作、发现，以及提出问题、寻找答案的探索过程。

一、幼儿科学教育的内涵

幼儿科学教育是指幼儿在教师的指导下通过自身的活动，对周围的自然界（包括人造自然）进行感知观察、操作、发现，以及提出问题、寻找答案的探索过程。它是利用大自然和生活中真实的事物与现象，让幼儿体验探究过程，萌发探究兴趣，获得科学经验，发展初步的探究能力的过程。

二、幼儿园科学教育的目标

（一）幼儿园科学教育的总目标

《幼儿园教育指导纲要（试行）》明确提出了幼儿园科学领域的总目标：

(1) 对周围的事物、现象感兴趣,有好奇心和求知欲。

(2) 能运用各种感官,动手、动脑,探究问题。

(3) 能用适当的方式表达、交流探索的过程和结果。

(4) 能从生活和游戏中感受事物的数量关系并体验到数学的重要和有趣。

(5) 爱护动、植物,关心周围环境,亲近大自然,珍惜自然资源,有初步的环保意识。

《3—6 岁儿童学习与发展指南》,在科学领域中的"科学探究"部分提出了三条目标:

(1) 亲近自然,喜欢探究。

(2) 具有初步的探究能力。

(3) 在探究中认识周围事物和现象。

(二) 各年龄段幼儿科学教育目标

表 7-3 为各年龄段幼儿科学教育目标。

表 7-3 各年龄段幼儿科学教育目标

班级	纬 度		
	科学态度	科学过程或方法	科学知识
小班	1. 喜欢接触大自然,对周围的很多事物和现象感兴趣 2. 经常问各种问题,或好奇地摆弄物品	1. 对感兴趣的事物能仔细观察,发现其明显特征 2. 能用多种感官或动作去探索物体,关注动作所产生的结果	1. 认识常见的动植物,能注意并发现周围的动植物是多种多样的 2. 能感知和发现物体和材料的软硬、光滑和粗糙等特性 3. 能感知、体验天气对自己生活和活动的影响 4. 初步了解和体会动植物和人们生活的关系
中班	1. 喜欢接触新事物,经常问一些与新事物有关的问题 2. 常常动手、动脑探索物体和材料,并乐在其中	1. 能对事物或现象进行观察比较,发现其相同与不同 2. 能根据观察结果提出问题,并大胆猜测答案;能通过简单的调查收集信息 3. 能用图画或其他符号进行记录	1. 能感知和发现动植物的生长变化及其基本条件 2. 能感知和发现常见材料的溶解、传热等性质或用途 3. 能感知和发现简单物理现象,如物体形态或位置变化等 4 能感知和发现不同季节的特点,体验季节对动植物和人的影响 5. 初步感知科技产品与自己生活的关系,知道科技产品有利也有弊
大班	1. 对自己感兴趣的问题总是刨根问底 2. 能经常动手、动脑寻找问题的答案 3. 探索中有所发现时感到兴奋和满足	1. 能通过观察、比较与分析,发现并描述不同种类物体的特征或某个事物前后的变化 2. 能用一定的方法验证自己的猜测 3. 在成人帮助下能制定简单的调查计划并执行 4. 能用数字、图画、图表或其他符号记录 5. 探究中能与他人合作与交流	1. 能觉察到动植物的外形特征、习性与生存环境的适应关系 2. 能发现常见物体的结构与功能之间的关系 3. 能探索并发现常见的物理现象产生的条件或影响因素,如影子、沉浮等 4. 感知并了解季节变化的周期性,知道变化的顺序 5. 初步了解人们生活与自然环境的密切关系,知道尊重和珍惜生命,保护环境

三、幼儿园科学教育的内容

幼儿园科学教育的内容大致可以划分为物质科学、生命科学、地球和空间科学，以及科学、技术、社会和环境四个范畴。

（一）物质科学

（1）物质和材料的性质。

（2）物体的位置和运动。

（3）声、光、热、电、磁。

（二）生命科学

（1）生物的外形特征。

（2）生物的基本需要。

（3）生物的简单行为。

（4）生物的生命周期。

（5）生物的多样性和物种。

（6）生物和环境的关系。

（三）地球和空间科学

（1）地球物质的性质。

（2）天空中的物体及其变化。

（3）天气、气候和季节。

（4）地貌变化。

（四）科学、技术、社会和环境

（1）幼儿生活中常见的科技产品及其作用。

（2）科技产品的发展。

（3）使用简单的工具。

（4）简单的科技小制作。

（5）自然生态环境的保护。

四、幼儿园科学教育的方法

幼儿园科学教育的方法既是指教师为实现教育目标而采取的具体方法和手段，也是指在教师指导下幼儿学习科学的方法。

（一）观察法

1. 内涵

观察法是指幼儿在直接接触事物的过程中，运用多种感官直观、生动、具体地认识事物，提高幼儿感官的综合活动能力，培养其运用感官探索周围环境的习惯，并为发展幼儿的抽象思维能力和形成概念提供丰富的感性经验。观察法是幼儿科学教育中最基本和最重要的方法。

2. 类型

(1) 个别物体和现象的观察。个别物体和现象的观察是指幼儿对单个的物体(或一类物体)或现象的观察。幼儿通过有目的地运用感官,与周围某一事物或现象的直接接触,从而了解它的外形特征、属性、习性等。如观察鱼、石头等单个或一类事物;又如观察雾、雨等天气现象。

(2) 比较观察。比较观察是幼儿同时观察两种或两种以上的物体并进行比较,以找出物体间的异同点。在观察过程中,通过比较分析、判断和思考,比较精确、细致、完整地认识事物。这种方法能帮助幼儿较快地发现事物的特征,有利于幼儿分类能力的发展和概念的形成。如自行车和摩托车的观察比较。

(3) 长期系统性观察。长期系统性观察是指幼儿在较长的时间内,持续地对某一物体或现象进行系统的观察,对其质和量两方面的发展变化过程有较完整的认识。如对红薯的生长进行观察。

(二) 实验法

幼儿科学教育中的实验法是指在人为控制条件下,教师和幼儿利用一些材料、仪器或设备,通过简单演示或操作,对周围常见的科学现象加以验证的一种方法。根据实验过程中实际操作者来分,实验可以分为教师演示实验和幼儿操作实验。

(三) 劳动和实践操作法

(1) 种植:指幼儿通过在园地、自然角(或用泥盆、木箱等)种植花卉、蔬菜和农作物等的活动,了解各种植物的播种、管理、收获等全过程。

(2) 饲养:指幼儿在饲养角里喂养和照管习性温驯的动物的活动。

(3) 科学小制作:指帮助幼儿采用各种自然材料和废旧材料制作一些简单的科学玩具。

(四) 分类法

分类法指幼儿把具有某一个或几个共同特征的物体聚集在一起,以学习科学的一种方法。

(五) 测量法

1. 内涵

内涵指通过观察或运用简单的测量工具,对物体进行简单的、初级的测定。幼儿的测量包括大小、长短、高矮、粗细、轻重等内容。

2. 分类

(1) 观察测量。观察测量是指通过眼睛、手等感官的观察来测量物体。如通过目测来测量物体的大小、粗细、长短等;又如用手来掂物体的轻重等。

(2) 非正式量具测量。非正式量具测量也称自然测量,指不采用通用、标准的量具,而是运用一些自然物,如木棍、积木、绳子、手指、手臂、步长等作为量具,对物体进行直接测量的方法。如让幼儿用手指量一量小树长高了多少等。

(3) 正式量具测量。正式量具测量是指以通用的标准量具对物体进行测量。适合幼儿使用的测量工具主要有尺、天平、温度计、钟表、秤等。如让幼儿用温度计测量三盆不同温度的热水。

(六) 信息交流法

信息交流是指幼儿将所获得的有关周围环境的信息,以语言或非语言形式来进行表达和交换。信息交流中语言的方式包括描述和讨论。描述是指在教师的指导下,幼儿用语言向同伴或成人讲述自己在科学探索中的发现、疑问等。讨论是指幼儿与幼儿、幼儿与成人之间通过口头语言,表达、交流自己在科学探索中的发现。幼儿通过语言的描述与讨论,不但可以向同伴、教师表达自己的各种发现、疑问、想法,还可以交流自己使用了什么方法进行科学探索,以及科学探索过程中感受到的情绪体验等。

信息交流中的非语言方式包括图像记录、手势、动作、表情等。

(七) 游戏法

科学游戏是指运用自然物质材料和有关的图片、玩具(科技玩具)等物品,进行带有游戏性质的操作活动。科学游戏内容丰富,常见的有感知游戏、分类游戏、配对游戏、接龙游戏、拼图游戏、情景游戏、科技玩具游戏等。

(八) 早期科学阅读

早期科学阅读是指幼儿通过阅读寓有科学知识的作品,包括故事、儿歌谜语等以学习科学的方法。如故事《小蝌蚪找妈妈》、诗歌《云彩和风》等。

五、幼儿园科学教育活动设计的原则

在设计和组织幼儿科学教育活动时,应该主要遵循以下几条基本原则:

(一) 发展性原则

发展性原则是指在设计科学教育活动时,应着眼于促进幼儿全面发展。它包括两层含义:一是所设计的科学教育活动应适应幼儿的发展水平,不可任意提高,也不可盲目滞后,所提出的教育要求和内容应以幼儿身心发展的成熟程度为基础。二是科学教育活动应能体现早期教育的特征,促进幼儿尽可能地获得全面和谐的发展。

(二) 趣味性原则

趣味性原则是指设计和组织科学教育活动时,应充分考虑幼儿的兴趣和需要,并能激发幼儿学科学的兴趣。它包含两层含义:一是设计的科学教育活动能考虑幼儿兴趣所在;二是通过所设计的科学教育活动,能激发幼儿对科学探索的兴趣。

(三) 开放性原则

开放性原则是指幼儿科学教育活动是一个开放的系统,科学教育活动应为幼儿创设操作的环境,让他们自己去实践、研究;给予幼儿探索的线索,但不直接指定探索的方向;鼓励幼儿产生多种多样的想法，允许他们得出不同的结论。

（四）活动性原则

活动性原则是指科学活动的设计与组织应以活动为基本形式。就是要通过科学活动，使幼儿在活动中动手、动脑、动口，通过自身的操作活动与环境发生交互作用，从而获得经验，得到发展。

（五）整合性原则

整合性原则是指在科学教育活动设计中，将科学领域中的不同的内容、目标、活动形式进行有机整合。

六、幼儿园科学教育活动的设计与指导

（一）幼儿园科学教育途径

幼儿园科学教育途径有集体科学活动、区角科学活动、生活中的科学教育等。

（二）幼儿园集体科学教育活动的设计与指导

集体科学教育活动最主要的四种类型为观察认识型、实验操作型、技术操作型、科学讨论型。

1. 观察认识型活动的设计与指导

（1）活动目标的设计。通常观察认识型活动涉及的重要目标包括以下几种。

① 观察技能。

② 表达技能。

③ 有关观察对象的科学认识。

对于不同的活动内容，以及不同年龄段的幼儿，可以提出更为具体的目标，参阅表7-4。

表 7-4　观察认识型活动具体目标样例表

教学目标		适用年龄段	举例
观察技能	运用多种感官感知事物的特征	小班或以上	运用多种感官——看、摸、闻、尝等感知萝卜的特征（小班：有趣的萝卜）
	对不同的对象进行比较观察	中班或以上	通过观察，比较桥的相似和差异（中班：各种各样的桥）
	有顺序地观察事物的特征	中班或以上	观察蜗牛外形细节，了解蜗牛的身体特征和活动方式（中班：蜗牛是什么样子的）
	对事物进行长期系统的观察	中班或以上	观察了解毛毛虫、蝌蚪的形态变化（中班：会变的动物）
	观察事物的变化和现象的发生	小班或以上	观察冬天周围环境的变化（中班：冬爷爷来了）

续表

教学目标		适用年龄段	举例
表达技能	运用语言大胆地讲述自己在观察中的发现	小班	能大胆地说出小兔子的名称,和同伴交流小兔子的外形特征(小班:可爱的小兔子)
	运用完整的语言讲述并交流自己在观察中的发现	中班或以上	能用完整的语言交流自己收集来的蛋,讲述蛋的特征及用途(大班:各种各样的蛋)
	用图画、数字等多种方式记录自己观察的结果	中班或以上	用在纸条上做标记的方法来测量、记录种子的发芽情况(中班:小芽有多高)
有关观察对象的科学认识	认识观察对象的显著特征	小班	观察小鸡小鸭的显著特征(小班:小鸡小鸭不一样)
	认识到观察对象的多样性	小班或以上	在观察的基础上,知道桥的多样性(中班:各种各样的桥)
	认识到各个观察对象的不同和相同	中班或以上	观察各种种子,探索种子的不同生长部位(大班:种子藏在哪里)
	探寻观察对象的变化规律	大班	在观察的基础上探寻种子发芽和水分的关系(大班:种子成长的秘密)

(2) 活动过程的设计。根据观察对象的不同特点,观察认识型活动的组织可以遵循不同的设计思路,主要有四种典型的设计思路,分别为物体观察活动、展示观察活动、现象观察活动和户外观察活动。一般的教育活动过程由四部分构成:导入(开始)部分、基本部分、结束部分、延伸部分。无论哪种类型的观察活动,在导入部分都应交代清楚本次观察活动的任务。在活动过程设计中要根据观察的类型设计活动流程,落实活动目标。同时,活动过程中应有幼儿交流观察结果的过程。结束部分对活动要有小结。延伸部分是活动的进一步扩展。

① 物体观察活动。

设计思路:出示观察对象—幼儿自由观察—表达交流—教师引导观察—表达交流—教师总结。

设计要点:物体观察活动包括单个物体观察、同类物体观察及比较观察,教师可引导幼儿在观察的基础上进行表达和交流,并通过指向性问题引导幼儿认识物体的显著特征,或比较两个物体间的异同,或总结同类物体的共同特征。

② 展示观察活动。

设计思路:收集物品—布置展览—共同参观—表达交流—教师总结(或开放性结束)。

设计要点:展示观察活动一般用于观察认识物体的多样性。展示活动中的观察分别渗透于收集展品、布置展览和参观展览的环节中。其中前两个部分是渗透性的自由观察,第三部分是在教师引导下对各类物品的集中观察。

③ 现象观察活动。

设计思路:引出对象或问题—观察现象—观察中的交流与个别指导—教师组织讨论和交流——教师总结。

设计要点:现象观察活动的重点在于观察变化的发生。因此,教师可将观察、指导和交流相结合。根据实际情况,可在观察之后引导幼儿对观察到的现象加以讨论。

④ 户外观察活动。

设计思路:激发兴趣、提出问题—个别观察(个别指导)—分享和表达体验

设计要点:户外观察既有物体观察也有现象观察。其特点在于户外活动人员分散、难以组织,可采用分组进行的方式来提高师生比例,在活动设计的环节上应尽量减少集中指导,加强个别指导和个人体验。

(3) 活动的指导要点。

① 科学观察是为一定的目的服务的。

② 利用观察对象的显著特征激发幼儿的观察兴趣。

③ 通过启发性问题引导幼儿观察。

④ 引导幼儿运用多种感官感知事物的特征。

⑤ 要尽可能让幼儿有自己动手和操作的机会。

⑥ 要鼓励幼儿用语言表达观察中的发现。

⑦ 指导幼儿学习用各种方法记录观察结果。

2. 实验操作型活动的设计与指导

一般地说,实验操作型活动的任务是通过幼儿亲自动手、摆弄、操作实验对象,以发现事物的变化及其相互联系。

(1) 活动目标的设计。实验操作型活动涉及的重要教学目标有:

① 科学好奇心。

② 科学探究能力。

在进行活动设计时,可以提出更为具体的目标,参阅表7-5。

表7-5 实验操作型活动具体目标样例表

教学目标		适用年龄段	举例
科学好奇心	注意到新异的事物或现象	小班或以上	注意到有些东西放在水里总是会浮起来(小班:沉浮)
	愿意探究新异的事物或现象	中班或以上	发现物体在水里会出现沉浮现象,愿意用不同的物体来进行试验(中班:沉浮)
	对新异的事物或现象提出问题并进行探究	大班	提出有关沉浮现象的问题或自己尝试解决有关沉浮的问题(大班:沉浮)

续表

教学目标		适用年龄段	举例
科学探究能力	能通过自己的观察操作获得发现	小班或以上	通过观察发现不同物体在水中的沉浮状况(小班:沉浮)
	能对问题作出假设并用自己的经验来加以检验	中班或以上	能根据自己的经验预测不同物体在水中的沉浮变化,并通过实验加以检验(中班:沉浮)
	能根据已经获得的资料进行合理推断、得出结论	中班或 以上	在实验的基础上总结哪些物体在水里是沉的、哪些是浮的(中班:沉浮)
	能根据过去的经验或逻辑推断对现象进行解释和预测	大班	能根据过去已有的经验来解释小"潜艇"的沉浮变化(大班:潜水艇的秘密)

(2) 活动过程的设计。根据幼儿年龄的不同及实验内容上的差异,可采用不同的设计思路。

① 演示—操作式:教师先对实验内容进行演示,然后幼儿进行对应的实验操作,通过观察,获得发现。实验演示可以是教师操作,也可以是教师指导幼儿进行操作。此思路便于教师组织活动,幼儿实验操作的目的性比较明确,但是教师的演示对幼儿的自主探究学习有一定的限制。当幼儿年龄较小无法独立进行研究,或者实验材料的操作方式不易被幼儿理解时,可以参考此思路。

② 自由—引导式:教师提供材料引发探究兴趣,让幼儿进行自由的探究,然后在组织幼儿交流经验的基础上,引导幼儿进一步有目的、有计划地探究。此思路能较好地将幼儿的自主探究和教师的引导结合起来,并将教师的指导建立在幼儿自由发现的基础上。在幼儿科学实验活动中的应用较为广泛。

③ 猜想—验证式:针对某一问题,教师让幼儿先猜想可能会得到的结果,然后再进行实际的探究活动,来验证原先的猜想是否正确。此种思路适合于幼儿已有类似生活经验且答案并不明确的问题。

(3) 活动的指导要点。

① 提供充足多样的实验材料,以保证幼儿能反复操作、与客体相互作用,在实验过程中去探索、发现、判断,自己找出问题的答案。

② 积极引导幼儿主动参与活动,使实验活动成为幼儿主动的探索活动。在活动中要给幼儿充足的操作时间,鼓励幼儿大胆尝试,激发其探究欲望。对于幼儿的想法要加以支持。

③ 引导幼儿在实验中仔细观察,注意实验材料在操作过程中的变化,同时也要引导幼儿学习记录实验中的发现。必要时,对幼儿的实验操作方法给予适当指导。

④ 组织幼儿就实验的现象和结果开展讨论、交流,引导幼儿分析在实验中观察到的现象,鼓励幼儿解释实验的结果。当幼儿的解释出现错误时,教师不要急于纠正,而是把它交给幼儿自己来讨论。

⑤ 鼓励幼儿提出问题,但是不要急于把问题的答案交给幼儿,以避免超越幼儿理解能

力的灌输或变相灌输。要和幼儿展开平等的讨论,共同探究问题。

3. 科学讨论型活动的设计与指导

科学讨论型活动是指在收集资料、整理资料的基础上,通过集体的讨论和交流等手段获取科学知识的活动。

(1) 活动目标的设计。通常科学讨论型活动涉及的重要教学目标有:

① 表达交流技能。

② 科学知识和经验。

在进行活动设计时,可以提出更为具体的目标,可参阅表7-6。

表7-6 科学讨论型活动具体目标样例表

教学目标		适用年龄段	举例
表达交流技能	运用语言大胆讲述自己的观点	中班或以上	大胆讲述自己所知道的鸟的不同生活环境和不同的生活方式(大班:鸟的家园)
	倾听、理解和评价他人的观点	中班或以上	大胆讲述自己所知道的科学知识,同时养成良好的倾听习惯,学会从别人的讲述中积累有关鸟的经验
	在表达交流过程中能借助图画、表情、动作、形象等方式	中班或以上	学习用绘画方式记录鸟的生活的情况(大班:鸟的家园)
科学知识和经验	丰富有关讨论主题的科学经验	中班或以上	通过收集资料和讨论,了解鸟的生活环境和生活方式(大班:鸟的家园)
	学习在选择和鉴别信息的基础上建构自己的科学知识	大班	根据所获得的信息作出茶叶是不是树叶的判断(大班:茶叶是树叶吗)

(2) 活动过程的设计。按照幼儿知识经验准备的途径不同,可以把科学讨论型活动的设计思路大致分为以下三种:

① 参观调查—汇报交流式:带领幼儿通过外出考察获取直接经验,考察归来后再进行汇报交流,分享经验。

② 收集资料—共同分享式:教师可事先提供一些图书资料,或建议家长和幼儿一起查询有关资料,然后在集体活动中和大家分享。

③ 个别探究—集中研讨式:先让幼儿进行个别探究,在个别探究的基础上,再进行集中研讨。

(3) 活动的指导要点。

① 给幼儿充足的讨论时间。避免把科学讨论型活动变成灌输科学知识的课堂。因此不能由教师"一言堂",而应该把充足的时间留给孩子。

② 教师和幼儿平等对话。建立"民主"课堂,充分体现平等对话的精神。教师不要预设结论,而应倾听幼儿的观点。对幼儿来说,既要鼓励他们大胆讲述自己的经验,又要培养幼儿尊重他人、善于倾听的习惯,使科学讨论成为真正的"社会建构"学习。

③ 运用多种手段来表达科学认识。

④ 运用多媒体来丰富知识经验。

4. 技术操作型活动的设计与指导

技术操作型活动是指学习制作产品、使用科技产品或掌握某些工具的操作方法和技能的科学活动。幼儿园中的技术操作型活动，主要涉及两种不同的“技术”：一种是设计技术，即幼儿在进行科技小制作中要思考的方法；另一种是使用技术，即幼儿在学习使用某种科技产品或工具时要掌握的操作技巧。

（1）活动目标的设计。技术操作型活动中涉及的重要的教学目标是技术操作能力。

技术操作能力是指幼儿运用工具或材料，对客观对象或材料进行操作加工或制作新产品的能力。它包括一些更为具体的目标。参阅表 7-7。

表 7-7　技术操作型活动具体目标样例表

教学目标		适用年龄段	举例
技术操作能力	掌握简单工具的使用方法	小班或以上	大胆尝试使用小铁锤，探索它的结构、功能和正确的使用方法（中班：试试小铁锤）
	按程序进行操作或制作	中班或以上	能按程序用大型积木搭建桥梁（中班：造大桥）
	设计并制作简单的物品	中班或以上	学习选择合适的材料制作简易喷水壶（大班：自制日光仪）

（2）活动过程的设计。技术操作型活动可以具体地划分为以下两种活动：使用科技产品或工具的活动和科技小制作活动。具体的设计思路也有所不同。

① 学习使用科技产品和工具。

这类活动主要是引导幼儿学习现代科技产品的操作方法或对日常生活用品、常见工具的使用方法。通常采用“观察—尝试操作—交流讨论—正确操作”的模式。

② 科技小制作活动。

这类活动主要是通过幼儿的制作活动进一步发现科学现象，体验其中蕴含的原理，同时掌握制作的技巧。这类活动设计可分为两种模式：第一，简单的科技小制作，需要幼儿自己设计，可采用“设计—操作—交流讨论—展示分享”的模式；第二，需要按照一定的程序规范进行操作的，可采用“演示—操作—交流讨论—展示分享”的模式。

（3）技术操作型活动的指导要点。

① 为幼儿提供适当的制作材料。这里的材料既指制作的原材料，也指制作中必需的或可能需要的工具。提供材料时应考虑：A. 制作的原材料应尽量是半成品；B. 制作的材料应具有选择性。

② 使幼儿明确科技制作的目标、方法和评价标准。

③ 让幼儿自己探索制作的方法和技巧。

七、幼儿园科学教育活动设计流程示例

（一）设计流程要点解析

一份完整的科学教育活动方案通常包括活动名称、活动目标、活动准备、活动过程和活动延伸等几部分。

1. 活动名称

活动名称可以按活动内容或选用的材料命名，也可以用科学概念命名。根据幼儿的年龄特点，活动名称的表述可以采用生活化、儿童化语言。活动名称书写内容要完整。一个完整的教育活动名称应包括：活动类型、活动名称、年龄班。如，下面案例的活动名称是“小班科学活动：有趣的海绵宝宝”，就是采用材料命名，采用适合小班儿童的表述方式。名称中就包含了年龄班、活动类型、活动名称。

2. 活动目标

幼儿园科学教育目标涉及情感态度、科学方法和过程、科学知识三方面的内容。在设计目标时，应充分分析活动内容的价值，尽可能涉及多个层面。情感态度的目标可包含的内容为：体验乐趣、乐于探究、体验成功感、积极参与活动、喜欢提问等。科学方法和过程目标可包含的内容为：运用多感官观察、运用比较观察、运用实验、用猜想验证、表达交流、按某标准进行分类、用某某进行测量、用画画或符合记录结果、设计制作、使用工具等。科学知识目标可包含的内容为：外部特征、内部结构、生活习性、用途、感知和发现现象、发现规律、发现关系等。此外，在撰写目标时，注意表述的角度，以儿童的角度表述比较适宜；根据不同年龄阶段，将以上目标内容细化，提出更具体、操作性强的目标。案例“有趣的海绵宝宝”中的三条目标就涉及了科学知识、科学方法和过程、情感态度三个方面。第一个目标是感知海绵轻软、能变形的特点；第二个目标中看看、摸摸、捏捏等方式就是多感官参与；第三个目标中乐于参加、愿意用语言表达就体现了情感态度的目标。当然，从案例中可以看出三个层面的目标不是孤立的、分化的，如第一个目标“初步感知海绵轻软、能变形的主要特点”中，就既有科学方法和过程的内容——感知，也有科学知识的内容——轻软、能变形的特点。所以，不要生硬地将目标写成三个不同的纬度，而是自然地融合在目标中。需要说明的是：不是任何一个活动都必须要三个纬度，具体要根据活动内容来灵活处理。

3. 活动准备

活动准备一般包括物质准备和经验准备。物质准备除了活动场地、活动空间的准备外，主要是操作材料的准备。材料准备中需要考虑材料与目标的关系、材料的可探索性、可操作性、材料的数量等。活动方案中的经验准备主要指幼儿的经验准备。（详细参阅下文实例赏析“有趣的海绵宝宝”）

4. 活动过程

活动结构可以简化为三个部分：导入部分、展开部分和结束部分。

（1）导入部分。导入部分主要是明确活动任务，激发科学活动的兴趣。可以采用多种

方法导入活动。

① 幼儿直接操作材料导入。

② 简短指令导入。

③ 提问导入。

④ 演示现象导入。

⑤ 谜语、儿歌、故事导入。

(2) 活动展开部分。教师主要通过提出有质量的问题一步一步地引导幼儿的探索过程。教师的提问设计非常重要。设计的问题应以开放性问题为主,避免限制幼儿的思维。活动的基本流程是:提出启发性问题,引导幼儿探索—教师观察了解幼儿情况—交流分享小结—进一步提出问题,引导幼儿探索—教师观察了解幼儿情况—交流分享小结等。按此过程循环。

(3) 活动结束部分。活动结束部分既是一次活动的结束,同时还需激发幼儿进一步探究的兴趣。因此,活动结束部分的设计要充分体现开放性,可以有多种形式:

① 和幼儿一起总结评价。

② 提出要求或建议。

③ 展示作品。

④ 艺术方式(如绘画、唱歌、跳舞等)。

(二) 实例赏析

小班科学活动:有趣的海绵宝宝

活动目标

1. 初步感知海绵轻软、能变形的主要特点。

2. 尝试用看看、摸摸、捏捏等方式操作和探索。

3. 乐意参加探索活动,愿意用语言表达自己在活动中的发现。

活动准备

1. 经验准备:幼儿生活中使用过海绵制品。

2. 物质准备:不同造型的海绵人手一块;大小盒子若干。

活动过程

一、出示海绵,激发活动兴趣(导入方式:直接操作材料)

1. 教师提示

"今天老师带来了一些好玩的东西,它就藏在我们小朋友的椅子下面,请你们轻轻地拿出来,仔细看一看它是什么样子的。"

"你们知道这些小鸭、小鸟、骆驼等不同的东西都是用什么做的吗?请你摸一摸、抱一抱、掂一掂你的海绵宝宝,说说有什么感觉。"

2. 师幼共同小结:原来海绵可以有不同的颜色、不同的形状,仔细看起来海绵上面还有很多小洞洞。摸一摸它是软软的、糙糙的;掂一掂它是轻轻的;抱一抱它很软、很舒服。

（这部分既有导入也有展开部分。直接操作材料进入活动后，老师提出开放性问题“摸一摸、抱一抱、掂一掂你的海绵宝宝，说说有什么感觉”，引导幼儿探索，然后老师和幼儿共同小结，初步体验海绵的特点。）

二、动手操作，发现海绵会变形的特点

1.“和海绵宝宝捉迷藏”游戏一：藏在身体里

(1) 教师：“海绵宝宝想先在我们的身体上面躲一躲，你会把它藏在身体的什么地方呢？”

(2) 幼儿操作，把海绵宝宝藏在自己的身体里。

(3) 教师：“呀！我找不到你的海绵宝宝，你的海绵宝宝藏在了身体的什么地方？它躲在××里你有什么感觉呢？”

2.“和海绵宝宝捉迷藏”游戏二：藏在盒子里

(1) 教师：“我这儿有很多盒子（出示盒子），海绵宝宝想躲进这些盒子里，你觉得它们能躲进去吗？”

(2) 验证猜想，操作尝试，初步探索海绵能变形的特性。

教师：“请你选一个盒子试试吧。你的小海绵藏在盒子里了吗？为什么你选择这个盒子？”

(3) 讨论：如果我选择小盒子，你觉得海绵宝宝能藏进去吗？

(4) 再次验证猜想，尝试操作，感受海绵能变形的特性。

(5) 教师：“你的海绵宝宝能不能藏在小小的盒子里？为什么很小的盒子海绵宝宝都能躲进去呢？出来以后会是什么样子呢？”

3. 师幼总结：原来海绵的身体软软的，只要用点力就能变成各种各样的形状，不用力的时候还会还原。

（此部分通过两个捉迷藏游戏，让幼儿感知海绵能变形的特点。此环节仍然通过教师创设的问题情境，通过一系列提问“你会把海绵宝宝藏在身体的什么地方？你有什么感觉？小海绵能藏在盒子里吗？”等等，引导幼儿探索发现海绵的特征，然后师幼总结。）

三、探索游戏，进一步体会海绵能变形的特性

1. 教师：（出示圆筒盒子）“这儿有个圆筒盒子，它是什么样子的？盒子的口这么小海绵宝宝能藏进去吗？这个圆筒很长，能不能藏很多的海绵宝宝呢？”

2. 集体探索和实践，进一步体会海绵宝宝能变形的特性。

3.“海绵软软的，能变形，这个圆筒中就能藏很多很多的海绵宝宝。那我们到班级中找一找有没有海绵做的东西，看看海绵藏在了哪里，变成了什么样子。”

（此部分包含展开部分和结束部分，这里，老师进一步创设问题情境，提供开口小的长长的盒子，通过提问引导幼儿探索，进一步感知海绵软和变形的特征。最后结束部分以开放的形式，引导幼儿寻找班级中哪些是海绵做的东西，引导幼儿继续关注海绵，保持对海绵的探究兴趣。）

（整个活动老师设计了四种不同的操作活动，操作的方式由易到难，层层递进，通过多种

操作，引导幼儿充分感知海绵软软的、变形的特征，符合幼儿亲身感知、直接体验的学习特点。同时，材料的准备有效地保证了目标的达成。）

【真题展示】

请根据下面的素材，设计大班主题活动方案，要求写出主题活动名称、主题活动总目标、两个子活动。每个子活动包括活动名称、活动目标、活动准备和活动的主要环节。

周一早晨户外活动，幼儿被园子里五颜六色的花吸引了，有的在指认花的颜色，有的……

（扫二维码领取参考答案）

第七节　幼儿园数学教育

思维导图

- 幼儿园数学教育
  - 幼儿园数学教育的内涵
  - 幼儿园数学教育的目标
  - 幼儿园数学教育的内容及要求
    - 幼儿园数学教育的内容
    - 各年龄段数学教育的内容与要求
  - 幼儿园数学教育的方法
    - 操作法
    - 游戏法
    - 比较法
    - 讨论法
    - 发现法
    - 讲解演示法
    - 寻找法
  - 幼儿园数学教育活动设计流程示例

一、幼儿园数学教育的内涵

幼儿数学教育是幼儿在教师的指导下，通过他们自身的活动，对客观世界中的数量关系及空间形式进行感知、观察、操作、发现并主动探究的过程；是幼儿积累有关数学方面的感性经验，主动建构表象水平上的初步科学概念，学习简单的数学方法和技能，发展思维能力的过程；是发展幼儿好奇心、探究欲、自信心，得到愉快的情绪体验，产生对数学活动的兴趣以及培养良好的学习习惯的过程。

二、幼儿园数学教育的目标

2001 年 7 月教育部颁布的《幼儿园教育指导纲要（试行）》中规定科学领域的目标是：

(1) 对周围的事物、现象感兴趣，有好奇心和求知欲。

(2) 能运用各种感官，动手、动脑，探究问题。

(3) 能用适当的方式表达、交流探索的过程和结果。

(4) 能从生活和游戏中感受事物的数量关系并体验到数学的重要和有趣。

(5) 爱护动、植物，关心周围环境，亲近大自然，珍惜自然资源，有初步的环保意识。

其中的 1—4 条目标均与幼儿数学教育有关，这些目标的表述传达了如下重要思想：

(1) 强调兴趣和求知欲的培养。将幼儿对数学的兴趣、好奇心和求知欲作为首要目标，并要求在学习过程中要让幼儿“体验到数学的重要和有趣”。

(2) 淡化知识学习，注重学习过程，强调培养幼儿探究和解决问题、表达和交流的能力。

重视数学对发展幼儿思维能力的价值。《纲要》指出应引导幼儿从生活和游戏中“感受事物的数量关系”，这是因为“数量关系是幼儿数学教育内容中起着发展思维作用的核心问题”。

2012 年 10 月教育部颁布的《3—6 岁儿童学习与发展指南》将“数学认知”作为科学领域的一个子领域，对其明确提出了三个方面的目标：

(1) 初步感知生活中数学的有用和有趣。

(2) 感知和理解数、量及数量关系。

(3) 感知形状与空间关系。

三、幼儿园数学教育的内容及要求

（一）幼儿园数学教育的内容

(1) 分类、对应和模式。

(2) 数的认识和运算。

(3) 常见的量。

(4) 几何图形。

(5) 空间关系。

(6) 测量。

(二) 各年龄段数学教育内容与要求

1. 小班

- 分类、对应和模式

(1) 按物体的外部特征(颜色或形状)进行分类。

(2) 将相关的物品一一对应匹配。

(3) 用一一对应的方法比较两组物品的多少(5以内)。

(4) 能发现物体排列的简单模式(如ab模式)并加以模仿。

- 数、计数与数的运算

(5) 感知"1"和"许多"的关系。

(6) 能手口一致地点数5个以内的物体,并能说出总数,能按数取物。

- 常见的量

(7) 感知和区分物体的大小、多少、高矮、长短等量的方面的特点,并能用相应的词表示。

(8) 初步理解和运用早上、晚上、白天、黑夜等时间词汇。

(9) 能按物体大小、长短(数量在4以内)排序。

- 几何图形

(10) 能注意物体较明显的形状特征,并能用自己的语言描述。

(11) 认识圆形、正方形和三角形。

- 空间关系

(12) 能感知物体基本的空间位置与方位,理解上下、前后、里外等方位词。

2. 中班

- 分类、对应和模式

(1) 能按物体的两个特征或数量进行分类。

(2) 初步理解二维排列中行、列的意义。

(3) 能发现和描述物体或图案排列的简单模式,会设计简单的模式。

- 数、计数与数的运算

(4) 认识数字,并能用数字表示事物的多少,表示事物的排列顺序和位置;能不受物体排列形式和物体大小等外部因素的干扰,正确判断10以内的数量。

(5) 能通过数数比较两组物体的多少,通过实际操作理解数与数之间的关系(如5比4多1,2和3合在一起是5)。

- 常见的量

(6) 能感知和区分物体的粗细、厚薄、轻重等量方面的特点,并能用相应的词语描述。

(7) 初步理解昨天、今天、明天等时间词汇及其关系,并学习正确运用。

(8) 能按物体粗细、高矮等(数量在7以内)排序。

• 几何图形

(9) 能感知和发现常见几何图形的基本特征,并能进行分类。

(10) 能认识并命名立体图形(如长方体、正方体、圆柱体、三棱柱)上的平面图形;认识长方形、梯形、椭圆形,认识三角形的各种变式。

(11) 能感知物体的形体结构特征,画出或拼搭出该物体的造型。

(12) 能用相同的平面图形(如三角形、正方形)组合成其他图形或进行创意拼搭,理解其中的组合替代关系。

• 空间关系

(13) 能使用上下、前后、里外、中间、旁边等方位词描述物体的位置和运动方向。

(14) 有意识地运用平移、翻转和旋转完成造型拼搭。

(15) 能用首尾相接摆放单位量的方式,进行长度的自然测量。

(16) 能用小正方形覆盖平面图形的方法,进行面积的自然测量。

3. 大班

• 分类和模式

(1) 能从事物的多个角度和按自选标准对物体进行分类。

(2) 能运用实物、绘画、动作等手段扩展模式,尝试创造新模式,并能对模式进行描述。

• 数、计数与数的运算

(3) 学习 10 以内单双数、相邻数,感知 10 以内自然数列中的数差关系。

(4) 学习倒数、接数、按群计数等计数策略。

(5) 学习 10 以内数的分解与组合,体验总数与部分数之间的包含关系、部分数与部分数之间的互补关系和互换关系。

(6) 借助实际情境和操作(如合并或拿取)理解"加"和"减"的实际意义,能通过实物操作或其他方法进行 10 以内的加减运算。

• 常见的量

(7) 初步理解序列中的传递性和可逆性。能按物体的长短、大小、粗细(数量在 10 以内)进行正、逆排序。

(8) 认识时钟,会看整点、半点;知道一星期中每天的名称和顺序;感受时间的长短和更替。

(9) 认识常见人民币的面值,了解元、角、分的兑换关系,并能在简单问题中运用。

• 几何图形

(10) 认识并命名球体、长方体、正方体、圆柱体;认识长方体、正方体的结构(面的个数及形状、面之间的关系、平面展开图及其还原)。

(11) 理解并重现观察三维物体的不同视角。

(12) 发现图形的对称性,并学习等分图形。

(13) 能用常见的几何形体有创意地拼搭和画出物体的造型;用相同的立体图形(如小立方块)组合拼搭三维造型。

(14) 能根据轮廓提示,完成较复杂的拼图。

- 空间关系

(15) 能辨别自己和他人的左右。

(16) 能按语言指示或根据简单示意图正确取放物品。

(17) 能用符号表示有网格的二维空间中的位置。

(18) 能预期拼搭操作的过程和结果(心理旋转),有计划地完成拼搭。

(19) 在长度测量中,理解单位长度大小和所需单位个数的相反关系。

(20) 重复使用一个单位量进行长度的自然测量。

四、幼儿园数学教育的方法

(一) 操作法

1. 含义

操作法是指提供给儿童合适的材料、教具、环境,让儿童在自己摆弄和实践的过程中进行探索,获得数学感性经验和逻辑知识的一种方法。

2. 实施注意点

(1) 明确操作目的。操作的目的在于激发幼儿学习的兴趣及促进其思维的发展。操作过程中不能仅重视操作的结果,而忽视操作的过程。

(2) 创设操作条件。教师应为幼儿的操作活动创设合适的环境,提供必要的条件,包括:为每个幼儿提供人手一份操作材料;给予幼儿充分的操作空间和时间;允许幼儿有同伴间的交流机会。

(3) 交代操作规则。教师应在幼儿动手操作之前,先向幼儿说明操作的目的、要求及具体的操作方法,以保证幼儿的操作具有一定的方向性,减少盲目性和随意性。

(4) 评价操作结果。教师要重视对幼儿操作过程的归纳、评价,帮助幼儿形成比较完整的、正确的数学概念。此外,教师要重视对个别儿童的操作进行评价,对幼儿在操作中所表现出来的合理性、新颖性和创造性予以充分的肯定,以激发幼儿进一步学习和探索的积极性。

(5) 体现年龄差异。各个年龄班在运用操作法的过程中应根据儿童的实际水平和年龄特点有所区别。

(6) 与其他方法有机结合。操作法在儿童理解建构数学概念过程中的作用独特而明显,但它的优势要在与其他方法有机结合、相互配合下方能显现出来。

(二) 游戏法

1. 含义

游戏法是根据幼儿好动的天性、具体形象的思维特点,将抽象的数学知识寓于幼儿感兴趣的游戏中,让幼儿在自由自在、无拘无束的各种游戏活动中学习数学的一种方法。

2. 种类

（1）操作性数学游戏。这类游戏是指幼儿通过操作玩具或实物材料，从而获得数学知识的一种游戏。它有一定的游戏规则。

（2）情节性数学游戏。这类游戏具有一定的游戏情节、内容和角色，特别适合于年龄小的儿童。它通过游戏情节的安排来体现所要学习的数学知识。

（3）竞赛性数学游戏。带有竞赛性质的数学游戏更适合于中、大班幼儿。

（4）运动性数学游戏。这类游戏是指寓数学概念或知识于体育活动之中的游戏。

（5）运用各种感官的数学游戏。这类游戏主要强调通过不同的感官进行数学学习，强调幼儿对数、形知识的充分感知。

（6）数学智力游戏。这是一种运用数学知识以促进幼儿智力发展为主的游戏。数学智力游戏能极大地调动幼儿思维的积极性，培养其思维的灵活性、敏捷性、独创性，以及综合运用数学知识解决问题的能力。如图 7-3 中，△中都是红颜色图形，□中都是圆形，问幼儿图外一个红色的圆形应放在哪里？

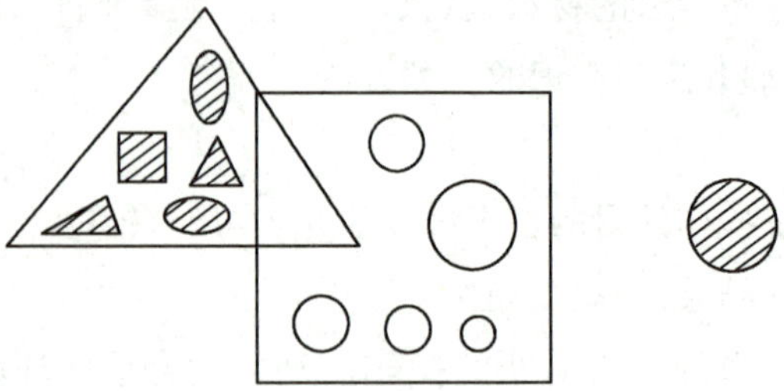

图 7-3

（三）比较法

1. 含义

比较法是通过对两个或两个以上物体的比较，让幼儿找出它们在数、量、形等方面的相同和不同。

2. 种类

（1）一一对应比较。

① 重叠式：把一个（组）物体重叠在另一个（组）物体上，形成两个（组）物体元素之间一一对应的关系，从而进行量或数的比较。

② 并放式：把一个（组）物体并放在另一个（组）物体的下面，形成两个（组）物体元素之间一一对应的关系，进行量或数的比较。

③ 连线式：将图片上画的物体和有关的物体、形状或数字等，用线联系起来进行比较。

（2）非对应比较。

① 单排比较：将物体摆成一排或一行进行比较。

② 双排比较：将物体摆成双排进行比较。

③ 不同排列形式比较：将一组物体作不同形式的排列，进行数量比较。如图 7-4。

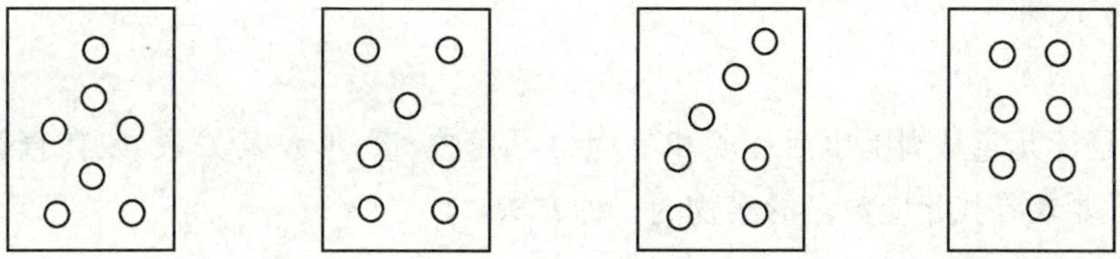

图 7-4

（四）讨论法

1. 含义

讨论法是引导幼儿有目的、探讨性地主动学习数学的一种重要方法。它是一种多边的活动过程，可以是教师和幼儿，也可以是幼儿与幼儿间的讨论，它能起到相互交流、相互启发、共同探究的作用。

2. 种类

（1）辨别性讨论：目的在于通过讨论学会比较和积极思考。

（2）修正性讨论：目的在于通过讨论认识操作中的错误，发现问题，提出修正办法。

（3）交流性讨论：目的在于通过讨论获得多种答案，注重求异，丰富知识经验。

（4）归纳性讨论：目的在于帮助儿童归纳操作中的体验，使之条理化、概念化。

3. 实施注意

（1）以操作体验作为讨论的基础。

（2）注重讨论的过程。

（3）体现因人而异、因材施教。

（五）发现法

发现法是在教学过程中，教师不把数学的初步知识和概念直接向儿童讲解，而是引导儿童依靠已有的数学知识和经验去发现和探索并获得初步数学知识的一种方法。运用发现法的前提是教师必须为儿童的主动探索和发现创设一个合适的环境，能让儿童在一定材料中操作、发现、讨论、验证，从而学到概念与技能。让儿童在宽松、自由和充分享有空间、时间的环境中，自信地、主动地尝试，发现问题，进而解决问题。

（六）讲解演示法

1. 含义

讲解演示法是教师通过语言和运用直观教具把抽象的数、量、形等知识加以说明和解释，并具体地呈现出来的一种教学方法。

2. 实施注意

（1）突出讲解的重点，且语言要简练、准确、形象、通俗。

（2）演示的教具要直观、美观、稍大些，但不宜用太新奇的教具分散儿童的注意力。

（3）讲解演示法可与操作法、发现法等结合使用。

（七）寻找法

1. 含义

寻找法是让儿童从周围生活环境和事物中寻找数、量、形及其关系，或在直接感知的基础上按数、形要求寻找相应数量的实物的一种方法。

2. 分类

（1）在自然环境中寻找。

（2）在已准备好的环境中寻找。

（3）运用记忆表象来寻找。

3. 实施注意

（1）应根据具体的教学内容及幼儿的年龄特点适时适宜地选用，避免追求形式。

（2）寻找法可以和游戏法相结合，特别是对于年龄小的儿童，可以利用游戏的口吻、游戏的情节及游戏的场景启发幼儿寻找。

（3）教师对幼儿的寻找要进行必要的引导和启发。

五、幼儿园数学教育活动设计流程示例

（一）设计流程要点解析

数学教育活动的设计包括数学操作活动的设计和数学教学活动的设计。数学操作活动设计主要考虑活动目标、活动材料、操作规则等要素。这里重点说明数学教学活动的设计。数学教学活动设计一般包括活动名称、活动目标、活动准备、活动过程、活动延伸或活动建议等。

活动名称：数学活动名称一般有两种取法。一种是按数学活动的要求，用数学术语定名称，如“学习7的组成”“认识单数、双数”等；另一种是按照活动内容或选用的材料，用生活的语言定名称，如“给小动物送吃的”“盖印章”等。书写内容要完整。一个完整的名称包括活动类型、活动名称、年龄班等。

活动目标：数学活动的活动目标包括三个方面：① 学习品质方面，训练幼儿形成专注、积极主动、敢于探究和尝试、有好奇心、不怕困难、耐心、细心等品质；② 数学知识方面，学习计数、比较集合之间的相等和不等、理解并区分数的基数意义和序数意义、10以内的简单加减运算，以及感知、区分和比较大小、粗细、轻重等，感知物体的形状特征，感知物体之间的空间关系等；③ 数学能力方面，空间辨别能力、计量能力、数学表征能力、解决问题能力、推理和证明的能力、交流表达能力、分类能力、排序能力等。

活动准备：物质准备和经验准备。物质准备主要是数学教具、学具和环境创设等方面的准备。经验准备：主要是幼儿已有经验的准备。

活动过程：活动过程一般分以下三个部分：活动开始、活动进行、活动结束。活动开始，即介绍活动内容和要求。活动进行，即幼儿可分组进行不同的操作，也可集体同步进行统一的操作活动。活动结束，即教师可请部分幼儿讲述自己的活动过程和结果，并引导幼儿进行讨论，对他们的进步给予表扬和鼓励，也可由教师提出问题引导幼儿讨论。活动过程的流程大致是

教师创设学习情境，让幼儿主动、积极地活动—教师观察幼儿的学习过程和学习特点，根据幼儿的学习情况给予引导—师幼共同整理归纳活动中获得的经验，逐步形成初级数学概念。

活动建议和延伸：活动建议一般是针对数学教学活动过程中需要注意的问题，提出几点建议，如让幼儿比较木棍长短，需要注意两根木棍放在同一水平线上才好比较。活动延伸是这一活动与下一活动之间的联系。在数学活动中，活动之间的联系是非常紧密的，教师要注意这一问题，才能使幼儿已获得的数学经验在后面的活动中得到巩固和强化。同时，前一活动获得的经验，也是后一活动的基础和准备。数学活动中学到的内容也是其他活动的方法和工具，如体育活动中数数谁拍球数量多。活动延伸可在日常生活、区角活动、环境创设、家园共育中延伸。

（二）实例赏析

大班数学活动：各种各样的帽子

（分析：活动名称中年龄班、活动类型和活动内容完整。这个活动是以选用的活动材料取名的。）

活动目标

1. 引发幼儿对身边常见事物产生探究的兴趣，学习从不同角度观察帽子的特征。
2. 学习从多角度对帽子进行分类，并将活动过程用简便的方式记录下来。

（分析：此活动中活动目标涉及了学习品质、学习能力和数学知识三个方面。学习品质方面培养探究的兴趣；学习能力方面主要是观察、比较、分类、表征的能力；数学知识方面主要是按不同标准进行分类，学习多角度分类。）

活动准备

1. 不同款式、颜色、质地、用途的帽子若干顶。
2. 四张桌子、盖布、黑板、笔、纸。

（活动准备主要是教具、学具的准备，活动中准备了各种帽子，帽子的特征丰富多样，便于幼儿发现帽子的不同特征，并达成多角度分类的目标。）

活动过程

1. 学习分类记录的方法。

（1）以游戏的方式激发幼儿活动的兴趣。

（2）请四个具有不同特征的幼儿上台，并请幼儿说说他们之间的不同之处。

“这里有几位小朋友？”“他们什么地方不一样？”

（3）教师引导幼儿记录分类结果。

“我们要把这里有四个小朋友的事记下来，可以怎么记呢？”（教师引导幼儿用数字 4 表示人数，用娃娃表示小朋友）“谁能把有相同点的小朋友排在一起？”“他们是怎么排的，他们哪里一样？”（这两个是男孩，这两个是女孩）“这又该怎么记呢？”（教师引导幼儿用数字和简单的标记来记录）“除了这种排队的方法，还有没有其他方法？”（教师在幼儿分类的基础上再次引导他们用简单的标记来记录。）

2. 学习从不同的角度对帽子进行分类。

(1) 引导幼儿观察帽子的不同之处。

(2) 启发幼儿说出帽子的各种用途。

(3) 提出分类的要求。

“原来帽子的用处这么大,我们大家都需要它。今天我们这里有这么多帽子,那我们就来开一个帽子商店吧。想一想开商店前,我们要先做什么准备工作?”(引导幼儿先从整理帽子开始)“我们可不能把帽子放得乱七八糟的。你们说可以怎么摆放呢?”(引导幼儿说出将帽子按同一特征摆放)

3. 小组活动。

(1) 提出记录的方法。

“今天,我们四个小朋友整理一个柜台。大家先要数数柜台上有几顶帽子,然后用数字和标记把它记下来,再看看它们有什么不同,把有相同点的帽子摆在一起并数数每样有几顶,大家一起商量该怎么记录。如果大家还有别的分法,就再分一次,分好后再数数每种有几顶?想一想怎么记录。记住,每分一次,就记录一次。”

(2) 幼儿操作,教师引导幼儿在分类时要按同一标准全部分完后,才能按别的标准再次进行分类。

(3) 引导幼儿多角度地思考分类的标准。

(4) 观察幼儿不同的记录方法。

4. 讲评。

(1) 展示四组幼儿的记录单,引导幼儿观察、比较各自的记录方法。

“这些记录单上记的都是小朋友分帽子的事情,大家相互看一看,有没有看不懂的地方?”(幼儿之间相互提问、相互回答)“每组分帽子的方法和记录的方法有什么不同?”“你最喜欢哪一组的记录单,为什么?”

(2) 教师对幼儿的操作给予肯定。

“今天小朋友想出了各种摆帽子的方法,有的按大小摆,有的按款式摆,有的按颜色摆,还会把这些事用数字和标记记了下来,而且每组记录的方法都不一样,你们真了不起。下次,我们玩帽子商店游戏的时候就可以有许多不同摆帽子的方法了。”

(分析:此活动的活动过程采用了先集体后分组的形式,老师创设了两个问题情境:一是给四个小朋友按不同特征分类,并做记录;二是提供各种帽子,按帽子的不同特征分类,并做记录。整个过程结构清晰,体现了教师创设问题情境、引导幼儿操作—教师观察了解幼儿情况—分享交流小结的流程。整个过程以游戏开始,展开部分进行了两次多角度分类,结束部分以讲师总结讲评形式结束。活动中老师关注到儿童的已有经验,孩子对多角度分类的经验较少,所以,在第一次分类任务中,采用全班集体进行的形式,引导幼儿理解多角度分类,以及学习如何做记录,为第二次分帽子积累经验。)

活动延伸

活动后教师可以将一组帽子和这组分帽子的记录单放在区角中,供幼儿进行分类活动,要求幼儿分的方法和记录单上的不一样，分好后要记录。充分挖掘分类的多种途径，促进幼儿思维能力的发展。

（分析：活动结束后延伸到活动区活动，对巩固、强化多角度分类具有非常重要的作用。因为对幼儿来说，多角度分类有一定的难度。）

【模拟试题】

请为幼儿园小班设计一份以“辨别图形”为主题的活动方案。（扫二维码领取答案）

第八节　幼儿园艺术教育

思维导图

幼儿园艺术教育
- 幼儿园艺术教育活动的内容
- 幼儿园艺术教育活动的组织形式
- 幼儿园艺术教育活动的方法

幼儿园艺术教育
- 幼儿园艺术教育的内涵
- 幼儿园艺术教育的目标
- 幼儿园艺术教育的内容与要求
- 幼儿园艺术教育的指导要点

一、幼儿园艺术教育的内涵

幼儿艺术教育是以音乐、美术为主要教学活动，以培养幼儿的审美素养（包括审美感知、审美理解、审美想象、审美创造等）为主要目标，以促进幼儿身心和谐发展为最终归宿的教育活动。

《3—6 岁儿童学习与发展指南》提出艺术是人类感受美、表现美和创造美的重要形式，也是表达自己对周围世界的认识和情绪态度的独特方式。

二、幼儿园艺术教育的目标

《幼儿园教育指导纲要（试行）》规定了幼儿艺术教育的目标：

（1）能初步感受并喜爱环境、生活和艺术中的美。

（2）喜欢参加艺术活动，并能大胆地表现自己的情感和体验。

（3）能用自己喜欢的方式进行艺术表现活动。

《3—6岁儿童学习与发展指南》将艺术领域目标分为感受与欣赏（喜欢自然界与生活中美的事物、喜欢欣赏多种多样的艺术形式和作品）、表现与创造（喜欢进行艺术活动并大胆表现、具有初步的艺术表现与创造能力）两大方面。

三、幼儿园艺术教育的内容与要求

《幼儿园教育指导纲要（试行）》规定了幼儿艺术教育的内容与要求：

（1）引导幼儿接触周围环境和生活中美好的人、事、物，丰富他们的感性经验和审美情趣，激发他们表现美、创造美的情趣。

（2）艺术活动面向全体幼儿，要针对他们的不同特点和需要，让每个幼儿都得到美的熏陶和培养，对有艺术天赋的幼儿要注意发展他们的艺术潜能。

（3）提供自由表现的机会，鼓励幼儿用不同艺术形式大胆地表达自己的情感、理解和想象，尊重每个幼儿的想法和创造，肯定和接纳他们独特的审美感受和表现方式，分享他们创造的快乐。

（4）在支持、鼓励幼儿积极参加各种艺术活动并大胆表现的同时，帮助他们提高表现的技能和能力。

（5）指导幼儿利用身边的物品或废旧材料制作玩具、手工艺品等来美化自己的生活或开展其他活动。

（6）为幼儿创设展示自己作品的条件，引导幼儿相互交流、相互欣赏、共同提高。

四、幼儿园艺术教育的指导要点

《幼儿园教育指导纲要（试行）》提出了幼儿艺术教育的指导要点：

（1）艺术是实施美育的主要途径，应充分发挥艺术的情感教育功能，促进幼儿健全人格的形成。要避免仅仅重视表现技能或艺术活动的结果，而忽视幼儿在活动过程中的情感体验和态度的倾向。

（2）幼儿的创作过程和作品是他们表达自己的认识和情感的重要方式，应支持幼儿富有个性和创造性的表达，克服过分强调技能技巧和标准化要求的偏向。

（3）幼儿艺术活动的能力是在大胆表现的过程中逐渐发展起来的，教师的作用应主要在于激发幼儿感受美、表现美的情趣，丰富他们的审美经验，使之体验自由表达和创造的快乐。在此基础上，根据幼儿的发展状况和需要，对表现方式和技能技巧给予适时、适当的指导。

《3—6岁儿童学习与发展指南》指出每个幼儿心里都有一颗美的种子。幼儿艺术领域学习的关键在于充分创造条件和机会，在大自然和社会文化生活中萌发幼儿对美的感受和体验，丰富其想象力和创造力，引导幼儿学会用心灵去感受和发现美，用自己的方式去表现和创造美。

幼儿对事物的感受和理解不同于成人，他们表达自己认识和情感的方式也有别于成人。

幼儿独特的笔触、动作和语言往往蕴含着丰富的想象和情感，成人应对幼儿的艺术表现给予充分的理解和尊重，不能用自己的审美标准去评判幼儿，更不能为追求结果的“完美”而对幼儿进行千篇一律的训练，以免扼杀其想象与创造的萌芽。

五、幼儿园艺术教育活动的内容

（一）幼儿园音乐教育

1. 歌唱活动

教师要选择优秀的幼儿歌曲；歌词的题材与文字有趣并能为幼儿所理解，歌词内容能用动作表现，且有发展的余地；在歌曲的类型方面，要选择不同题材、性质、风格的歌曲，并选用不同演唱形式的歌曲，如齐唱、领唱、对唱和轮唱等。要引导幼儿把握歌曲的主要内容和情感，进入歌曲意境，真正掌握每一首歌。

2. 韵律活动

韵律活动是指随着音乐而进行的多种有节奏的身体动作，包括律动、舞蹈、音乐游戏和其他节奏动作等。基本舞步从易到难，小班幼儿学习碎步、蹦跳步、小跑步；中班幼儿学习踵趾小跑步、踏点步、垫步、踏跳步；大班幼儿学习跑跳步、进退步、交替步、跑马步、秧歌十字步等。动作组合从简单到复杂，小班幼儿学习上肢大动作或下肢基本动作，以及简单的上下肢协调的动作；中班幼儿学习上下肢联合的动作；大班幼儿学习稍复杂的动作及组合，包括小肌肉的动作。

3. 音乐欣赏

音乐欣赏的内容包括幼儿将要学习的歌曲或器乐曲，以及形象生动鲜明、幼儿能理解的优秀作品，如《摇篮曲》《嘀哩嘀哩》《啤酒桶波尔卡》等，还有动物的叫声、风雨声、落叶的沙沙声等自然声音。

4. 乐器演奏（打击乐）

幼儿的乐器演奏是指在音乐声中有节奏地敲打某些打击乐器的一种活动。小班幼儿要学习齐奏，中、大班幼儿要学习合奏。

（二）幼儿园美术教育

1. 美术欣赏

（1）欣赏的对象及内容包括绘画作品、雕塑作品、工艺美术作品、建筑艺术作品、儿童美术作品、自然景物、周围环境等。

（2）欣赏的知识和技能包括对艺术作品形式的分析、对作品主题和形象的分析、对作品的联想与表达、作品的背景知识（如艺术家的生平、创作风格、作品的时代背景等），以及集中注意力欣赏美术作品的良好习惯等。

2. 绘画

（1）正确的绘画姿势、握笔方法和集中注意力完成绘画作品的绘画习惯。

（2）绘画工具和材料的认识和使用。幼儿应了解各种绘画工具和材料的性质，例如油画棒的油性、水粉颜料和水彩颜料的水性、宣纸的渗透性等;还应了解各种绘画工具和材料的正确使用方法,例如彩笔画、水粉画、纸版画、吹画、喷洒画、指纹画等。

(3) 绘画的形式语言,即线条、形状、色彩、构图、明暗等美术要素,是绘画表现的手段。

(4) 绘画的题材,即创作者在生活中形成的,根据一定的创作意图进行选择、改造或想象而进入作品的一定的生活现象。幼儿绘画的题材往往来自幼儿的生活。

3. 手工

(1) 干净、整洁、有序等良好的手工活动习惯。

(2) 了解手工工具、材料及其性质。幼儿可学习的手工材料基本制作技法有串联、粘贴、剪、撕、折、染、盘绕、编织、塑等。

(3) 手工的题材。幼儿手工的题材有玩具、节日装饰物、头饰、日常布置用品和贺卡等。

六、幼儿园艺术教育活动的组织形式

以音乐教育为例,美术教育与音乐教育类似。

(一) 常规性活动

常规性活动是最传统、最常见的一种组织形式,一般由三个环节组成。

1. 开始部分

根据需要可安排2—3项活动内容,如律动练习、发声练习、节奏练习等。目的是把幼儿带入音乐艺术美的氛围,调动幼儿的积极性,使他们集中注意力。音乐活动的内容应与活动的主要内容相呼应,并经常加以变化。

2. 基本部分

一般可安排2—3项音乐活动内容。应考虑内容的新旧搭配、动静搭配,并使内容尽量相关。

3. 结束部分

可利用基本部分的最后一项内容自然地过渡到结束,也可以选择专门的律动或舞蹈结束活动。

(二) 主题性活动

主题性音乐活动是根据某一阶段幼儿园教育的内容,围绕确定的教育主题选择有关的音乐教材,组织音乐活动。

(三) 单元性活动

单元性音乐活动是指音乐本身的综合,即在某一单元时间内(2—3周或更长),有目的、有计划、有针对性地围绕某一音乐要素,综合听、唱、说、动、奏等音乐实践,组织丰富多彩的音乐教育活动。

(四) 系列层次活动

系列层次音乐活动是指以一种材料为基础而设计的层层递进、环环相扣,以促进幼儿全面发展为目标的音乐活动系列。

（五）活动区活动

活动区音乐活动是指以活动区的形式，为幼儿提供在一定范围内自由选择音乐活动的机会。在音乐活动区投放的材料可以是与音乐有关的书籍、教具、玩具、道具和布景等。

七、幼儿园艺术教育活动的方法

（一）音乐教育活动的方法

1. 示范法

教师范唱时应正确运用各种表现手段和歌唱技巧，感情真挚；要面对幼儿，使每个幼儿都在自己的视线之内；清唱、操作教具唱、配伴奏唱结合进行。

教师在示范舞蹈动作时，应用分解动作进行示范，辅以语言指导及形象的比喻。

2. 听唱教学法

音乐是听觉的艺术，教学中以听觉为先导，可以使幼儿在学习中获得愉悦的情感体验及美的享受，从而激发他们对音乐的热爱和创造力。

听唱教学法分为整体教唱（教师在范唱后，幼儿跟着教师一起唱整首歌）和分句教唱（教师范唱一句，幼儿模仿一句，用于教难句）。运用听唱教学法时，最好两种方法结合使用，以整体教唱为主。

（二）美术教育活动的方法

1. 观察法

观察即对事物有目的、有意识、较为持久的视觉感知过程。观察是幼儿认识、理解对象的主要途径。

美术活动中教师要指导幼儿观察：是什么（名称）、什么样（形、色、结构等）等。

提高幼儿观察能力的方法：一是要培养幼儿观察的兴趣，养成经常观察的习惯；二是教给幼儿观察的方法；还可以运用比较的方法，加深认识。

2. 示范和范例法

示范是教师把美术过程中的难点直接操作给幼儿看，利于幼儿在直接模仿的条件下学习一些参加美术活动必需的、关键的、技术性的措施。范例是为幼儿提供可以观察、欣赏的直观教具，可以是实物，也可以是照片、图片、图书等。

为幼儿提供的范例应具有的特征有：① 能反映事物的基本特征，要色彩鲜明、线条简练、造型准确、形象美观、大小适宜；② 具有一定的艺术水平；③ 符合儿童的年龄特点，内容和表达方式要易于幼儿理解，必要时动作夸张一些；④ 范例要多样化，具有一定的数量，但不宜过多，以免影响幼儿创造性的发展。

《3—6 岁儿童学习与发展指南》特别指出，幼儿绘画时，不宜提供范画，特别不应要求幼儿完全按照范画来画。

3. 游戏练习法

游戏练习法是指通过游戏的形式，让幼儿在愉快、积极的状态下习得美术技能，培养幼儿对美术活动兴趣的方法。

4. 语言指导法

在观察、演示、游戏的过程中必然伴随着教师的语言指导。教师要通过语言概括、分析、讲解事物的基本特征，讲解语言要形象、生动。

【真题展示】

单项选择题

在“秋天的树”美术活动中，教师不适宜的做法是（　　）。（扫二维码领取参考答案）

A. 让幼儿按照教师的范画绘画

B. 组织幼儿观察树

C. 提供各种树的照片供幼儿讨论

D. 引导幼儿观察有关树的名画

模块八　教育评价

第一节　幼儿园教育评价概述

思维导图

- 幼儿园教育评价概述
  - 幼儿园教育评价的概念
  - 幼儿园教育评价的目的
  - 幼儿园教育评价的要素
  - 幼儿园教育评价的作用
  - 幼儿园教育评价的类型
  - 幼儿园教育评价的原则
  - 幼儿园教育评价的方法
  - 幼儿园教育评价应注意的问题

一、幼儿园教育评价的概念

幼儿园教育评价是依据一定的标准与程序，有目的、有计划、有组织地对幼儿园所各个方面的工作进行科学调查，搜集、整理、处理相关信息，并做出价值判断的过程。幼儿园教育评价的目的在于获得改进管理和保教质量的依据，促进教育改革，提高保教质量。

二、幼儿园教育评价的目的

现代的教育评价主张评价的目的不是为评价而评价，而是为教育而评价，强调评价是为了诊断和改进教育，促进教育活动的参与者（包括幼儿、教师甚至家长）能在原有基础上得到发展。

评价以促进教育的可持续发展为根本目的，使评价的过程成为一个学习、诊断、改进和逐步完善的过程，从而使幼儿园教育评价获得巨大的教育力量和教育价值。

三、幼儿园教育评价的要素

（一）教育评价的主体

任何活动都有主体，主体是活动的实施者、发起者。通常情况下主体是人，但人不一定都是主体。

（1）教师。教师是教育活动的具体设计者、实施者，是当然的教育评价的主体。

（2）教育管理人员。既包括校长、园长、教务主任之类的教育机构内部管理者，也包括教育机构外的各级各类教育管理者，如行政管理者、业务管理者。

（3）儿童。作为教育重要的当事人之一，儿童理应成为教育评价的主体。

（4）家长。家长也是教育的重要当事人之一，对于未成年的学生来说，家长是儿童的监护人。

面对当前教育评价主体单一的问题，一个突出的思潮是评价主体多元化。所谓评价主体多元化，是指在对某一教育现象进行评价时，应尽可能将该教育活动的各重要当事人都作为评价主体，充分发挥教师、学生、家长及教育管理者的积极性、主动性，从而起到更好地实施教育、促进学生发展的目的。

《幼儿园教育指导纲要（试行）》一共四部分。第四部分为教育评价，从它的内容可以看出，《纲要》强调管理人员、教师、幼儿、家长是评价的“参与者”，即这些人群应该是评价主体，而且特别强调指出，“自评”是幼儿园教育工作评价的主要形式，其他人员只是参与评价。

（二）教育评价的内容

根据评价内容的不同，可以将教育评价分成三类，即对人的评价（如学生评价、教师评价）、对物的评价（如对环境的评价、对设施的评价）、对活动的评价（如对项目的评价、对课程的评价等）。在我国的学前教育实践中，教育评价主要是两大类型：一类是儿童发展评价；另一类是教育活动评价。其中教育评价的对象包括课程方案、课程方案的实施过程与课程方案的最后效果三个部分。

1. 课程方案评价

评价学前教育课程方案，主要要了解两个方面的内容：第一，方案及方案中的各个要素、部分是否依据了科学的原理、原则，是否以先进的课程理论为指导。第二，课程结构是否合理，各要素之间是否具有较高的内部一致性，是否符合原先的指导思想。值得注意的是，我们所说的学前教育课程方案的范围很宽泛，大到课程的整体规划，小到具体的一个教育活动的设计。

2. 课程方案实施过程评价

评价学前教育机构课程方案实施过程，了解的内容比较多，包括以下内容。

（1）儿童在教育活动中的反应，指主动性、参与程度、情绪表现等。

(2) 教师的教育态度和行为,指对儿童的控制程度、课堂管理方式、教育机制和技巧等。

(3) 教师与儿童互动的质量。

(4) 儿童学习环境的创设和利用等。

3. 课程方案效果评价

评价课程方案效果,一般是通过对儿童的发展评价来确定的,包括评价儿童学习后的发展状况、发展状况与课程目标的符合程度、产生了哪些非预期的结果、了解教师发生了哪些变化、有怎样的提高,等等。

(三) 教育评价的标准

所谓教育评价的标准,就是对一切教育活动质量或数量要求的规定,一般包括评价的指标体系和评价标准。评价的指标体系是评价具体教育活动时根据评价目标、教育目标和管理目标要考虑的全部因素的集合。指标体系是对评价内容的规定,规定从哪些方面去评价某一个具体的教育现象。由于教育评价的内容涉及面很广,所以不可能存在一个统一的标准能够适合所有的教育评价。对儿童的学习与发展进行评价时,需要儿童学习与发展评价的标准;对教师进行评价时,需要教师评价的标准;对家庭教育进行评价时,需要家庭教育评价的标准。

(四) 教育评价的信息

有了评价标准,就有了一个如何依照评价标准搜集评价信息的问题。所谓教育评价信息的搜集,就是评价者运用科学的方法,系统地、全面地和准确地搜集评价信息。这些信息和评价标准一起将作为进一步对评价对象进行分析、判断的主要依据。评价信息是否全面、深入,是否客观、真实地反映了所评价的教育活动,将直接影响到最后做出的价值判断。

四、幼儿园教育评价的作用

教学评价是教学过程中的一个重要环节,从整体上调节和控制教学活动的进行。从小学教学这个层面来说,教学评价的功能主要包括如下三个方面:

(一) 诊断(导向)功能

诊断(导向)功能是评价的主体功能,是一种潜在的制约作用。按照教育方针,课程计划规定的学校培养目标、各科课程标准规定的课程目标和内容,是教学评价的基本依据,它们是通过教师的教和学生的学的具体活动实现的。通过教学评价,教师可以了解自己的教学目标、教学方法、教学手段、教学的重点难点是否设置合理,同时也可以了解、分析学生在实际学习过程中是否存在相应的问题,进而调整自己的教学策略,改变教学措施,有针对性地解决教学中存在的问题。

(二) 反馈功能

教学评价能使教师和学生知道教学过程的结果,从而及时地提供反馈信息。反馈信息在教学中具有重要的调节作用。教师可以通过教学评价提供的反馈信息,帮助他们及时发现自己工作中的薄弱环节,并在此基础上调整、修正和改进学习工作。同时,肯定的评价可以进一步激发学生的学习动机,提高其学习兴趣;否定的评价则可以让学生及时发现问题与错误,在老师的指导下及时纠正。

(三)调控功能

在教学过程中,教学评价的内容和标准往往会成为学生学习的内容和标准,从而调整学生学习的方向、学习的重点及学习时间的分配;教师的教学方向、教学目标、教学重点难点的确定,以及教学策略和教学方法的选择都会受到评价内容和评价标准的制约。如果教学评价能够全面反映教学计划和教学大纲对学生的要求,充分体现学生全面发展方向,那么教学评价发挥的导向作用就是积极的、有效的;反之,则偏离了方向。

(四)强化功能

教学评价可以调动教师教学工作的积极性,激起学生学习的内部动因,维持教学过程中师生适度的紧张状态,可以使教师和学生把注意力集中在教学任务的某些重要部分。一方面,教师在适度紧张的情况下,努力调整自身状态,更好地工作;另一方面,学生更加注重学习的自身需求,发扬优势,克服缺点,朝着更高的方向迈进。

(五)检验功能

教师的教学水平和教学效果如何,学生是否掌握了相应的知识与技能,预定的教学目标是否能实现,都必须通过教学评价进行检验。如学校进行的期末考试,可以反映学生对于知识的掌握和运用程度,同时也是教育部门对教师教学工作质量评价的重要依据。

五、幼儿园教育评价的类型

根据幼儿园教育的特点,教育评价主要分为以下几种类型,每种类型各有不同的评价方式。

(一)按教学评价的作用分类

依据教学评价的作用,有三种不同的评价方式,即诊断性评价、形成性评价和终结性评价。

1. 诊断性评价

诊断性评价是指在教学活动开始前,对评价对象的学习准备程度做出鉴定,以便采取相应措施使教学计划顺利、有效实施而进行的测定性评价。诊断性评价的实施时间,一般在课程、学期、学年开始或教学过程中需要的时候。其作用主要有两个:一是确定学生的学习准备程度;二是适当安置学生。

以分班为依据的评价是安置性评价,这是安置性评价与诊断性评价、形成性评价的区别。

2. 形成性评价

形成性评价是指在教师教育教学过程之中,为使教师的专业水平继续提高,不断获取反馈信息,以便改进教学而进行的系统性评价。它是在教育教学活动中进行的,目的是找出教师工作中的不足,为教师不断改进教学提供依据。

3. 终结性评价

终结性评价就是对课堂教学的达成结果进行恰当的评价,指的是在教学活动结束后为判断其效果而进行的评价。一个单元、一个模块,或一个学期的教学结束后对最终结果所进行的评价,都可以说是终结性评价。这是检测学生综合运用语言能力的重要途径,也是反映教学效果、学校办学质量的重要指标之一,如期末考试、结业考试等。

(二) 按教学评价采用的标准分类

依据评价标准对教学评价的分类也有三种方式,即相对评价、绝对评价、个体内差异评价。

1. 相对评价

相对评价又称常模参照性评价,是指运用常模参照性测验对学生的学习成绩进行的评价。它主要依据学生个人的学习成绩在该班学生成绩序列或常模中所处的位置来评价和决定其成绩的优劣,而不考虑是否达到教学目标的要求。

这种评价无论评价对象集合总体状况如何,都可以进行比较,找到各自的相对位置,因而适应性强,应用面广,便于比较。相对评价的优点在于甄选性强,可以作为选拔人才、分类排队的依据;缺点是不能明确表示学生的真正水平,不能表明个体在学业上是否达到特定的标准,对于个人的努力状况和进步程度也不够重视。

2. 绝对评价

绝对评价是指在评价对象集合之外确定一个客观标准,评价时,将评价对象与这个标准进行比较,评价其达到标准的程度,然后做出价值判断。这种评价形式不受评价对象群体状况和水平的影响,评价结果的分数只与评价对象自身的水平有关,而与其所处的群体无关。该评价主要依据教学目标和教材编制试题来测验学生的成绩,判断学生是否达到了教学目标的要求,而不以评定学生之间的差异为目的。绝对评价的优点在于衡量学生的实际水平,了解学生对知识和技能的掌握情况,适用于升级考试、毕业考试和合格考试;缺点是不适用于人才甄选。

3. 个体内差异评价

个体内差异评价是指对被评价者的过去、现在进行比较,或对评价对象的不同方面进行比较。例如:学生成长记录袋评价就是个体内差异评价,它能适时地对某个学生的过去和现在进行比较,以判断其是否进步或退步。另外,针对某个学生,对其各科学习成绩进行比较,对其学习成绩与智力进行比较、对其智力内部的各种智力进行比较,等等,也是个体内差异评价,这种比较可以了解学生的学科特长和智力特长。个体内差异评价的最大优点是充分体现了尊重个体差异的因材施教原则,并适当地减轻了被评价对象的压力;缺点是由于评价本身缺乏客观标准,不易给被评价对象提供明确的目标,因而难以发挥评价的应有功能。

(三) 按教学评价的方法分类

依据评价的方法对教学评价分类有两种方式,即定量评价和定性评价。

1. **定量评价**

定量评价是指采用定量分析方法，即用一定的数学模型或数学方法，对搜集到的数据资料进行处理和分析，从而做出定量结论的评价。例如运用教育测量和统计方法、模糊数学方法等，对评价对象进行数字描述。对于能够数量化的教学评价信息，应当尽量采用定量方法进行处理、分析和判断，这是因为该方法具有较为客观、有说服力等鲜明的特征。

定量评价在一定程度上满足了以选拔、甄别为主要目的的教育需求，但它往往只关注学生的品质与行为，处处、事事都要求量化，强调共性、稳定性和统一性，过分依赖纸笔测验形式。有些内容勉强量化后，只会流于形式，并不能对评价结果做出恰如其分的反映。因而，它忽略了那些难以量化的重要品质与行为，忽视个性发展与多元标准，把丰富的个性心理发展和行为表现简单化为抽象的分数表征与数量计算。

2. **定性评价**

定性评价是凭借评价者的洞察、内省或移情对评价对象做出价值判断的教学评价模式，一般适用于不能数量化的教学评价信息。例如，用观察法、调查法、系统分析法等搜集、处理教学评价信息，做出判断，进行定性描述。对于不能量化的教学评价信息，我们只能采用定性方法进行处理、分析和判断。

定性评价更加关注学生在“质”方面的发展，关注教育结果与教育目标之间的一致性；强调对学生的优缺点进行系统的调查，并对个体独特性做出“质”的分析与解释，是具有实质性内容的一种评价机制。因此，定性评价可以关注更广泛的教育目标及学习结果，强调关注现场和专业判断，对学生的种种表现试图做出具有教育学、心理学意义的解释与推论。

（四）按教学评价主体分类

按照教学评价主体分类，可以分为内部评价和外部评价。

1. **内部评价**

内部评价是指课程设计者或者使用者自己实施的评价，又称为自我评价。

内部评价的好处在于由课程设计者或者使用者进行，方便开展，操作易行；缺点是主观随意性大，无法进行横向的类比，容易出现两个极端。

2. **外部评价**

外部评价是指被评价者之外的专业人员对评价对象进行明显的统计分析或文字描述。

外部评价的优点是客观真实，容易看见优势与不足；缺点则是外部评价牵涉的人、财、物比较多，并且流程较复杂，评价过程较严格。

六、幼儿园教育评价的原则

（一）目的性原则

目的性原则是指在进行教育评价时，必须要有明确的目的，不能为评价而评价。只有首先决定了评价目的，才能决定采用什么样的评价标准和评价的具体方法。目的性原则是由教育评价本身的性质所决定的。

（二）方向性原则

方向性原则是指通过评价内容与标准的制定、评价过程的侧重、评价结果的肯定或否定，推动学前教育贯彻国家的教育方针，满足社会需求，不断提高学前教育的质量。

（三）全面性原则

全面性原则是指教育评价要全面收集信息，不能片面强调评价指标中的某一项目，不能偏听偏信。

（四）客观性和主观能动性相结合原则

客观性原则是指我们在进行教育评价时，必须采取客观、实事求是的态度，不能主观臆断和掺杂个人偏见，因为评价是否客观，关系到评价结果是否正确，关系到评价目的的实现。要贯彻客观性原则，评价者首先要做到客观公正、实事求是，在收集、整理和分析资料的过程中，在进行价值判断时，必须以事实为基础；其次要全面收集资料，不能只听个人的意见。

在遵循客观性原则的同时，也要注意发挥评价者的主观能动性。教育评价实际上是一个透过现象看本质，由表及里、由此及彼、去伪存真的过程，必须对资料进行一系列的分析、综合、概括、抽象。因此，只有发挥评价者的主观能动性，才能获得比较客观的结果。

（五）静态评价与动态评价相结合原则

静态评价是对评价对象目标达到程度的评价，其特点是不考虑原有状态和发展趋势，只考虑评价对象在特定时空范围内的现实状况。它有利于横向比较，有利于强化竞争机制，但无法进行纵向比较。动态评价是根据动态原理提出的进行教育评价活动的行为法则。其基本要求是教育评价过程中要注意对评价对象的历史情况、发展水平及发展趋势进行评价，并研究其对一定社会需要的敏感程度和响应能力。另外，评价的目的、内容、标准、方式应随时间的变化而逐步改进，评价的结论也应根据教育活动、教学水平的发展而不断修正。动态评价的使用有利于指导、激发被评价对象的进取精神，明确前进方向，但无法进行横向比较。只有将静态评价与动态评价结合起来，才能相互补充，避免出现相对主义现象。

七、幼儿园教育评价的方法

根据幼儿园教学的实际，教学评价的主要方法有测验法、谈话法、观察法、作业评定法、成长记录袋法、自我评价法等六种。

（一）测验法

测验法是教学中应用最为广泛的评价方法，它是根据教学目标，通过编制测验题，对评价对象进行测试，然后按照一定的标准对测试结果加以衡量的一种评价方法。测验通常可用口头与书写两种方式来进行。测验法主要是用来评估学生对课程和教材的了解程度，因此，测验即一种考核。测验法要求标准化，其中测验的设计、实施过程、评分的原则与方法都必须科学、准确、标准化，以保证测验结果的客观性和真实性。

编制一份合格、有效的测验需要满足以下四个特征：

（1）信度，指测验的可靠性，即多次测验分数的稳定、一致的程度。

（2）效度，指测量的正确性，即一个测验能够测量出其所要测量的东西的程度。

（3）区分度，指测验项目对所测量属性或品质的区分程度或鉴别能力。

（4）合适的难度，指测验的难易程度。

（二）谈话法

谈话，也称访谈，就是评价者通过与被评价者面对面的口头交流的方式获取评价信息的方法。谈话不只涉及教师与学生，同时还包括教师与家长之间的交流与沟通，进而了解学生的学习及生活情况。

（三）观察法

观察法是一种描述性的收集资料的方法，是评价主体通过感官或借助一定的科学设备在自然或人为创设的条件下考察教学活动的方法。观察法适用于对教师、课堂教学和学生学习的评价，通过直观的观察有助于观察者了解掌握教师和学生在实际过程中出现的问题，进而有针对性地对其进行指导。

（四）作业评定法

作业评定法主要是对学生的课后作业、日记、随笔、作文等内容的查阅，进而了解学生对于知识的掌握与运用情况。

（五）成长记录袋法

成长记录袋法也可称为“档案袋评价”，在学生的课堂学习测评中，应将学生自身的积极主动性发挥出来，让学生把自己作为测评的直接参与者，成长记录袋法是以学生为主体的测评方式。成长记录袋（或称档案袋）是20世纪80年代西方中小学评价改革运动中形成和发展起来的一种新的评价方式。它是根据教育教学目标，有意识地将各种有关学生表现的作品及其他证据收集起来，通过合理的分析与解释，反映学生在学习与成长过程中的优势与不足，反映学生在达到目标过程中付出的努力与进步，并通过学生的反思与改进，激励学生取得更好成就的评价过程。其主要内容包括学生自己、教师或同伴做出评价的有关材料，以及学生的作品、反思还有其他相关的证据和材料等。

（六）自我评价法

自我评价法是指根据一定的评价原则和标准，主动对自己的思想和行为做出评价的方法。自我评价具有主客体的同一性、评价信息的直接性和丰富性、评价性质的反思性、自评过程的循环性等特点，对于自我认识与分析、自我提高有着重要的意义，在教育评价实践中得到广泛的运用。

八、幼儿园教育评价应注意的问题

（一）树立正确的评价观

评价就是一种价值判断，以什么样的评价观为指导，就会导致什么样的评价结果。因此，在进行幼儿园教育评价过程中，评价者首先应具有正确的评价观念。现代幼儿园教育评价的思想观念在评价功能、评价目标、评价内容、评价方法、评价主体和评价类型上都有了重大变化。

从评价的功能来看，为适应社会对幼儿综合发展与终身发展的要求，评价的功能更关注幼儿掌握知识技能的过程与方法，以及与之伴随的情感态度和价值观的形成。

从评价的目标来看，评价目标重在发展，即以发展的眼光看待幼儿和教师，让教师与幼儿共同发展，重视促进每一位幼儿和教师的最佳发展。

从评价的内容来看，评价内容要拓展到幼儿园教育的各个方面，如教师与幼儿人数的比例、教师资格和培训的情况、教育活动组织的情况、幼儿的发展状况等都纳入了评价范畴，从而进行综合评价。

从评价的方法来看，现在的评价较重视定性评价、定性与定量评价相结合，实现评价方法多样化。

从评价主体来看，新的评价观念在强调全员（管理人员、教师、幼儿和家长）参与评价的同时，注重了自我评价，其核心价值是促进人们客观地认识自我，不断地寻找新的生长点，获得在现有基础上的自我主动发展；从评价类型来看，注重对教育过程的评价，对教育结果的评价要与对教育过程的评价相结合，终结性评价与形成性评价相结合，实现评价重心的转移。

（二）评价要与日常教育工作相结合

《幼儿园教育指导纲要（试行）》中指出，幼儿园的教育评价要在日常活动与教育教学过程中采用自然的方法进行，这样做才能保证评价信息的真实可靠。幼儿园评价教师时，要随时关注教师施教的情况；教师或幼儿园在评价幼儿的发展时也应随时观察幼儿的表现，及时调整教育行为，将评价融入幼儿园日常工作与某一阶段结束后的集中评价中，两者互为补充。

（三）充分、合理地运用评价结果

教师在评价时要谨慎，不可给孩子乱贴标签，更不能将不成熟的评价结果公之于众，这样做会给孩子发展带来很大的消极影响。因此，应以积极性的鼓励评价为主，特别是对那些发展落后的幼儿，更应以正面肯定为主。

第二节　教师发展评价

思维导图

教师发展评价
- 教师发展评价的内容
- 教师发展评价的方法

一、教师发展评价的内容

教师的发展评价是离不开幼儿的发展评价的,《幼儿园教育指导纲要(试行)》指出:幼儿的行为表现和发展变化具有重要的评价意义,教师应视之为重要的评价信息和改进工作的依据。

对教师的评价应包含对教师教学的评价和对教师素质的评价两个方面,我们主要谈对教师教学的评价。

(一) 对教师教学的评价

对教师教学的评价可以从以下几个方面进行。

1. 教育计划和教育活动的目标是否建立在了解本班幼儿现状的基础上

所有的教育计划和教育活动的目标都应该建立在幼儿已有经验的基础上,因此,教师必须了解本班幼儿的现状。教学的出发点是幼儿的发展现状。此外,教学的落脚点是促进幼儿的发展,它也要求教育计划和教育活动的目标建立在幼儿已有的基础之上。所谓教学促进幼儿的发展,即教学的任务或目标应该落在幼儿的最近发展区中,而要了解幼儿的最近发展区,首先也需要了解幼儿的现状。

在以往对教育活动的评价中很重要的一点是强调教育活动的目标是否能达成,而现在强调目标应建立在了解本班幼儿的现状的基础上。这是新的教育理念,特别是弹性课程这一概念,强调在教学实施的过程中,教师应该根据幼儿的反应灵活地、合理地调整教学目标与内容。也就是说,在活动实施的过程中,教师可以依据原有的设计方案进行,也可以根据幼儿的实际反应,调整相应的目标与内容。当然,这种调整不是随意的,它遵循的原则是“更有效地促进幼儿的发展”。很显然,教师要在很短的时间内判断出是原有方案(或称为“跟着老师走”)还是新方案(或称为“跟着幼儿走”)更能促进幼儿的发展,需要教师非常了解本班幼儿的发展现状。

2. 教育的内容、方式、策略、环境条件是否能调动幼儿学习的积极性

对学习积极性的强调,即强调学习者的内在动机问题。良好的积极性是保证有效学习的重要基础。以往,我们选择教育内容的时候更多地强调符合目标,但今天我们也开始强调内容要符合幼儿的兴趣、爱好,因为符合幼儿的兴趣和爱好将能有效地保证幼儿学习的积极性。因此,我们需要在符合目标和符合幼儿兴趣、爱好之间找到一个平衡点。我们知道,目标和内容之间并不是一一对应的,也就是说,一个目标可以由多个内容来实现;同样,一项内容也可以实现多个目标,这就为我们找到这个平衡点提供了可能。找到这个平衡点最直接的方法就是从幼儿的兴趣中寻找与目标相吻合的内容,但这不等于说幼儿不感兴趣的内容就不能成为教学的内容。有些内容幼儿可能不感兴趣,但是这些内容对于幼儿的发展来说是很重要的,那么老师就要采用一定的方式、方法,借助于自己的教育智慧来调动幼儿的积极性。

3. 教育过程是否能为幼儿提供有益的学习经验,并符合其发展需要

教育的根本目标是要促进幼儿的发展,并不是仅仅满足幼儿的需要、兴趣,所以,教师要为幼儿提供有益的学习经验,以促进其发展。

4. 教育内容、要求能否兼顾群体需要和个体差异,使每个幼儿都能得到发展,都能获得成功感

每个幼儿都有其独特的发展优势和个性特点,教师要给予其充分的尊重,要为每个幼儿提供广泛而全面的发展机会,为每个幼儿提供表现自己长处和获得成功的条件;同时主动、及时地进行反馈,帮助幼儿充分认识自己,增强他们的信心,并使他们的优势向弱势迁移,最终获得全面发展。

5. 教师的指导是否有利于幼儿主动、有效地学习

教师和幼儿的互动应是动态的,要紧密跟随幼儿在学习活动时的思考,把握时机提供适宜的“支架”,不断地减少“支架”,最终撤销“支架”,使幼儿能够独立解决挑战性的问题,提高教师教学和幼儿学习的价值。

(二) 对教师素质的评价

对教师素质的评价可从职业道德、专业知识、教学能力、文化素养、参与和共事能力、反省与计划性等方面进行。

二、教师发展评价的方法

幼儿园教育工作评价实行以教师自评为主,园长和有关管理人员、其他教师和家长参与评价的制度。因此,对教师发展进行评价可采用以下方法。

(一) 自我评价

自我评价是幼儿园教师发展评价的主要方法。自我评价重在帮助教师建立反省意识,提升自我工作和自我发展的主动性、积极性,不断发展教师的反省认知能力,使教师成长为反思型的教师。自我评价的运用可以体现在以下几个方面。

1. 教师自我评价问卷(表8-1)

表8-1　教师关注自我发展评价表

学校:＿＿＿＿＿＿＿＿　姓名:＿＿＿＿＿＿＿＿　时间:＿＿＿＿＿＿＿＿

评价内容	评价标准	评分
思想素质(20分)	1. 遵纪守法,依法治教 2. 敬业爱岗,爱校爱生 3. 讲正气,讲学习,讲奉献	
专业素质(30分)	1. 了解本学科的前沿研究和发展概况 2. 掌握本学科的理论与概念 3. 熟悉本学科的教学要求,灵活运用本学科的教学方法 4. 善于将本学科知识与生活实际相结合 5. 注重学习教育学、心理学知识,学习新课程理念	
业务能力(30分)	1. 教学方法有趣有效,灵活用好教材 2. 能够通过形成性评价和总结性评价全面而准确地了解学生的进步情况,并且采取有效的措施来巩固评价成果 3. 教学过程充分体现学生的主体作用,师生关系平等,师生互动,共同发展 4. 善于进行学科思想渗透和学法指导,引导学生学会学习 5. 能根据教学内容、教学任务运用现代化的教育手段 6. 积极参加听、评课活动,勇于承担公开课、研讨课 7. 积极开发校内外课程教育资源并且承担校本课程和综合社会实践活动课	
科学与人文素养(10分)	1. 热爱学习,有良好的阅读习惯和获取新知识的能力 2. 明了学科与生产、生活实际的联系,具备构建事物之间合理联系的能力 3. 了解和热爱祖国文化 4. 了解国际国内学科发展的历史及最新动态	
合作精神(10分)	1. 能经常性地为学校的发展提供建设性意见 2. 能参与本学科教研组的发展规划设计 3. 积极参与备课组的集体备课,能提出个性化、合理的措施建议 4. 能与同事家长学生建立良好的合作关系	

2. 建立幼儿发展档案

教师还可以通过为幼儿建立个人发展档案来进行自我评价,运用档案评估法所收集到的各类反映幼儿学习和发展状况的资料,不仅能折射出幼儿学习与发展的整个成长轨迹,而且是检验教师教学质量的一把尺子。

3. 对照计划进行评价

自我评价还可以由教师根据自己的原有水平提出个人专业发展计划,一学年结束对照计划进行评价,并提出新的计划与整改措施。

(二) 观察记录

管理者对教师发展的评价也可采用观察记录法。这就如同教师对幼儿进行观察记录一样,将平时在与教师共同研讨、听课、观看活动、沟通交谈等环节中所看、所听的内容详细地进行记录，了解每个教师的发展情况、教学特色、专业上需要加强的地方，及时与教师沟通，通过有效的支持与服务，帮助教师不断发展。

管理者平时的观察记录还可与学期末的阶段性评价相结合，因人而异，展示长处，鼓励教师之间相互欣赏，营造一个团队共进的氛围。

管理者还可以为每个教师建立教师专业发展档案，将平时的观察记录、各种评价资料放进档案袋，以此来反映教师发展的历程。

（三）案例分析

案例分析是用摄像的方法将教师的教学活动拍摄下来，组织教师采用个人、小组或集体形式进行研讨，重在引导教师关注教育工作中普遍存在的困惑或教师专业发展中普遍欠缺的能力，进行团队反思。每个教师都应主动参与，都可以自由地发表自己的见解，都可以围绕案例进行思考，提出自己解决问题的思路，并通过相互讨论，澄清一些模糊认识，找出解决问题的对策。

（四）家长评价

家长评价也是对教师发展评价的一种手段。通过家长问卷、家长座谈等形式可以了解教师的服务态度，了解家长对教师工作的看法，以及对教师专业能力的评价等。

家长问卷是幼儿园经常采用的一种方法。

第三节　学前儿童发展评价

学前儿童发展评价
- 学前儿童发展评价的内容
- 学前儿童发展评价的方法

一、学前儿童发展评价的内容

通常情况下，幼儿发展评价的内容及其切入点可包括以下几个方面：选择课程领域对幼儿发展进行全面评价；选择按课程进行的主题所经历的不同阶段对幼儿发展进行评价；选择多元智力的各个方面来对幼儿进行评价。

（一）选择课程领域来对幼儿发展进行全面评价

幼儿园的教育内容由健康、语言、社会、科学和艺术等多个领域构成，各领域的内容相互渗透，涵盖了幼儿发展的各个方面，从不同角度促进了幼儿的发展。综合分析以上课程领域，为了真实展现幼儿发展水平，总结幼儿发展评价的内容主要包括身体与运动、认知与语言、社会性与情感三大方面。

1. 身体与运动

(1) 身体健康水平。衡量幼儿身体健康水平主要包括以下方面:生长发育形态指标(用以评价幼儿生长发育的水平和速度,常用指标包括身高、体重、胸围、头围、坐高等);生长发育生理功能指标(用以评价幼儿身体各系统各器官的生理功能,常用指标包括脉搏、血压、握力、肺活量和呼吸差等);疾病或缺陷(有无贫血、佝偻病、龋齿、斜视、弱视等常见疾病或脊柱弯曲、扁平足等常见姿势缺陷)。

(2) 幼儿动作发展。幼儿动作发展评价涉及两大方面:大肌肉动作和小肌肉动作。大肌肉动作也称粗大动作,是由大肌肉所组成的随意动作,常伴有强有力的大肌肉的收缩、全身运动神经的活动及肌肉活动的能量消耗。幼儿期常见的大肌肉动作有走、跑、跳、投、钻爬、攀登、平衡等。小肌肉动作也称精细动作,是由小肌肉群组成的随意动作。幼儿小肌肉动作主要指手的动作,包括指尖动作、手指屈伸及眼手协调等。

2. 认知与语言

(1) 感知能力。在幼儿发展评价中,对感知能力的评价主要包括空间、时间和形状三个方面,它们反映了幼儿看、听、摸等诸多感知能力的发展水平。

幼儿的时间知觉主要是对时间的延续性和顺序性的反映,对幼儿时间知觉的评价内容是:对自然周期现象的感知,如四季轮回、昼夜交替等;机体的节律性活动,如起床、睡眠等;还有对时钟、日历的简单了解。

形状知觉是物体知觉的重要组成部分,幼儿的形状知觉评价内容应符合幼儿由简单图形过渡到复杂图形的发展规律。

(2) 思维能力。幼儿的思维能力主要表现为在认识事物的过程中所具有的比较分析、分类概括、判断推理等能力。

(3) 探究能力。探究能力主要是指幼儿在活动中发现问题、多方寻求解决问题的答案并尝试动手解决问题的能力,培养幼儿的探究能力主要表现在培养幼儿的观察力、好奇心、动手能力等方面,这也是评价幼儿探究能力的主要内容。

(4) 语言发展。幼儿的语言发展主要指发展幼儿的口头语言。幼儿语言发展评价侧重于语言的输入和输出两个方面,前者重在倾听,后者重在表达、对话与描述。

3. 社会性与情感

社会性发展是指生物人成长为社会人,并逐步适应社会生活进而使人的个性得以形成与不断完善的过程。幼儿社会性发展的内容:幼儿对社会规范的认知、对自我和他人的认知、与社会关系的互动、道德的发展、社会化情绪的发展与变化、交往技能的形成与发展等。

(二) 选择按课程进行的主题所经历的不同阶段对幼儿发展进行评价

开始阶段:幼儿已有的经验是什么,对哪些方面发生兴趣。

进行阶段:幼儿收集了哪些与主题有关的材料,哪些内容可以进行深入研究。

主题的深入阶段:幼儿是如何解决问题的,采用了哪些方法和途径,在解决问题的过程中幼儿有哪些差异。

主题的结束阶段：幼儿在这个主题中获得了哪些发展，还存在什么问题，这些问题如何解决，等等。

二、学前儿童发展评价的方法

（一）观察法

按照观察的时空条件、目的、角度等的不同，观察法可以分为自然观察法和情境观察法两种。

1. 自然观察法

自然观察法是指在日常生活的自然状态下，有目的、有计划地对幼儿的行为进行直接的观察、记录，从而获得幼儿发展信息的方法。

自然观察的主要特点是，不对幼儿的行为进行人为的干预与控制，教师与幼儿都处于自然状态下，能够观察到幼儿在日常生活中最真实、最典型、最一般的行为。自然观察法适用于幼儿发展的各个领域，在幼儿情感、社会性发展评价中具有重要价值。

（1）轶事记录。轶事记录指观察者在日常生活情况下，对幼儿自然表露的行为进行原始的、真实的记录，以此来了解幼儿的发展情况，有的放矢地进行教育。

例如：

观察对象：×××（性别、年龄）

观察者：×××

观察时间：

观察地点：

（2）时间抽样。时间抽样是在规定的时间间隔内观察、记录预选行为是否出现的方法，主要适用于幼儿经常出现的行为和容易被观察到的外显行为。

例如：观察幼儿自由游戏时，每隔 5 分钟对被观察者观察 10 秒，观察幼儿游戏的状况：是平行游戏、独自游戏、合作游戏还是无所事事。观察表格要预先准备好。

（3）事件抽样。事件抽样指选择某种或某类事件作为观察的目标，在观察中等待该事件的发生并仔细观察记录事件全过程的方法。在记录方法上，教师可以采用行为分类记录方法，记录幼儿的行为是否已经发生，而且可以加入描述性记录。运用此方法，也要事先设计好观察记录表。

例如：观察幼儿在自由游戏中亲社会行为的发生（表 8-2）。

表 8-2　幼儿助人行为观察表

幼儿姓名	性别	发生背景	指向对象	动作	语言	效果

事件抽样可以让观察者分析幼儿行为发生的因果关系,但不易进行定量分析,如行为发生的频率如何、行为的稳定性如何等。

(4) 行为检核。行为检核指将要观察的项目和行为预先列出表格,然后检查行为是否出现,或行为表现的等级如何等,并在所选择的项目上做上标记。行为检核是观察目的的具体体现,所以,这种方法可使观察更具有针对性。教师在对幼儿发展进行评价时,可以将所选择的评价指标体系分解为若干个行为检核表,分阶段对全体幼儿进行检查,对检查结果进行统计分析,了解幼儿个体或群体的发展状况。

2. 情境观察法

情境观察法指在教育的实际情景下,按照研究目的控制和改变某些条件,将幼儿置于与现实生活场景类似的情景中,由评价者观察该特定情境中幼儿的行为方法。例如,观察幼儿的分享或者合作行为,有意减少玩具的数量。

(二) 谈话法

谈话法是指通过与幼儿面对面的交谈收集评价信息的方法。谈话法可分为直接问答的谈话、选择答案的谈话、自由回答的谈话、自然谈话等。教师在运用谈话法时可采用录音记录的方式保存资料,也可用图夹文的方式将谈话的内容记录、展示出来,供幼儿和教师、家长分享。

谈话法能帮助教师较快捷地了解幼儿发展中某些难以用行为表现出来的认识方面的问题,常用于收集有关幼儿动机、态度、自我认识等方面的信息。

(三) 作品分析法

教师和幼儿合作收集幼儿学年中不同时期具有代表性的阅读、描述、数学、美工和音乐作品,如图画、泥塑、各种记录单、参观访谈的记录报告、幼儿自创的书写符号、叙述自编故事时的录音带、创编舞蹈时的录像带、一张反映几个幼儿正在合作探究某一实物时的摄影作品、集体创作或积木建构的照片、成人记录幼儿描述的故事或事件等,把作品和教师的文字记录放在一起,可以帮助教师看出幼儿的发展趋势,确认幼儿进步的情形。

(四) 问卷调查法

问卷调查法是由评价者根据评价目的,向被调查对象发放问卷调查表,广泛收集幼儿发展信息的一种方法。该方法主要用于教师向家长了解幼儿在家庭环境中的行为表现。

(五) 档案评估法(公文包法)

档案评估法是一种综合性的评价方法,它融过程与结果为一体,兼容了多种具体评价的方法,如观察法、谈话法、作品分析法等。幼儿发展档案里的大部分内容都是幼儿活动的实际成品,它代表了每个幼儿努力的程度与有形的成就,呈现出一段时间内学习的历史。

教师将一些观察记录的资料,如书面报告、讨论的对话、制作的成品、一幅图画等收集整理后进行评价,根据评价的结果做课程的修正,然后再进行评价。档案评估法把评价整合成学习历程的一部分,允许教师在幼儿发展档案中反映幼儿学习的偶发事件、学习的兴趣及发现的喜悦。档案的资料可以真实地包括任何事物,它们有助于提供教师和幼儿一学期或一学年来所进行的学习过程的广泛图像。在档案袋里,既有幼儿针对某个话题或主题的讨论、参观或访谈的报告,也包括请家长根据教师设计的问卷进行反馈的信息,如幼儿的爱好是什么、喜欢吃什么、平时会和家人分享在幼儿园里的哪些事情等。在家长来园参加活动时,可以让幼儿和他们的家长讨论自己的发展档案。

第四节　教育活动的评价

一、活动目标的评价

(1) 评价活动目标与教育的总目标、年龄阶段目标及单元目标是否有紧密的联系。

(2) 评价活动目标是否包括了认知、情感与态度、操作技能三方面的要求。

(3) 评价活动目标是否与儿童的实际情况相适应。

二、活动内容的评价

(1) 所要评价活动内容的选择是否与幼儿教育目标相一致;是否与幼儿教育所涉及的范围、领域相一致;是否与幼儿的能力水平相一致。

(2) 评价活动内容的选择还要看所选材料的审美性和艺术性。

(3) 评价活动内容的设计和组织:评价在一个具体的教育活动中各部分内容间的比例关系是否合理;评价活动内容与形式是否相适应;评价活动内容的组织安排是否突出重点、难点;评价活动内容各个部分之间的过渡衔接是否流畅。

三、活动方法的评价

(1) 评价方法的选择和运用是否与活动的目标和内容相呼应。

(2) 评价方法的选择和运用是否顾及了儿童的年龄特点和水平。

(3) 评价活动的方法是否强调并体现了儿童的自主性和主体性。

(4) 评价活动的方法是否注意到了与本活动环境和有关设备相联系。

四、活动过程的评价

(1) 评价教师的行为。

(2) 评价活动中师幼互动情况。

(3) 评价活动的组织形式。

(4) 评价活动的结构安排。

五、活动环境和材料的评价

(1) 是否与该活动内容相适应。
(2) 是否适合儿童的实际需要和能力。
(3) 是否适合于教育活动的展开。
(4) 是否充分地发挥了环境和材料的作用。

六、活动效果的评价

活动效果的评价主要是指从儿童方面反映出来的教育结果。
(1) 评价儿童在活动过程中的参与和学习态度:注意力是否集中,表现是否主动积极。
(2) 评价儿童在活动过程中的情绪、情感反应:精神是否饱满,情绪是否愉快和轻松。
(3) 评价儿童对活动预期目标是否都达成。

【模拟试题】

一、单项选择题

1. 基于某种特定的标准来评价幼儿对教学密切关联的具体知识和技能的掌握程度的评价方式称为(　　)。(扫二维码领取参考答案)

A. 常模参照评价　　B. 正式评价
C. 标准参照评价　　D. 非正式评价

2. 幼儿园教育工作评价实行以(　　)为主的制度。(扫二维码领取参考答案)

A. 其他教师评价　　B. 园长评价
C. 家长评价　　D. 教师自评

3. 教师用奖励小红花的方式激励幼儿,体现了评价的(　　)。(扫二维码领取参考答案)

A. 导向功能　　B. 激励功能
C. 诊断功能　　D. 交际功能

4. 在日常生活的自然状态下,教师有目的、有计划地对幼儿的行为进行直接观察、记录,从而获得对幼儿学习的了解的方法是(　　)。(扫二维码领取参考答案)

A. 问卷调查法　　B. 谈话法
C. 自然观察法　　D. 成长记录袋法

二、简答题

简述如何评价教育活动目标。(扫二维码领取参考答案)

模块九 样卷解析

教师资格考试《保教知识与能力》(幼儿园)样卷及答案解析

注意事项:

1. 考试时间为120分钟,满分为150分。

2. 请按规定在答题卡上填涂、作答,在试卷上作答无效,不予评分。

一、单项选择题(本大题共10小题,每小题3分,共30分)

1. 幼儿园的双重任务是(　　)。

A. 保教幼儿和服务家长　　B. 看护幼儿和服务家长

C. 培养习惯和传递知识　　D. 保育和教育幼儿

【答案】A。保教幼儿和服务家长。

2. 幼儿认真完整地听完老师讲的故事,这一现象反映了幼儿注意的什么特征?(　　)

A. 注意的选择性　　B. 注意的广度

C. 注意的稳定性　　D. 注意的分配

【答案】C。解析:本题考查学前儿童注意的发展。注意的稳定性是指注意力在同一活动范围内所维持的时间长短。

3. 小红知道9颗花生吃掉5颗,还剩4颗,却算不出"9-5"等于多少,说明小红的思维具有什么特性?(　　)

A. 具体形象性　　B. 抽象逻辑性

C. 直观动作性　　D. 不可逆性

【答案】A。解析:本题考查学前儿童思维发展。幼儿时期典型的思维方式是具体形象思维,需要借助具体的形象事物或事物的表象进行思维,幼儿知道九颗花生吃了五颗,还剩四颗,这说明幼儿能够借助具体的事物进行思维,但是还不能运用逻辑运算思维。

4. 按照布鲁姆等人教育目标分类的观点,"了解青蛙的生长发育过程"属于(　　)。

A. 情感目标　　B. 认知目标

C. 动作技能目标　　D. 行为目标

【答案】B。解析:本题考查主题是教学活动的组织与实施中的三维目标。教学目标分类理论体系中,布鲁姆等人将教学活动所要实现的整体目标,分为认知情感,心理运动等三大领域,将认知领域的目标分为识记、理解、运用、分析、综合和评价六个层面。题中"了解"

是查看幼儿的认知技能。

5. 阳阳一边用积木搭火车，一边小声地说："我要快点搭，小动物们马上就来坐火车了。"这说明幼儿自言自语具有的作用是（　　）。

A. 情感表达　　B. 自我反思

C. 自我调节　　D. 信息交流

【答案】A。解析：本题考查学前儿童语言的发展。自言自语是幼儿语言从外部向内部转化中的一种过渡形态。材料中幼儿的自言自语，并非在与其他人交流，而是一种情感表达。

6. 人体各大系统中，发育最早的系统是（　　）。

A. 淋巴系统　　B. 生殖系统

C. 神经系统　　D. 消化系统

【答案】C。解析：本题考查学前儿童的身体发展规律。神经系统是生命活动的主要调节系统，由中枢神经和周围神经两部分组成，在全身各系统发育中处于领先地位。

7. 教师通常在班级设置许多活动区并提供多层次的活动材料，让幼儿自选，其遵循的心理发展原则是（　　）。

A. 阶段性原则　　B. 社会性原则

C. 操作性原则　　D. 差异性原则

【答案】D。解析：本题考查环境创设与幼儿身心发展的规律原则。个体差异性是指儿童在具有整体共同特征的前提下，其身心发展在表现形式内容和水平方面都具有独特之处，教师提供多种层次的活动材料让幼儿自选是为了满足幼儿的不同需要。

8. 幼儿教师要能接住幼儿抛来的"球"，并用恰当的方式把"球"抛回给幼儿，让活动能继续下去，这里所体现的教师角色是（　　）。

A. 幼儿学习活动的指导者　　B. 幼儿学习活动的管理者

C. 幼儿学习活动的设计者　　D. 幼儿学习活动的合作者

【答案】D。解析：本题考查综合素质中的教师观，幼儿教师作为幼儿的伙伴与幼儿一起进行游戏是幼儿学习活动的合作者。

9. 下列关于幼儿美术教育的做法不正确的是（　　）。

A. 支持幼儿表达自己对美术作品的独特感受

B. 出示范画让幼儿模仿

C. 鼓励幼儿用自已的方式表现美

D. 为幼儿的美术创作提供丰富的材料

【答案】B。解析：本题考查学前教育原理中"3—6岁儿童学习与发展指南"的知识点。艺术教育的目标是引导幼儿能用自己喜欢的方式进行艺术表现活动，在美术教育活动中，不建议老师出示范画让幼儿模仿，这不利于幼儿创造性的发展。

10. 芳芳数积木，花花问他有几块三角形，芳芳点数说："1、2、3、4、5、6，有6个三角形。"花花又给她四块，问她现在有多少块三角形积木？芳芳边点数边说："1、2、3、4、5、6、7、8、9、

10,我有10块啦!”就数学领域而言,下列哪一条最贴近芳芳的最近发展区(　　)。

A. 认识和命名更多的几何图形

B. 默数、接着数等计数能力

C. 以一一对应的方式数10以内的物体,并说出总数

D. 通过实物操作进行10以内加减法的运算能力

【答案】B。解析:材料中幼儿还处于一一对应点数的状态,而且每次都是从头点数,所以下一个比较贴近的目标是默数、接着数等计数能力。

二、简答题(本大题共2小题,每小题15分,共30分)

11. 列出幼儿园课程生活化的实施要求并分别举例说明。

【参考答案】《幼儿园教育指导纲要(试行)》指出:幼儿园应为幼儿提供健康、丰富的生活和活动环境,满足他们多方面发展的需要,使他们在快乐的童年生活中获得有益于身心发展的经验。

(1) 幼儿园课程内容选择的生活化

《纲要》中指出:教育活动内容的组织应充分考虑幼儿的学习特点和认识规律,各领域的内容要有机联系,相互渗透,注重综合性、趣味性、活动性,寓教育于生活、游戏之中。例如,课程内容的安排可依据节日顺序展开,或者依据时令、季节变化规律来组织等。

(2) 幼儿园课程资源利用的生活化

陶行知先生主张“社会即学校”,认为学前教育机构的教育不能局限于狭小的教室,应让幼儿回归大自然、大社会的怀抱。例如,主题活动“春天”,教师可利用春天的树木、景色变化等自然资源来组织活动;在幼儿园中组织“安全防火”活动,可利用幼儿家长的职业特点来进行课程组织与开展。

(3) 幼儿园课程教学实施的生活化

根据幼儿的年龄特点,将富有教育意义的生活内容纳入课程领域,课程实施中教师应提倡为幼儿创设多种多样的生活化学习情境,加强教育同生活的联系,将学前儿童在各种情境中的经验加以整合。例如,提供丰富的材料与玩具,在人际关系、操作探索中获得各种经验。又如,为了了解秋天的变化,教师可组织主题活动“金色的秋天”,带领幼儿到户外摘果实、捡树叶以满足幼儿的探索心理,真正了解秋天的特点。

12. 教师可以从哪些方面观察幼儿的注意是否集中?

【参考答案】注意的集中性不仅指在同一时间内各种有关心理活动聚集在其所选择的对象上,而且也指这些心理活动“深入于”该对象的程度。教师可以从以下几个方面来观察幼儿的注意是否集中:观察幼儿在集体教育活动和游戏中的注意类型、注意维持的时间以及注意发生时的行为表现。

(1) 注意类型:注意分为无意注意和有意注意两种。无意注意:无预定目的且不需意志努力的注意,它主要受刺激物本身特点的影响,包括刺激物的强度、新异性、运动变化及对比关系等。有意注意:有预定目的并且需要意志努力的注意。当主体对活动有明确的目的,并具有坚强的意志和抗干扰能力时,能保持较高水平的有意注意。幼儿逐渐学习一些注意方

法，可使幼儿注意的杂乱性减少，变得更专一，能获取更多信息。

(2) 注意维持的时间：在良好的教育环境下，3 岁幼儿能集中注意 3—5 分钟，4 岁幼儿能集中注意 10 分钟，5—6 岁幼儿能集中注意 15 分钟左右，如果教师组织得法，5—6 岁幼儿可以集中注意 20 分钟。

(3) 注意发生时的行为表现：① 适应性运动。幼儿在注意某一对象时，通常会形成有利于指向和集中的动作和状态。如，注意听时的"侧耳倾听"，注意看时的"目不转睛"，注意想时的"全神贯注"。

② 无关运动停止。当注意发生时，幼儿会终止与注意无关的动作。例如，当幼儿注意听讲时，会停止小动作或不再交头接耳，表现得非常专注和安静。

③ 生理运动变化。注意发生时，幼儿的呼吸会变得轻微和缓慢，而且呼吸时间也发生变化，通常是呼得更长、吸得短促。

(4) 教师可以在一日生活的各个环节中观察幼儿在进行各个环节的活动时是否能够按照老师的要求顺利进行。

三、论述题(20 分)

13. 幼儿园集体教学活动和游戏的含义分别是什么(4 分)？试述两者的区别与联系。(16 分)

【参考答案】两者的含义：

(1) 幼儿园集体教学活动是指全班一起进行的活动形式。这种活动的特点是集中性和统一性，即活动是全员参与的，并有统一的活动目标和活动要求。

(2) 游戏是幼儿最喜爱的活动，是幼儿生活的主要内容，它是幼儿对生长的适应，符合幼儿身心发展的特点。对幼儿来说，游戏不仅仅是一种消遣，还是幼儿的自发学习。幼儿在游戏中的学习是一种自发的学习，具有学习目标是隐含的，学习方式是潜移默化的，学习的动力来自幼儿内部等特点。

区别与联系：

(1) 区别：

① 活动中的主体不同。游戏中幼儿是游戏的主人，是活动的真正主体，幼儿可以自由支配、自己协商自己的活动，教师更多起到的是观察者和指导者的作用。而集体教学活动是在教师的引导与支持下所进行的教学活动，教师的参与支配程度相对更高。

② 活动的形式不同。集体教学活动是全体幼儿在教师的引导下有目的、有计划、在同一时间所进行的活动，具有集中性和统一性的特征。而游戏中幼儿的活动是自主的，可以通过集体的形式进行，也可以是以小组或个人的形式组织。

(2) 联系：

① 教育目的一致。游戏的内容与目的要围绕教学的目标进行，教师要使幼儿在游戏中获得的愉快体验与教学目标的实现有机统一。因此，教师既要熟悉游戏的理论，了解幼儿身心发展水平、年龄特点、兴趣爱好，又要找到与之相适宜的教学活动，并与游戏结合在一起。

② 两者互为补充。游戏是顺利开展集体教学活动的"温床"，集体教育活动又能提升和

巩固儿童的知识经验。因此,教师在进行教学活动时要体现“寓教学于游戏活动”之中的教育理念;在课程游戏化的大背景下,幼儿园的游戏活动可以辅助集体教学活动,或者集体活动用游戏的方式来开展;也可以用游戏活动作为集体活动后的延伸,让游戏活动与集体教学活动有效衔接起来。

四、材料分析题(本大题共 2 小题,每小题 20 分,共 40 分)

14. 材料:

教师出示饼干盒,问亮亮里面有什么,亮亮说:“饼干。”。教师打开饼干盒,亮亮发现里面装的是蜡笔。教师盖上盖子后再问“欣欣没有看过这个饼干盒,等一会儿我要问欣欣盒子里面装的是什么,你猜她会怎么回答?”亮亮很快就说:“蜡笔。”

问题:

(1) 亮亮更可能是哪个年龄班的幼儿?(6 分)

(2) 你判断的依据是什么?(14 分)

【参考答案】

(1) 亮亮更可能是幼儿园中班的幼儿。一方面,4 岁左右的幼儿还不能很好地将自己的观点和他人的观点区分开,认为别人想的和自己所知觉到的一样,因此会出现错误信念;另一方面,从幼儿思维发展的角度来看,幼儿对事物的判断往往是以自我为中心的,思考问题从自己的角度出发。所以材料中亮亮的表现更倾向于中班幼儿。

(2) ① 亮亮的行为体现错误信念。

错误信念是指向儿童描述一个故事情景(通常故事中主人公的信念与事实不相符),然后向儿童提问,看儿童是否能推断出主人公的真实信念。

材料中的亮亮知道盒子里面装的是蜡笔,但是欣欣是没有见过的,也就意味欣欣不知道盒子里面装的是蜡笔,当老师问亮亮,欣欣认为盒子里是什么时,亮亮却直接说“蜡笔”。说明亮亮不能够正确判断他人的想法,体现了错误概念的特征。

② 亮亮的行为体现以自我为中心。

自我为中心是指儿童在前运算阶段(2—7 岁)只会从自己的立场与观点去认识事物,而不能从客观的、他人的立场和观点去认识并判断事物。

材料中的亮亮通过教师打开饼干盒知道了材料是蜡笔的形象,体现了具体形象思维的特点,符合中班幼儿的思维特点。同时亮亮将自己对盒子中具体材料的认知等同于欣欣的认知,体现了没有站在欣欣的角度思考问题的特征,说明了其自我为中心的特点。

15. 在开展“烧烤店”游戏前,大一班的李老师加班加点为幼儿准备了烧烤架、烧烤夹,以及各种逼真的“鱼丸”“香肠”等食材。大二班王老师没有直接投放材料,而是与幼儿商量,并支持他们自己去寻找、搜集所需材料。

问题:

(1) 哪位教师的做法更恰当?(4 分)

(2) 请分别对两位教师的做法进行评析。(16 分)

【参考答案】

(1) 大二班王老师的做法更恰当。理由如下:材料中“烧烤店”的游戏属于角色游戏,大班幼儿角色游戏处于合作游戏阶段,喜欢与同伴一起游戏,能按自己的愿望主动选择并有计划地游戏。材料中大一班的老师虽然用心准备了游戏材料,但是没有考虑到幼儿的自主性,限制了幼儿在游戏中想象力的发挥,因此是不恰当的。大二班王老师没有直接投放材料,而是与幼儿商量、支持他们去寻找和收集材料的做法更符合大班幼儿角色游戏的特点,因此王老师的做法更恰当。

(2) ① 李老师的做法不恰当。首先,游戏是幼儿在假象的情景下反映现实生活,具体表现为以物代物、以人代人。大一班的李老师在游戏时为幼儿准备的材料太逼真,不利于幼儿想象力的发挥。其次,游戏的本质属性是自主性,游戏中的材料应该根据幼儿的兴趣来提供。大一班的李老师没有了解幼儿的想法而是直接为幼儿来提供材料符合幼儿游戏自主性的特点的要求。最后,李老师投放的材料过于逼真,缺少了可探索性和可操作性,不利于激发幼儿游戏的兴趣。

② 王老师的做法恰当,符合大班幼儿角色游戏的特点,有利于幼儿游戏的开展。首先,王老师的做法有利于发挥幼儿在游戏中的自主性,同时能够培养幼儿的独立性。其次,王老师的做法能够激发幼儿参与游戏的兴趣,同时激发幼儿在游戏中更好地发挥自身的想象力和创造力。最后,王老师的做法符合活动区材料投放的启发性、操作性、探索性的要求。材料中王老师让幼儿自行寻找的材料,如树叶、签子等均来自于生活中,有趣、可变、可操作,不仅符合大班幼儿的年龄特点,同时也能够让幼儿自主地进行设计制作。

五、活动设计题(30 分)

16. 最近,大三班许多小朋友用大大小小的纸盒制作小汽车等物品,马老师发现,制作的汽车装饰不太一样,但结构差不多,往往只有车厢、车轮、车灯等。马老师认为可以根据这种情况生成一个“汽车”主题活动,引发幼儿的深度学习。

请帮助马老师设计“汽车”主题活动。具体要求:

(1) 写出主题活动的总目标。(8 分)

(2) 围绕主题设计三个子活动。写出其中一个子活动的具体活动方案,包括活动名称、目标、准备和主要环节等。(14 分)

(3) 写出另外两个子活动的名称、目标。(每个活动 4 分,共 8 分)

【参考答案】

活动名称:大班主题活动“小汽车”[活动总目标]

(1) 情感目标:喜欢观察生活中各种各样的汽车,萌发对于动手操作的兴趣。

(2) 技能目标:能够采用多种形式,能够用自己喜欢的方式设计不同造型的小汽车。

(3) 认知目标:知道生活中有不同种类的汽车,并了解各种各样小汽车的特征。

[子活动一] 大班艺术领域美术活动“我的小汽车”

一、活动目标

(1) 情感目标:喜欢进行美术绘画活动,乐意与同伴分享自己设计的小汽车造型。

(2) 技能目标：能够大胆想象，有创意地设计出自己喜欢的小汽车造型。

(3) 认知目标：了解汽车有各式各样的造型，知道不同汽车的造型特点。

二、活动重难点

(1) 活动重点：了解生活中有多种多样的小汽车，并知道各种汽车的造型特点。

(2) 活动难点：积极参与绘画活动，大胆发挥想象，设计不同的汽车造型，并用画笔表现出来。

三、活动准备

(1) 经验准备：幼儿在生活中观察过各种各样的汽车。

(2) 物质准备：纸张若干、画笔若干、各式各样汽车造型的图册。

四、活动过程

(一) 导入(音乐导入)

教师带领幼儿歌唱歌曲“我的小汽车”，激发幼儿兴趣，吸引幼儿注意力，并引出活动主题。

教师总结：儿歌中的小汽车开进了我们活动室，请小朋友们来欢迎小汽车和它的小伙伴们。

(二) 基本部分

(1) 教师出示各种造型的汽车图册，让幼儿认真观察，并结合幼儿生活经验，引导幼儿总结各种汽车的造型特点，感知“小汽车”的绘画特征。

教师提问：请小朋友们说一说你在生活中都见到过什么样的汽车？它们是什么样子的？

教师总结：小汽车的造型有很多种，每一种小汽车都有自己的造型，各不相同。

(2) 教师分发绘画材料，讲解绘画注意事项，并提出启发性建议，引导幼儿大胆想象，创意进行作画，并巡回进行指导。

教师提问：请小朋友们大胆想象，用自己的画笔设计出喜欢的小汽车。

教师观察幼儿绘画表现，并进行个别指导。

(3) 教师鼓励幼儿与同伴分享自己的绘画作品，引导幼儿相互之间进行评价，体验绘画活动带来的乐趣。

教师提问：请小朋友们和其他同伴来说一说自己设计的独特的小汽车形象。

(三) 结束部分

教师总结幼儿在本次绘画活动中的表现，给予肯定鼓励，并组织幼儿回收整理绘画材料，自然结束本次活动。

教师：小朋友们都是小小设计家，能够用自己的画笔设计出最神奇的小汽车。现在请小朋友们整理好画笔和纸张，方便我们下次使用。

五、活动延伸

教师鼓励幼儿将自己的绘画作品“我的小汽车”投放进展览区，引导幼儿相互之间再次进行欣赏与互评。

[子活动二]　大班健康领域体育活动“小汽车总动员”

活动目标

(1) 情感目标:喜欢和同伴一起合作进行体育游戏,萌发喜爱体育运动的意识。

(2) 技能目标:能够遵守游戏规则,与同伴合作进行"小汽车总动员"的体育游戏。

(3) 认知目标:理解小汽车在马路上行驶的游戏规则,知道"小汽车"上坡跑的动作要领。

[子活动三] 大班艺术领域音乐活动"我的小汽车"

活动目标

(1) 情感目标:喜欢用自己的动作表现小汽车的造型特点,体验音乐表演带来的乐趣。

(2) 技能目标:能够声音优美地唱出《我的小汽车》,并创编动作大胆表现小汽车的造型。

(3) 认知目标:理解《我的小汽车》的儿歌大意,知道小汽车有不同的声音和造型。

参考文献

[1] 李红.幼儿心理学[M]. 北京:人民教育出版社,2006.

[2] 刘吉祥,刘慕霞.学前儿童发展心理学[M].4 版.长沙:湖南大学出版社,2016.

[3] 莫秀锋,郭敏.学前儿童发展心理学[M].南京:东南大学出版社,2016.

[4] [美] 唐娜·S. 威特默(Donna S. Wittmer),桑德拉·H. 彼得森(Sandra H. Petersen),玛格丽特·B. 帕克特(Margaret B. Puckett).儿童心理学:0~8 岁儿童的成长[M].金心怡,何洁,译.北京:机械工业出版社,2021.

[5] 汪乃铭,钱峰.学前心理学[M].上海:复旦大学出版社,2005.

[6] [美]罗伯特·S.费尔德曼(Robert·S. Feldman).儿童发展心理学:费尔德曼带你开启孩子的成长之旅[M].苏彦捷,等译.北京:机械工业出版社,2015.

[7] [加]勒弗朗索瓦(Lefrancois).孩子们:儿童心理发展(第九版)[M].王全志,孟祥芝,樊国福,等译.北京:北京大学出版社,2004.

[8] 汪凤炎,燕良轼.教育心理学新编[M].3 版.广州:暨南大学出版社,2011.

[9] 关金艳.幼儿心理学[M].南京:河海大学出版社,2013.

[10] 蒋崇才.幼儿心理学学习指导[M].重庆:重庆大学出版社,2013.

[11] 王丹.婴幼儿心理学[M].重庆:西南师范大学出版社,2016

[12] 冯夏婷.透视 0—3 岁婴幼儿心理世界:给教师和家长的心理学建议[M].北京:中国轻工业出版社,2016.

[13] 王保林,窦广采.幼儿心理学[M].郑州:郑州大学出版社,2007.

[14] 张丹枫,史献平.学前儿童发展心理学[M].北京:高等教育出版社,2014.

[15] 丁祖荫.幼儿心理学[M].北京:人民教育出版社,2006.

[16] 张泓,高月梅.幼儿心理学[M].2 版.杭州:浙江教育出版社,2015.

[17] 罗家英.学前儿童发展心理学 [M].北京:科学出版社,2007.

[18] 洪秀敏,金芳.保教知识与能力[M].上海:华东师范大学出版社,2017.

[19] 中公教育教师资格考试研究院.保教知识与能力:幼儿园[M].北京:世界图书出版公司,2012.

[20] 刘新学,唐雪梅.学前心理学[M].北京:北京师范大学出版社,2011.

[21] 吕雪.近十年大陆地区幼儿数概念发展研究综述[J].早期教育:教科研版,2013(2).

[22] 钱淼,傅根跃.心理理论的自发反应范式:方法、结果与解释[J].心理科学进展,2014(22).

[23] 陈幸军.幼儿教育学[M].3 版.北京:人民教育出版社,2010.

[24] 杭梅.学前教育学[M].北京:高等教育出版社,2014.

[25] 张俊.幼儿园科学教育[M].北京:人民教育出版社,2004.

[26] 施燕. 学前儿童科学教育[M]. 上海:华东师范大学出版社,1999.
[27] 张慧和,张俊. 幼儿园数学教育[M]. 北京:人民教育出版社,2004.
[28] 黄瑾. 学前儿童数学教育[M]. 2 版. 上海:华东师范大学出版社,2007.
[29] 顾荣芳. 学前儿童健康教育论[M]. 南京:江苏教育出版社,2009.
[30] 顾荣芳. 学前儿童健康教育[M]. 北京:高等教育出版社,2017.
[31] 王娟. 学前儿童健康教育[M]. 上海:复旦大学出版社,2012.
[32] 山香教师资格考试命题研究中心. 国家教师资格考试:保教知识与能力 通关宝典[M]. 北京:首都师范大学出版社,2018.
[33] 麦少美,高秀欣主编. 学前卫生学[M]. 2 版. 上海:复旦大学出版社,2009.
[34] 万钫. 学前卫生学[M]. 长沙:湖南师范大学出版社,2013.
[35] 顾荣芳. 学前儿童卫生学[M]. 3 版. 南京:江苏教育出版社,2009.
[36] 王东红,王洁. 幼儿卫生保健[M]. 北京:高等教育出版社,2004.
[37] 李红娟,刘德华. 学龄前儿童行为问题及其影响因素研究[J]. 中国学校卫生,2001(1).
[38] 李美筠. 儿童营养学[M]. 北京:教育科学出版社,1987.
[39] 周兢. 幼儿园语言教育活动设计与组织[M]. 北京:人民教育出版社,1996.
[40] 张加蓉,卢伟. 学前儿童语言教育活动指导[M]. 2 版. 上海:复旦大学出版社,2009.
[41] 张明红. 学前儿童语言教育[M]. 上海:华东师范大学出版社,2001.
[42] 祝士媛. 学前儿童语言教育[M]. 2 版. 北京:北京师范大学出版社,2010.
[43] 赵寄石,楼必生. 学前儿童语言教育[M]. 2 版. 北京:人民教育出版社,2003.
[44] 夏燕勤,邹群霞. 学前儿童语言教育[M]. 北京:高等教育出版社,2013.
[45] 唐淑. 幼儿园语言和科学教育[C]. 南京:南京师范大学出版社,2004.
[46] 周兢. 幼儿园语言教育活动指导[M]. 北京:人民教育出版社,2008.
[47] 周兢,余珍有. 幼儿园语言教育[M]. 北京:人民教育出版社,2004.
[48] 朱家雄等. 幼儿园课程的理论与实践[M]. 上海:华东师范大学出版社,2012.
[49] 虞永平. 幼儿园社会领域课程刍议[J]. 学前教育研究,1997(5).
[50] 叶平枝. 幼儿社会退缩的特征及教育干预研究[M]. 北京:中国社会科学出版社,2007.
[51] 于开莲. 幼儿园社会领域课程目标的国际比较[J]. 学前教育研究,2012(3).
[52] 冯晓霞. 幼儿园课程[M]. 2 版. 北京:北京师范大学出版社,2000.
[53] 郑健成. 学前教育学[M]. 2 版. 上海:复旦大学出版社,2014.
[54] 教育部基础教育司.《幼儿园教育指导纲要(试行)》解读[M]. 南京:江苏教育出版社,2002.
[55] 钟启泉. 班级管理理论[M]. 上海:上海教育出版社,2001.
[56] 唐淑,虞永平. 幼儿园班级管理[M]. 南京:南京师范大学出版社,1999.
[57] 李生兰. 学前教育学[M]. 上海:华东师范大学出版社,1999.